《金融研究》

Journal of Financial Research

精编版

2022年（上卷）

《金融研究》编辑部◎编

中国金融出版社

责任编辑：马海敏
责任校对：刘 明
责任印制：程 颖

图书在版编目（CIP）数据

金融研究：精编版. 2022年. 上卷/《金融研究》编辑部编. —北京：中国金融出版社，2023.8

ISBN 978 - 7 - 5220 - 1972 - 7

Ⅰ. ①金… Ⅱ. ①金… Ⅲ. ①金融学—文集 Ⅳ. ①F830-53

中国国家版本馆CIP数据核字（2023）第062725号

《金融研究》（精编版）2022年（上卷）
《JINRONG YANJIU》（JINGBIANBAN）2022 NIAN（SHANGJUAN）

出版
发行 中国金融出版社

社址 北京市丰台区益泽路2号
市场开发部 （010）66024766，63805472，63439533（传真）
网 上 书 店 www.cfph.cn
（010）66024766，63372837（传真）
读者服务部 （010）66070833，62568380
邮编 100071
经销 新华书店
印刷 河北松源印刷有限公司
尺寸 169毫米×239毫米
印张 30
字数 382千
版次 2023年8月第1版
印次 2023年8月第1次印刷
定价 75.00元
ISBN 978 - 7 - 5220 - 1972 - 7

《金融研究》
（精编版）
编写人员

本 卷 主 编：周诚君　卜永祥
编辑部主任：王　鹏
统　　　稿：林梦瑶　李文华

前 言

《金融研究》是中国人民银行主管、中国金融学会主办，对国内外公开发行的正式出版物。创刊40余年来，《金融研究》已成为引领国内学术前沿的理论性、政策性、实践性兼备的权威学术期刊。2005年荣获第三届国家期刊奖。2012年入选国家社科基金资助期刊。《金融研究》编辑部设在中国人民银行金融研究所，负责期刊的组稿、审稿、编辑和出版发行等工作。

为面向国内外读者更广泛、充分地推广《金融研究》所刊载的研究成果，进一步提升期刊的学术和政策影响力，同时促进学术成果转化，更好地服务于中央决策和宏观管理部门的履职需要，《金融研究》编辑部自2019年起对已刊载论文编写精编版，每年分上、下两卷结集出版。

本书是《金融研究》2022年第1~6期共65篇论文的精编版，并结合当前经济金融热点研究领域分类编排。精编版论文为中英文对照，每篇中文内容约2 500字，充分考虑了国内外读者的阅读习惯和知识背景，对论文研究背景与意义、研究主题与思路、研究方法与理论依据、数据及来源、主要结论与政策建议、创新与贡献以及未来研究扩展方向等进行了概括和提炼，以期更完整、准确地介绍论文的精华与贡献。精编版同时兼顾现实性、政策性、学术性和可读性，注重提炼思想，阐述观点，力求用简洁生动的语言讲好中国故事，立足文章结论提出有针对性的政策建议，以供参阅。

欢迎扫描二维码关注《金融研究》
微信公众号(ChinaJFR)

目 录
CONTENTS

01 宏观经济与货币政策

02 金融稳定与风险防范

03 企业融资与创新发展

04 金融市场

05 国际经济与贸易

06 绿色金融

07 普惠金融、家庭金融与社会发展

08 公司治理与公司金融

01 Macroeconomics & Monetary Policy

02 Financial Stability & Risk Management

04 Financial Markets

05 International Economics & International Trade

06 Green Finance

07 Inclusive Finance, Household Finance & Social Development

08 Corporate Governance & Corporate Finance

01 宏观经济与货币政策

创新内含碳中和目标的结构性货币政策*

朱 民 彭道菊

摘 要：2020年9月，我国提出努力争取2060年前实现碳中和，宣示了向低碳经济转型的战略。在实现碳中和目标过程中，货币政策起着极其重要的金融稳定、风险防控、融资引导作用，也将在其间经历相应调整。我们分析了构建与碳中和一致的结构性货币政策的必要性，提出在碳中和目标下货币政策应跨越“市场中性”原则，采取更为积极的立场主动促进经济低碳转型，走向包含碳中和目标的结构性货币政策。本文同时讨论了构建与碳中和一致的结构性货币政策框架面临的理论和政策挑战，并提出了相关政策建议。

气候变化正成为全球面临的重要挑战。各国政府在《巴黎协定》基础上达成共识，应采取积极措施管理气候风险，促进经济向低碳转型。中国成为其中的重要力量，并提出“双碳”目标。在此背景下，货币政策是否应采取更加积极主动的立场，推动向碳中和的过渡？学术界和政策界对此仍有争论，焦点在于货币政策是否应偏离“市场中性”原则。本文从学理上进行探讨，提出有必要将碳中和目标纳入结构性货币政策，并分析相关挑战，提出对策建议。

* 原文刊载于《金融研究》2022年第6期。

作者简介：朱民，清华大学国家金融研究院；彭道菊，首都经济贸易大学国际经济管理学院。

一、市场和财政部门在引导金融市场向碳中和转型过程中存在局限性，中央银行有必要跨越“市场中性”原则，发挥更重要的作用

（一）碳中和转型会冲击现有货币政策空间

在宏观上，碳中和转型直接影响能源价格等重要物价水平，从而威胁能源价格和一般价格水平的稳定性，对利率水平和货币政策空间造成不确定影响。此外，碳中和转型通过经济结构变化影响主要宏观变量，加大央行经济预测难度和货币政策立场复杂程度，内在要求央行纳入碳中和目标以稳定货币政策立场。

（二）市场机制或环境管制措施对碳排放的负外部性定价机制尚不完善

全球仅有20%的温室气体被市场定价（World Bank，2019），我国碳排放权交易市场目前仅涵盖电力等部分行业。此外，碳价格对消费和投资的信号指导作用受投资偏好、价格传递及金融市场资源配置有效性等影响，金融市场对碳资产定价存在一定程度的忽视和扭曲，主要表现为：对气候信息及环境政策反应有限，气候变化风险仍较少反映在资产定价中，低碳投资风险和收益不匹配，对高碳资产投资路径依赖，低碳投资本身面临行为经济学上的非理性投资等。

（三）仅靠财政政策无法满足碳中和转型需求

碳中和转型的投资总需求在100万亿~300万亿元，其中85%~90%的总投资需求将来自社会资本投资（CBI，2020）。长期来看，财政政策中的税收减免、贴息、补贴等方式面临“李嘉图等价”问题，可能会损害企业竞争力，引发国际社会舆论压力。财政支出融资也容易导致债务水平快速上升，损害政府的预算平衡和债务可持续性。

（四）结构性货币政策促进碳中和转型可能更具优势

市场中性原则通常被应用于央行对私人部门资产证券的购买计划

中。例如，欧洲央行明确央行购买私人部门资产证券以不改变私人部门金融产品的相对价格为原则。市场中性原则的理论出发点是为了减少央行的资产购买计划及其他干预措施对金融市场造成的扭曲，保证金融市场价格信号的有效性。但从理论上看，诺贝尔经济学奖获得者Stiglitz在1994年讨论了当商业银行借贷的私人收益与社会收益存在巨大差异时，通过限制对某些部门信贷流入、鼓励对其他部门信贷投放具有正的社会收益。碳中和转型是该种情形的具体事例，此时央行可通过结构性货币政策修正市场失灵达到社会效益最大化。从实践中看，结构性货币政策主要作用于央行和金融机构之间，通过改变金融机构的激励相容条件，促进信贷等金融资源向特定产业倾斜。在此过程中，央行利用金融机构在信息收集、监测、风险分散等方面的专业优势，最大限度避免了财政政策中可能出现的“偏向性”，充分发挥了金融市场在资源配置中的作用。部分发达国家对结构性货币政策的顾虑主要来自法定职能对其的限制，而中国实行积极结构性货币政策具有政策空间，这为构建世界领先的与碳中和一致的结构性货币政策创造了条件。

二、构建与碳中和一致的结构性货币政策面临三大挑战

（一）理论框架

一是在理论上确立结构性货币政策的最优边界和适用范围，理解碳中和转型场景下市场中性原则的适用性，以及对采取与碳中和一致的结构性政策的成本和收益进行定量衡量。二是确立货币政策与结构变化之间的关系。碳中和转型是经济金融结构的系统性、长时间变化，影响了经济结构的稳态，需要在理论上厘清经济结构变化和货币政策及期限不一致（货币政策的短期和气候变化的长期）之间的关系。三是确立货币政策、碳价及碳中和转型政策之间的关系。在主流货币经济学中纳入碳价等外部性价格，分析其对货币政策的影响，理顺碳价、一般价格水

平、利率及货币供应量之间的复杂关系。

(二)与碳中和一致的积极结构性货币政策的目标、中介变量和传导机制

可行的货币政策框架应具有清晰连贯的政策目标、可操作的中介变量及畅通的政策传导机制。碳中和是经济的系统性变革,货币政策需要系统性地纳入碳中和目标,在货币政策框架中提出清晰的碳中和转型目标,创新中介变量工具箱,完善与碳中和一致的结构性货币政策对不同部门的传导机制。

(三)多目标多部门的政策协调

根据丁伯根原则,更多的货币政策目标要求央行具有更多的政策工具,政策工具需要平衡碳中和目标和央行其他目标之间(如金融稳定)的关系。此外,央行促进低碳转型与财政职能部分重叠,须理顺货币政策和财政政策在碳中和转型中的关系。

三、政策建议

(一)构建与碳中和转型相适应的结构性货币政策模型

目前,各国央行对是否应纳入碳中和目标的讨论多集中在如何应对气候变化风险及低碳转型对金融稳定的影响上,对实体经济和价格稳定带来何种影响研究较少。下一步,可开发央行宏观模型并在其中纳入气候变化部门及相关宏观参数。除金融系统外,气候变化及碳中和转型对经济增长也会带来深远影响,可加强对能源(石油、煤炭、新能源等)、农产品及碳价等的监测,建立能源供应变动及其价格变化对总体价格的预测模型,并研究能源供应结构及其价格变动对货币供应和一般价格水平的传导;可研究在模型中加入碳中和转型引发的结构性产出和消费变化,以及影响劳动生产率和就业变动的因素,理解碳中和转型产生的宏观影响。同时,可在结构性货币政策模型中同时研究货币政策与碳中和

转型政策，例如，碳税、碳补贴、碳价等对宏观经济的影响。

（二）完善价格型政策工具传导

低碳或低碳经济作为新型经济模式，尚缺乏相关历史数据和完善的预测模型，经济预测误差在一段时间内可能加大，通胀和经济增长率波动可能较为频繁。这必然要求建立健全利率传导市场机制，完善政策利率到各期限市场利率的传导，保障货币政策对低碳转型的有效引导和政策目标的实现。在碳中和转型背景下建立有效的利率传导机制，要求绿色金融市场具备深度和广度，并能充分对碳风险进行定价。进一步发展金融市场的绿色资产划分、信息披露、资产质量评级、投资品种等基础设施建设，以提高绿色金融市场的透明性和标准化。完善碳价、碳风险对我国现有利率传导渠道，确立与碳中和一致的结构性货币政策的中介变量和目标。

（三）建立常态化的结构性数量型政策工具

在碳中和转型背景下，数量型货币政策可发挥积极作用。可在现有货币政策基础上考虑结构因素，建立覆盖存款准备金率、流动性调节工具及非金融部门信贷工具的全面支持低碳转型的绿色数量型货币政策框架。第一，建立差异化的存款准备金率框架。可试点根据银行绿色贷款、绿色金融产品评级等建立差异化的绿色存款准备金率。对绿色评级较高的银行机构执行更为宽松的存款准备金率，促进绿色信贷发展。第二，完善流动性调节工具。进一步拓展绿色抵押担保品框架，在目前的中期借贷便利（MLF）、常备借贷便利（SLF）、抵押补充贷款（PSL）等结构性货币政策工具中持续纳入优良的绿色债券、绿色信贷资产，并给予差异化的折扣率，激励银行信贷向绿色部门倾斜。碳减排支持工具和煤炭清洁高效利用专项再贷款使用常态化，尤其是碳减排支持工具，可在目前三大领域（清洁能源、节能环保、碳减排技术）基础上有序放宽，并逐步完善配套的碳减排信息系统建设和碳排放监测。第三，继续创设支持绿色转型项目的再贷款机制。可设立碳中和再贷款专项工具，开设碳中和专项贷款流动性窗口，向绿色金融机构发放专项贷款和票据等。绿色项目时间长且收益不确定，可创设新的政策工具，向清洁能源创新链、清洁基础设施、清洁商业模式提供资金支持。可利用“窗口指引”对碳中和新兴产业进行融资指导。

总的来看，碳中和是践行我国新发展模式的一次伟大探索，货币政策也必然在此期间重新定位和变革。构建完善和系统的与碳中和一致的货币政策框架需要进一步确立政策的要素、内涵、目标和工具，并对重要问题重点突破。人民银行一直是结构性货币政策的践行者，基于坚实的理论基础和丰富的实践，有望在创新与碳中和一致的结构性货币政策领域走在世界前列。

货币、财政和宏观审慎政策的协调搭配研究*

马 勇 吕 琳

2008 年的国际金融危机表明，金融稳定对经济稳定的影响至关重要，进而催生了宏观审慎政策。2010 年的欧债危机进一步表明，财政政策的失衡也可能诱发金融和实体经济的不稳定，最终导致系统性的金融和经济风险。事实上，无论是从理论基础还是从现实情况来看，加强货币政策、财政政策和宏观审慎政策之间的协调配合都是一种客观必然。这种必然源于现代经济体系下金融、财政和实体经济的高度内生性关联，而调控目标对象的内生性关系直接决定了调控策略的统一性和各种政策之间协调配合的必要性。

尽管理论上的判断几乎显而易见，但现实中的实际操作却并非易事。除了部门间的政策协调需要有明确的理论基础和现实依据之外，在三种政策具体协调配合的过程中，也涉及一些尚未解决的问题，比如，在协调配合的场景下，三种政策规则该如何设定？当经济面临不同的冲击和波动时，三种政策的协调搭配方式是否应该有所区别？什么情况下可能出现协调背景下的政策冲突或政策叠加问题？如何解决？等等。从目前情况来看，这些问题依然困扰着各国中央银行和相关政策部门。

* 原文刊载于《金融研究》2022 年第 1 期。

作者简介： 马勇，经济学博士，教授，中国人民大学财政金融学院；吕琳，博士研究生，中国人民大学财政金融学院。

对于中国而言，如何在更高层面上实现货币政策、财政政策和宏观审慎政策的协调配合，是亟待思考和探索的现实议题。鉴于此，本文尝试从理论角度，通过构建包含多部门和多元宏观政策的DSGE模型，对货币政策、财政政策和宏观审慎政策的最优反应规则和协调配合问题进行初步分析，这有助于澄清一些基础性的理论问题，为后续更为深入的理论和实证研究提供一个“抛砖引玉”式的思路。

本文主要贡献如下。第一，在金融和实体经济内生互动的框架下，通过构建包含多部门和多种经济金融政策并存的DSGE模型，为分析货币政策、财政政策和宏观审慎政策之间的相互作用及其对经济和金融活动的影响提供了一个基本的理论框架。第二，通过分析多元政策背景下的外生冲击传导路径，考察多元政策组合下的经济金融运行动态，进一步明确多种政策并存条件下的政策间相互影响机制。第三，通过多种场景下的模拟分析，考察了多种可能的政策规则形式及其组合搭配效果，从而为多种政策组合条件下的最优规则和反应模式提供一些初步参考。第四，通过引入各政策部门之间的策略博弈，对比分析了不同合作机制下各政策部门的福利损失情况，进一步验证了决策部门之间合作的必要性。

理论上，本文对已有文献Gertler和Karadi（2011）及Bodenstein等（2018）进行拓展，DSGE模型的政策部门由中央银行、财政部门和金融监管部门组成，其政策行为由相应的政策规则即货币政策（名义利率政策）、财政政策（支出政策和税收政策）、金融监管政策（逆周期资本缓冲政策）予以描述。方法上，本文首先基于主流文献和中国实际数据对一些相对比较明确的参数进行校准，然后采用1996年第1季度至2020年第3季度的实际数据（包括实际总产出、名义利率、税收与产出之比、政府支出与产出之比）对其余参数进行贝叶斯估计，并将相应的估计结果作为后续政策模拟分析的基准。

为探究货币政策、财政政策和宏观审慎政策的最优政策规则，本文尝试对不同政策规则及其组合的宏观经济效应进行分析。具体而言，以社会福利改善程度为主要选择依据，选取消费、产出和通胀等变量的方差作为反映经济波动状况的代理指标，逐一考察单独或同时纳入不同目标的政策效应，并观察指标参数与政策效果的关系。随后，基于Bodenstein等（2018）的博弈分析框架，将货币政策和财政政策统一为“经济稳定部门”，将宏观审慎政策视为“金融稳定部门”，分别考虑“相同福利目标—合作”“不同福利目标—合作”“不同福利目标—不合作”协调机制下的政策效应，进一步分析多元政策协调机制是否具有存在的必要，以及不协调可能产生的问题。

分析结果显示：（1）从社会福利最大化的角度，货币政策可继续盯住通胀和产出的稳定（但调控参数的设置宜采用基于中国经济估计的“中国版”泰勒规则），政府支出和税收政策可分别重点盯住产出稳定和债务稳定，宏观审慎政策则应重点关注以信贷利差和信贷波动为代表的金融稳定。（2）货币政策、财政政策和宏观审慎政策，通过合理的搭配和组合使用，确实能比任何单一政策工具都具有更好的经济金融稳定效应；反之，政策之间的不协调将削弱彼此的调控效应，加大经济和金融波动，从而导致显著的社会福利损失。（3）从多种政策协调搭配产生“合力”的内在机制来看，财政政策主要通过增加对产出、通胀、就业和债务等变量的稳定效应，对货币政策产生额外助力（其中，财政支出政策效应要大于税收政策），而宏观审慎政策则主要通过稳定金融体系和降低金融风险对货币政策产生助力。

本文政策启示如下：在现有货币政策和宏观审慎政策的“双支柱”调控框架下，进一步加强“双支柱”政策和财政政策之间的协调配合是非常必要的，而在多种经济金融政策并存的情况下，基于符合中国国情的、良好设定的政策规则，加强政策各部门之间的协调合作，是确保多元政策产生积极合力的重要基础。同时，在多元政策组合使用的背景下，鉴于不同政策之间的内生性作用和相互影响，一方面要注意避免政策规则之间的目标重叠问题，另一方面要重视多种政策工具组合使用时所可能导致的目标与工具冲突，这需要在实践中对多元政策背景下的传导机制和路径进行持续深入的追踪研究。此外，随着经济发展和金融深化，各种外生冲击的种类明显增多，根据本文分析结论，由于不同冲击下的政策组合效应存在一定的差异，因此，在构建特定的政策组合模式时，应首先厘清引发经济和金融波动的冲击来源和性质，并在此基础上针对性地设计最为合适的政策协调搭配模式和反应规则。

“稳增长”与“防风险”双目标的宏观调控政策抉择*

陈创练　高锡蓉　刘晓彬

长期以来，投资是中国经济增长的重要引擎，而大量投资会造成过高宏观杠杆率，易引发系统性金融风险，此时如果宏观调控致力于降杠杆，经济增速可能下滑；反之，如果继续保持较高经济增长速度，宏观杠杆势必继续攀升，并由此导致金融系统蕴含较大风险，宏观调控政策面临抉择。事实上，自 1996 年以来，中国宏观杠杆率呈现明显上升趋势，尤其是 2008 年国际金融危机后，杠杆规模从 2008 年第 4 季度的 142.70% 升至 2019 年第 3 季度的 257.30%。就发展历程而言，高杠杆在一定程度上助推了中国较长一段时间的经济增长，但如今却成为制约可持续发展的一个重要因素。那么，如何用好宏观杠杆这把“双刃剑”？特别是，如何构建一个适合中国实际又能更好地平衡兼顾“宏观杠杆”与“经济增长”关系的理论框架就显得极其重要。目前，国内外研究主要集中于财政货币政策降杠杆的有效性，鲜有从时变角度探讨财政货币政策组合如何有针对性地降低分部门杠杆。

鉴于此，本文选取 1996—2019 年中国银行同业拆借利率、M_2 增速、财政盈余、经济周期、家庭杠杆、企业杠杆及政府杠杆的季度数据展开

---

* 原文刊载于《金融研究》2022 年第 1 期。

作者简介：陈创练，经济学博士，教授，暨南大学经济学院/南方高等金融研究院；高锡蓉，博士研究生，暨南大学经济学院；刘晓彬，经济学博士，助理教授，浙江大学经济学院。

建模，构建一个能够动态平衡“防风险”和“稳增长”双重政策目标的宏观调控模型；同时，该模型将用于检验长期以来财政—货币政策搭配调控双重政策目标的效果。在此基础上，本文通过门限时变参数向量自回归（LT-TVP-VAR）模型，对我国1996—2019年不同时期价格型和数量型货币政策，财政政策对家庭、企业、政府三部门杠杆及经济增长的政策效果时变脉冲响应函数进行分析，以此考察1996—2019年我国财政政策、价格型及数量型货币政策对三部门杠杆和经济增长影响的政策效果，从而刻画宏观调控平衡兼顾“稳增长”和“防风险”目标的动态与静态关系。最后，基于反事实方法，模拟分析在“稳增长”和“防风险”上的最优财政政策和货币政策搭配组合，探究到底是单一财政政策或货币政策，还是财政政策和货币政策组合能够更好地达到实现两类目标的政策效果，从而为构建“动态平衡兼顾”双重政策目标的宏观调控长效机制提供参考。

本文边际贡献主要体现在：第一，自2019年起，我国宏观调控强调进一步平衡好稳增长和防风险的关系，注重在稳增长的基础上防风险（易纲，2019）。理论上，“防风险”和“稳增长”是相辅相成的，本文尝试构建一个能够测度二者动态平衡关系的宏观调控理论模型；同时，该模型还可用于检验长期以来财政货币政策搭配调控“防风险”和“稳增长”目标的效果。第二，传统常系数模型无法识别变量之间的时变关系，TVP-VAR模型又受限于参数设定为时变的主观性，因此，本文结合潜在门限时变参数向量自回归（LT-TVP-VAR）模型进行分析，该模型最大的优势在于，只有当变量之间的关系超过潜在门限值时，变量间才存在时变关系；反之，变量间仅存在常系数关系，这更符合现实。因此，该方法不仅考虑到经济结构的时变性和结构突变，潜在门限的设定也能够消除变量间的不稳定性，还可以刻画宏观调控平衡兼顾双重目标的动态与静态关系。第三，在时变框架基础上，评估宏观调控对“稳增长”与

“防风险”双目标的时变影响效应，特别是通过反事实方法，对比测算财政政策和货币政策组合效果，探究何种搭配方式能够更好地实现政策效果，从而为相关政策制定提供理论基础和有益参考。

研究结果表明，以 2008 年国际金融危机为分界线，宏观政策效果存在阶段差异，2008 年前价格型货币政策和财政政策的“稳增长”政策效果明显，数量型货币政策在“稳增长”和“防风险”上均有显著的政策效果；而 2008 年后，政策取向更倾向于动态平衡“稳增长”与“防风险”目标。同时，从历史长期看，财政政策对三部门杠杆的影响呈增强态势，而数量型货币政策效果趋于稳定，而价格型货币政策的调控优势逐渐显现。反事实模拟结果表明，缺乏货币政策配合，财政政策无法达到“稳增长”和“防风险”的政策目标。同时，剔除财政政策影响，价格型货币政策和数量型货币政策对三部门杠杆及经济增长的作用也会变弱。特别是，究竟采取何种政策组合或者单一财政货币政策调控经济更为有效，取决于不同的政策目标。如在去三部门杠杆上，采取财政政策和货币政策组合更有效；而在稳增长上，1996—2007 年财政政策和货币政策的有效搭配能够更有助于实现宏观经济的稳增长目标，但 2008 年国际金融危机后，大规模的财政扩张可能会在一定程度上削弱货币政策在维护经济稳增长上的政策效果。

基于以上结论本文得出如下两点政策启示：第一，随着利率市场化进程不断推进，货币政策调控方式从数量型转向价格型为主。从政策效果看，数量型货币政策的效果趋于稳定，而价格型货币政策的效果逐渐变强，未来可在调控稳杠杆目标和稳经济增长上发挥较大作用。第二，在调控三部门杠杆上，应采取财政政策和货币政策搭配的宏观调控模式，只有二者搭配使用，才能最大限度发挥其作用。同时，从历史长周期看，财政政策对三部门杠杆的影响效应呈显著增强态势，表明适当管控财政政策扩张规模，保持经济增长韧劲是稳杠杆的重要政策手段。而在稳增长上，长期以来，我国财政货币政策的有效搭配能够更有助于实现宏观经济的稳增长目标，但也必须认识到大规模的财政扩张可能会削弱货币政策在稳增长上的政策功效。因此，宏观调控的最优财政货币政策搭配组合取决于政策当局在“稳增长”与“防风险”中政策取向的偏好强度。

关于中国经济增长模式的一个解释框架*

——基于“土地财政”的演进分析

文 竹 金 涛

关于我国改革开放以来经济增长的研究，主要从市场和政府两方面展开。一方面，市场化改革促使资源配置效率大幅提高；另一方面，地方政府间竞争有力推动了资源聚集与本地经济增长。近 20 年来，我国经济增长表现出与此前不同的特点：GDP 增速呈放缓趋势；全要素生产率（TFP）增速总体呈下降趋势；投资的产出效率显著下降；净出口占 GDP 比重在 2007 年达到峰值后迅速下降；民营经济占比在持续提高后趋于稳定。对经济增长的趋势性变化，很多学者进行了研究，相关解释包括：我国经济后发优势下降，人口红利和制度红利削弱；金融体系的“融资难、融资贵”问题不利于小微民营企业快速成长；2008 年国际金融危机后的刺激性财政政策使边际投资效率递减，等等。这些解释主要从宏观和微观经济学角度提出，但未总结或建立经济增长模式变迁的完整模型。关于资源错配问题的系列研究认识到资源配置在经济增长中发挥的重要作用，但似乎并没有试图在经济结构层面寻找资源错配背后更深入的原因。

我们认为，经济发展所取得的成功和显露的问题，与增长模式的改变密切相关，此前被低估的一个环节是土地价值的逐步实现。自 20 世纪

* 原文刊载于《金融研究》2022 年第 4 期。

作者简介：文竹，经济学博士，清华大学五道口金融学院，中国银保监会政策研究局；金涛，经济学博士，数学博士，副教授，清华大学五道口金融学院，清华大学恒隆房地产研究中心。

90年代后期以来，我国进入城镇化快速推进阶段，城市土地价值不断上升，“土地财政”使地方政府获得大量收入并投向基础设施建设，成为经济增长的重要枢纽。基础设施建设投资，一方面为快速工业化提供基本条件，带动了上下游各类企业的发展；另一方面作为扩张性财政政策的抓手，为稳定我国经济大局奠定了基础。在基建领域，国有资本占比超过80%，充分体现了国企作为中国特色社会主义重要物质基础的重要作用。但基础设施建设投资效率偏低的问题始终存在。这一特点与市场化进程相互影响，形成了中国经济增长的独特模式。

本文建立了一个新的模型解释1998—2017年中国经济增长模式。我们在考虑“土地财政”作用的基础上，首先建立两期世代交叠（OLG）模型说明基本原理。由“土地财政”联结的经济行为链条如下：居民作为住房需求方，将土地价值纳入居民效用函数；政府作为土地供给方，通过“土地财政”获得资金并主要用于支持国有企业开展基础设施建设；国有企业与民营企业开展异质性生产经营活动，提供最终产品并将收入分配到居民部门；居民在银行存款，通过银行贷款获得住房首付款；银行除向居民提供住房贷款外，还向企业部门提供贷款支持其生产经营。

我们得到以下三个命题：一是在经济转型的过程中，具有异质性的企业部门资本存量增速具有趋同性。二是经济存在稳态，稳态时经济中不同企业部门占有资本的比例处于均衡状态，但此时全要素生产率未达到最佳水平。三是在经济转型过程中，由于不同企业部门受到的金融约束程度不同，经常账户积累盈余随民营企业劳动力占比增加而增加。以上命题背后的逻辑是：在城镇化过程中，政府通过“土地财政”机制获得的资本用于基础设施建设，导致企业部门的资本重新配置、均衡条件重构，推动形成国有企业与民营企业占比的稳定均衡。在这一机制作用下，GDP和全要素生产率不断上升但增速逐渐下降；资本的总体投资效率下降；资源配置优化速度下降，民营企业占比先增后稳。

随后，我们进一步修改完善居民部门、企业部门和政府部门设定，并对转型因素进行模拟，从而将两期模型扩展到多期 OLG 模型。在参数校准基础上，使用迭代方式求解模型。结果表明，多期模型符合我国 1998—2017 年 TFP 增速、储蓄率、投资率、对外投资与储备等指标及宏观经济结构变化趋势。本文对 TFP 变化的解释，侧重于从部门之间资源配置角度考虑。前期 TFP 增速较高且呈缓慢上升态势，是由于市场化改革下资源从相对低效的部门流向了相对高效的部门。后期“土地财政”日益成为重要的资源配置渠道，大量资源配置到基建房地产等领域，而这一领域的全要素生产率相对较低，导致全社会整体 TFP 增速降低。在稳定性测试下，模型受到一定影响，但总体上维持了稳定。

与其他模型相比，本文模型较好地解释了投资效率与全社会资源配置存在的问题。一是模型比较清晰地反映了投资效率下降问题。模型显示，ICOR（模型中 ICOR= 本年资本增量 / 本年 GDP 增量）在“土地财政”充分发挥作用的阶段持续上升。二是模型反映了由于“土地财政”机制对基建投入的支持，“土地财政”引致的基建投资占比增加。三是模型验证了拉动 GDP 增长的动力由 TFP 增长演变为投资增长。在转型期内，TFP 增长对 GDP 增长的贡献率明显下降，拉动 GDP 增长的主要因素从 TFP 增长转变为资本增长。

总的来看，“土地财政”与市场化改革共同拉动经济增长模式的出现具有一定的历史必然性，是城镇化和经济转轨过程综合作用的结果。“土地财政”虽然为中国经济快速增长提供了巨量的资金来源和强大的推动力，但也阻碍了资源配置效率的提升。随着“土地财政”作用的弱化，持续推动技术进步、深化国企改革、深化金融改革等是我国经济长期可持续增长的关键举措。

本文的边际贡献在于：基于 Song 等（2011）的研究，增加了政府通过“土地财政”配置资金的环节，将其嵌入经济增长过程。通过“土地财政”

将居民部门、政府部门和企业部门相联结，解释了国企部门和民企部门规模占比趋于平衡的机制，从而建立了20年来中国经济增长的新模型，为经济增长研究提供了一个新的角度。

公开市场操作与利率期限结构行为*

——基于混频数据信息的研究视角

尚玉皇　李炜祺　董青马

当前我国已形成比较完整的市场化利率体系，央行主要通过短期公开市场操作利率和中期借贷便利利率释放利率调控信号，引导包括国债收益率曲线为代表的中长端市场利率发生变动。随着利率市场化改革的持续深化，国债利率期限结构的形成机制得到完善，间接影响了央行政策利率向债券市场的传导效果。央行公开市场业务以债券为载体，根据宏观经济形势释放或回笼流动性，进而引导市场利率预期变动。因此，研究以公开市场操作利率为代表的短期利率向中长期收益率曲线的传导效果具有重要意义。

关于货币政策对债券收益率曲线及期限因子影响的研究较为丰富，但具体探讨公开市场操作政策对利率期限结构影响的文献相对较少。国外研究发现，货币政策是联系利率期限结构与宏观经济的关键所在。国内学者关于货币政策对利率期限结构影响的有效性意见不一。同时，一些学者转向单一的公开市场操作政策工具，认为公开市场操作可以通过流动性效应和预期效应作用于国债收益率曲线，实现短期利率向长期利率的传导。此外，利率期限结构作为前瞻性经济指标，包含着丰富的货

* 原文刊载于《金融研究》2022年第6期。
作者简介： 尚玉皇，经济学博士，教授，西南财经大学中国金融研究院，金融安全协同创新中心；李炜祺，经济学硕士，西南财经大学中国金融研究院；董青马，经济学博士，教授，西南财经大学中国金融研究院。

币政策信息，这一点已经成为研究共识。值得注意的是，现有文献没有在利率期限结构理论框架下研究公开市场操作利率向国债收益率曲线的传导效果，更没有深入混频数据信息场景中的讨论，多数文献还忽视了经济政策周期等结构性因素对货币政策传导的影响。

本文的主要贡献如下。第一，首次在混频利率期限结构模型框架下，深入讨论公开市场操作利率向国债收益率曲线的传导效应，研究两者的相互关联机制。第二，直接将公开市场操作利率信息纳入混频Nelson-Siegel模型，检验公开市场操作政策利率与利率期限结构因子的动态变化关系，并进一步使用施加短期约束SVAR模型的两步分析法，研究同期关联性。第三，为说明宏观经济政策周期影响公开市场操作与利率期限结构之间的作用机制，将全样本划分为两个阶段（2009年7月至2014年12月及2015年1月至2019年12月），讨论公开市场操作与利率期限结构的作用机制在不同货币政策背景下的差异，进一步丰富了利率期限结构与货币政策的相关研究。

当前背景下，宏观经济指标与金融数据市场信息发布具有非同步性即表现出混频时序特征，成为货币政策有效性评估的限制条件。为最大限度利用高频数据信息，本文参考尚玉皇等（2015）结合动态宏观因子Nelson-Siegel模型和混频计量方法构建的基础混频利率期限结构模型，直接加入公开市场操作政策利率变量，由此评估扩展混频利率期限结构模型对国债收益率曲线的拟合效果，研究短期公开市场操作政策利率向国债收益率曲线的传导效果。结果表明，引入公开市场操作利率信息的扩展模型可以显著改进各期国债收益率曲线及利率期限结构因子的拟合效果。在样本区间内，短期公开市场操作政策利率向国债收益率曲线传导的效率还有待进一步提高，公开市场操作与利率期限结构因子之间存在单向作用机制。央行制定公开市场操作政策利率时，充分利用利率期限结构内含的宏观经济前瞻信息，但政策利率变动难以及时反馈到收益率曲线上，传导过程相对滞后。

此外，考虑到混频利率期限结构简约式模型容易忽略变量之间的同期作用机制，本文进一步采用施加短期约束的 A–B 型结构向量自回归模型（SVAR）识别公开市场操作政策利率与期限结构因子之间的同期影响。从整体来看，基于结构式模型的再检验没有显著改变公开市场操作利率和期限结构因子之间的作用机制，结论依旧稳健。

为检验公开市场操作与利率期限结构内在的关联机制是否会随经济政策周期的变化而改变，根据样本期内我国央行公开市场操作方式、操作对象及频率数据，本文将全样本划分为前后两个阶段（2009 年 7 月至 2014 年 12 月及 2015 年 1 月至 2019 年 12 月）。对比估计结果发现，在阶段 2，央行进行公开市场操作对斜率因子的影响明显大于阶段 1，这表明，公开市场操作政策常态化机制有助于疏导货币政策向收益率曲线的传导机制，相关政策变动可以及时反馈到收益率曲线，政策利率向国债收益率曲线的传导效率得到显著提高。

总的来看，本文得到三个基本结论：第一，混频数据信息条件下，引入公开市场操作利率信息的扩展模型可以显著改进各期国债收益率曲线及利率期限结构因子的拟合效果，公开市场操作利率蕴含着收益率曲线信息，对利率期限结构具有重要政策意义。第二，短期公开市场操作政策利率向国债收益率曲线的传导效率还有待进一步提高，公开市场操作更好地发挥了“利率锚”机制，公开市场操作政策与利率期限结构行为之间存在非对称作用机制。一方面，在我国国债市场还处在不断发展完善的时期，政策变动传导到收益率曲线的过程还相对滞后；另一方面，水平因子和斜率因子对公开市场操作政策具有正向冲击。这意味着利率期限结构内含的宏观经济前瞻性信息，尤其是斜率因子包含的市场短期流动性信息，对制定公开市场操作政策具有重要的参考意义。第三，随着货币政策沟通机制的逐步完善，央行引导和管理市场预期的能力显著提高，公开市场操作对斜率因子的影响逐渐扩大，政策利率向国债收益率曲线的传导效率得到明显提高，我国现代货币政策框架日益健全。

随着利率期限结构的形成机制日益完善，市场化的国债收益率曲线正在逐步健全。未来，应充分挖掘利率期限结构中隐含的前瞻性信息，为央行通过债券市场实施调控提供参考依据。同时，充分发挥公开市场操作在调节市场流动性和引导市场预期等方面的重要作用，继续完善每日开展公开市场操作等常态化沟通机制，进一步稳固公开市场操作利率“利率锚”的地位。

扭曲因子、进口中间品价格与全要素生产率*

——基于非竞争型投入产出网络结构一般均衡模型事后核算方法

倪红福

摘　要：提高全要素生产率（TFP）成为经济高质量发展的紧迫要求。考虑到TFP测算方法存在弊端，我们提出一种适合中国国情的TFP测算和分解新方法，研究表明：（1）资本和全要素生产率是中国经济增长的主要源泉，且两者存在明显此消彼长的“跷跷板”特征。（2）纯技术效率变化一直是全要素生产率变化主要贡献部分，但总体上呈下降趋势。2007年是“分水岭”，受技术模仿后发优势逐渐式微的影响，技术进步速度下滑；但2012年后受创新驱动发展战略的影响，纯技术效率逐步提升。（3）配置效率变化对全要素生产率的贡献由正转负，在建立社会主义市场经济体制和加入世界贸易组织后的大背景下，资源配置效率变化促进了全要素生产率。但在2007—2012年，受国际金融危机和“四万亿投资计划”的影响，扭曲因子配置效率出现短期恶化并拉低了TFP。提高科技自立自强、改善资源配置和挖掘国际贸易、人口等因素在提升全要素生产率潜力。

* 原文刊载于《金融研究》2022年第2期。
作者简介：倪红福，经济学博士，研究员，中国社会科学院大学经济学院、中国社会科学院经济研究所。

党的十九大报告提出，我国经济已由高速增长阶段转向高质量发展阶段，必须坚持质量第一、效益优先，以供给侧结构性改革为主线，推动经济发展质量变革、效率变革、动力变革，提高全要素生产率。可见，提高全要素生产率是高质量发展的动力源泉。甚至有学者把全要素生产率作为衡量经济高质量发展的关键指标。

自 1978 年改革开放以来，中国经济发展取得举世瞩目的成就，堪称世界经济奇迹。然而，近 10 年来，中国经济增速持续放缓，从 2010 年的 10.6% 持续回落至 2019 年的 6.1%，年均下滑 0.5 个百分点。当前，中国经济发展面临需求收缩、供给冲击、预期转弱三重压力。疫情冲击下，百年变局加速演进，外部环境更趋复杂严峻和不确定。如何理解中国过去 40 年的经济增长之路？如何认识全要素生产率（TFP）的变化趋势及其背后的驱动因素？回答这些问题对推进经济高质量发展具有重要现实意义。

一、既有 TFP 测算方法存在弊端，采用适合中国国情的 TFP 测算和分解新方法更符合实际

有关 TFP 的文献研究汗牛充栋，宏观层面的研究一般是基于经典的索洛余值方法估算 TFP。但在该方法中，任何不可观测的影响经济增长的因素都可归于 TFP，因此索洛余值就像一个“黑匣子”，无法从理论上准确认识 TFP 的决定因素，导致对 TFP 的理解容易存在误区，对 TFP 变化的解释也存在分歧。例如，混淆 TFP 增长与总技术进步，当测算的 TFP 变化方向为负则认为“技术倒退”，这显然不够合理的。对中国 TFP 的分解研究缺乏统一的理论模型，尤其缺乏考虑投入产出网络结构一般均衡模型框架进行探讨和测算。鉴于此，本文基于 BF（2020）基本框架，构建符合中国特征的带有进口中间投入品和扭曲因子的非竞争型投入产出网络结构一般均衡模型，提出一种适合中国国情的 TFP 测算和分解新方法，并对 TFP 变化进行实证测算和分解，有关结论如下。

1. 资本和全要素生产率是中国经济增长的主要源泉，且两者存在明显此消彼长的“跷跷板”特征，但劳动的贡献相对较小且贡献率呈下降趋势。2012—2017年，资本对经济增长的贡献率为48.09%，劳动的贡献率为10.02%，扭曲—调整的索洛余值贡献率为41.89%。但在2007—2012年，资本的贡献率高达63.65%，而此时TFP的贡献率仅为19.68%。究其原因可能是：受2008年国际金融危机影响，中国实施了“四万亿投资计划”，造成这一期间投资大幅增加，资本增长对经济增长的贡献大幅提升。由于TFP的计算是一个余值，必然导致TFP对经济增长的贡献相对降低，呈现“跷跷板”效应。

2. 纯技术效率变化一直是TFP变化的主要贡献部分，但总体上呈下降趋势。2012—2017年，纯技术效率变化贡献率达116.25%。纯技术效率变化为正，反映技术进步为正，没有倒退。如果粗略地以TFP表示技术进步，当计算结果为负，就会出现“技术倒退”这一难以解释的现象。进一步发现，纯技术效率变化幅度总体呈下降趋势，1997—2002年、2002—2007年纯技术效率变化幅度分别为0.1772、0.1832，而2007—2012年、2012—2017年的纯技术效率变化幅度分别为0.0910、0.1194。从纯技术效率变化值来看，2007年为“分水岭”，即2008年国际金融危机前后，中国的技术进步速度出现了台阶式下滑。究其原因可能是：1997—2007年，中国收入水平、技术发展水平、产业结构水平与发达国家存在一定差距，通过引进和模仿发达国家先进技术的方式来加速自身技术变迁，从而使该阶段的技术进步较快，进而TFP增长较快，表现出技术后发优势。但在2007年前后，这种技术模仿的后发优势逐步丧失，中国开始向原创技术转型，技术进步放缓。2012年后，中国实施创新驱动发展战略，创新能力和效率逐步提升，纯技术效率变化从2007—2012年的0.0910上升至0.1194，提高了0.0284。

3. 配置效率变化对TFP的贡献由正转负，市场化改革政策总体上改善资源配置效率。2002年后，在建立社会主义市场经济体制和加入世界贸易组织的大背景下，资源配置效率变化促进了TFP，配置效率变化对TFP增长的贡献率从1997—2002年的22.68%上升到2002—2007年的45.14%。2007—2012年，受国际金融危机和“四万亿投资计划”影响，扭曲因子配置效率出现短期恶化并拉低了TFP，但在2012年后其负影响程度减少。资源配置效率恶化，对TFP带来了-0.0529的影响，扭曲因子资源配置效率变化对TFP的贡献率达-67.55%。2012—2017年，资源配置恶化的影响程度有所减弱，配置效率变化为-0.0217，对TFP的贡献为-15.17%。中国经济进入新常态，贯彻落实新发展理念，实施创新驱动发展战略，推进供给侧结构性改革。从提高供给质量出发，用改革推进结构调整，矫正要素配置扭曲，扩大有效供给，着力清除市场壁垒，提高供给结构对需求变化的适应性和灵活性。这些国家战略和改革措施，一定程度上提高了资源配置效率和公平性，提高了全要素生产率，促进经济增长和共同富裕。从另一个角度来看，中国的资源配置仍然存在较大改善空间。

二、政策建议

1. TFP是提高未来中国经济增长的主要源泉，也是实现高质量发展的关键。从“跷跷板”特征来看，受边际收益递减规模导致资本回报率下降和资源环境的约束，未来大规模投资难以持续，资本对经济增长的贡献将下降，一定程度上TFP的贡献增加，TFP将成为中国经济持续增长的主要动力。

2. 未来自主创新带来的技术进步是提升全要素生产率的主要源泉。自2008年国际金融危机以来，由于和技术前沿差距逐步缩小，中国技术后发优势逐步丧失，加上中美“脱钩”的潜在风险，技术进步难度不断加大，2007—2012年，纯技术效率改进对TFP的贡献出现短暂下降。

2012年后，党的十八大以来深入实施创新驱动发展战略，充分发挥科技创新的支撑引领作用，政策实施效果逐步显现，2012—2017年纯技术效率改进对TFP的贡献逐步上升。

3. 改善资源配置效率大有可为，仍是提高TFP和实现高质量发展的重要动力。中国改革开放的实践经验已证实，技术效率提升和资源配置效率改善在经济高速增长阶段发挥了重要作用。本文实证测算结果也表明，2007年中国扭曲因子配置效率有所恶化，2012年后逐步改善，但仍存在较大改进空间。提高资源配置效率是实现高质量发展的重要动力源泉。以提高资源配置效率为抓手推动高质量发展，关键在于处理好政府和市场的关系，完善有利于资源优化配置的体制机制和政策措施。消除生产要素自由流动的体制机制障碍，加快户籍制度改革，推进统一大市场建设，可促进劳动力从低生产率领域向高生产率领域转移，优化资源配置，提高全要素生产率。

4. 充分挖掘的国际贸易、劳动等其他因素的经济增长潜力，助推高质量发展。本文研究发现，贸易条件改善是近年来中国TFP增长的不可忽视的动力，且在2008年国际金融危机后，进口中间品贸易条件对TFP的贡献由负转正，尤其是2012年后，进口中间品贸易条件改善成为TFP增长的重要源泉之一。因此，应积极推进贸易高质量发展，优化进出口结构，提升中国在全球价值链中的地位。党的十九届五中全会提出，坚持实施更大范围、更宽领域、更深层次对外开放，依托我国大市场优势，促进国际合作，实现互利共赢。当前，要加快制度型开放建设，高水平推进共建“一带一路”，协同推进“走出去”和“引进来”，使国内市场和国际市场更好联通，更好利用国际国内两个市场、两种资源，构建国际经济合作和竞争新优势。此外，虽面临着人口红利丧失、人口老龄化等问题，劳动对经济增长的贡献率有所降低，但人力资本的开发和发展也是提高全要素生产率的重要途径。

中国自然利率之谜与债券市场定价*

——基于宏观金融模型视角

王　博　陈开璞

自然利率是宏观经济学中重要的货币政策变量，同时也是金融学中的重要概念。一方面，自然利率为校准货币政策立场提供了一个基准；另一方面，在金融市场中，自然利率通过影响贴现率来影响金融资产价格和大类资产配置。但自然利率是不可观测的，宏观和金融文献对自然利率的估计遵循各自的路线。基于金融方法的一个隐含假设是金融市场是有效的，金融市场有效意味着历史收益率包含了所有关于未来收益率走势的信息，长期利率反映了市场对短期利率未来走势的预测，此时收益率曲线长端可以被视为自然利率的近似值。但实际上，我国金融市场存在摩擦，因此，需要更多的经济金融变量来共同预测利率未来趋势和估计自然利率。基于宏观模型方法估计的自然利率很大程度上依赖于模型的假设，常见的宏观模型忽略了重要变量。现有研究发现，通过金融方法和宏观方法估计的自然利率结果大不相同，这一现象被称为自然利率之谜。本文研究发现，中国同样存在显著的自然利率之谜现象。自然利率之谜现象会导致货币政策制定出现扰动，对政策制定者从债券市场中提取宏观信息产生影响，这要求对自然利率和潜在产出作出更合理的

* 原文刊载于《金融研究》2022年第6期。

作者简介：王博，经济学博士，教授，南开大学金融学院；陈开璞，博士研究生，南开大学金融学院。

估计。

首先，本文分别用金融模型和宏观半结构模型估计中国的自然利率，验证了中国同样存在显著的自然利率之谜现象。其次，通过构建一致性的宏观金融模型，采用宏观经济变量和收益率曲线信息共同估计自然利率，来解决中国自然利率之谜问题。利率和自然利率是宏观经济学和金融学研究的重要交点，不仅收益率曲线等金融变量对自然利率的估计有重要影响，自然利率的正确估计也对资产定价有着重要影响。寻找债券收益率的影响因子是债券定价研究的一个重要方面，宏观和金融的结合是债券定价研究的重要趋势。宏观金融理论表明，趋势通货膨胀和自然利率是收益率曲线的基本决定因素，在宏观金融大框架下，我们进一步研究了自然利率对债券收益率的影响。其中，债券收益率数据选取中债国债到期收益率，使用月度同比CPI季度数据作为通货膨胀率，以2011年第1季度作为基期的实际GDP由名义GDP与GDP同比增长率和环比增长率得到，对其进行对数处理并采用X-13做季节调整。中债国债到期收益率数据来源于Wind数据库，宏观经济数据来源于CEIC数据库。

结果表明：第一，中国存在显著的自然利率之谜现象，金融模型估计的自然利率与宏观半结构模型估计的自然利率从变化趋势及水平上都不一致，宏观金融模型能够把宏观经济变量和收益率信息都内生地纳入，从而很好地解决了这一问题。第二，相比于只用收益率曲线三因子拟合收益率，加入宏观经济趋势变量能够显著提高对收益率的拟合优度。实证分析表明，理论模型中宏观经济变量趋势通过收益率水平因子的长期趋势影响收益率曲线的设定是合理的。相比于LW模型对自然利率的估计，宏观金融模型估计的自然利率中包含收益率曲线信息，对收益率的拟合效果更好。

宏观金融模型估计的自然利率与LW模型估计的自然利率有非常相似的趋势和转折点，但加入收益率信息后自然利率通常要低一些。下一步，应进一步加强对自然利率影响因素的研究，得到更准确的自然利率估计，助力货币政策效果。通过更合理地估计自然利率能够提高其对国债收益率的拟合优度和影响系数，在更合理地刻画收益率曲线的基础上稳步推进债券市场改革开放。根据自然利率的形成规律，进一步完善国债收益率曲线，在保证财政可持续性的基础上合理安排债务发行规模和期限，丰富市场交易品种，增加二级市场流动性，加大债券市场对外开放程度，从而更好地发挥收益率曲线在金融资源配置中的重要作用。

本文的贡献之一在于将 Brand 等（2020）的框架应用于解决自然利率之谜这一理论问题上，通过结合中国利率市场化改革的典型事实拓展了这一方法的应用，为解决中国的自然利率之谜问题提供了有益探索。本文的另一贡献在于我们从这一框架提供的理论模型出发，通过实证检验宏观金融一致的自然利率对刻画债券收益率动态性的重要作用，为如何刻画收益率曲线的变化及其背后的驱动因素这一问题提供了有益补充，并为进一步完善国债收益率曲线进行了有益探索。

人口老龄化与区域创业水平*

——基于启信宝创业大数据的研究

王正位　李梦云　廖　理　石永彬

党的十八大以来，我国一直在努力营造有利于创新创业的良好环境。党的十九大报告、“十三五”规划、“十四五”规划等纲领性文件中多次提出关于创业的重要论断。同时，我国人口老龄化现状日益严峻，成为亟待解决的社会性问题，积极应对人口老龄化在“十四五”规划中上升为国家战略。然而，人口政策应当如何调整仍然是当前不同学者争论的热点。因此，本文聚焦于创业与人口老龄化这两个关键议题，研究人口老龄化如何影响区域创业水平及背后的具体机制。

人口老龄化对区域创业水平的影响取决于其对微观个体创业行为影响的总和，人口老龄化对微观个体创业行为的影响可以分解为家庭内部和家庭外部人口老龄化的影响，本文将两者分别称为养老压力机制和等级效应机制。从养老压力机制看，一方面，养老压力可能占用家庭成员的时间精力，也可能带来沉重的经济压力并降低家庭成员的风险偏好，从而导致创业水平降低；另一方面，养老压力可能提高家庭成员的时间灵活性需求，也可能刺激家庭成员追求高收益活动，从而导致创业水平提高。从等级效应机制看，老龄化地区的重要岗位更多被年长群体占

* 原文刊载于《金融研究》2022年第2期。

作者简介： 王正位，经济学博士，副教授，清华大学五道口金融学院；李梦云，博士研究生，清华大学五道口金融学院；廖理，经济学博士，教授，清华大学五道口金融学院；石永彬，理学博士，博士后研究员，清华大学五道口金融学院。

据，年轻人可能难以上升到重要岗位并积累创业所需的商业智慧，从而人口老龄化会降低创业水平。但年轻人在现有企业中发展受阻，反而更可能利用年轻优势从事创业活动。因此，本文有层次地研究三个问题：（1）人口老龄化是否会降低城市创业水平？（2）若第一个问题的答案是肯定的，那么，人口老龄化是否会通过养老压力机制降低城市创业水平？（3）人口老龄化是否会通过等级效应机制降低城市创业水平？上述问题的研究方法及结论总结如下：

第一，人口老龄化是否会降低城市创业水平？本文通过启信宝获得各市级行政单位每年的创业数据，也通过国家统计局微观调查数据库、万得（Wind）数据库等获得人口老龄化数据及其他可能影响城市创业水平的指标。利用计划生育政策作为人口老龄化的工具变量，建立起人口老龄化与城市创业水平之间的因果识别。本文发现，城市老年人口抚养比1个百分点的上升将引起城市创业企业数量约10个百分点的下降，该影响具有显著的经济意义。通过替换创业水平定义、GDP相关变量去除通胀、调整数据填充方法、剔除特定城市等方法证明了上述结论的稳健性。在异质性检验中，本文引入创业企业的注册资本进行规模分类，发现人口老龄化主要影响规模处于中间范围的创业，这可能是由于很小规模的创业更大程度上属于生存型创业，而很大规模的创业更多地受限于创业机会、创业资源而非创业意愿的影响。

第二，人口老龄化是否会通过养老压力机制降低城市创业水平？本文从宏观和微观两个层面提供了养老压力机制的实证证据。在宏观层面，城市医疗水平的发展、保险水平的覆盖会影响人口老龄化所带来的养老压力。本文使用万人均医师数、万人均护师数衡量城市医疗水平，使用人身保险的保险密度和保险深度衡量城市保险覆盖。本文发现，在医疗水平更差或保险覆盖更差的城市，人口老龄化对城市创业水平的影响更大；在医疗水平更好或保险覆盖更好的城市，该影响则不显著。也就是说，在人口老龄化带来的养老压力更严峻的城市，人口老龄化对城市创业水平的抑制作用也更强。在微观层面，本文利用 CHIP 2013 的家庭金融调查数据，通过家庭内部老年人口占比等多个指标衡量家庭内部养老压力，发现家庭内部养老压力会降低家庭层面及个体层面的创业率。更进一步地，本文构造了家庭内部老年人保险覆盖指标，发现老年人保险覆盖可以提高家庭抵御风险的能力，缓解家庭养老压力对家庭成员创业行为的负面影响。宏观和微观层面的证据均表明，人口老龄化会通过养老压力机制降低城市创业水平。

第三，人口老龄化是否会通过等级效应机制降低城市创业水平？本文同样从宏观和微观两个层面提供了等级效应机制的实证证据。在宏观层面，城市国有单位占比会影响人口老龄化所带来的等级效应。本文发现，在国有单位占比更高的城市，人口老龄化对城市创业水平的影响更大；在国有单位占比更低的城市，该影响则不显著。此外，有研究指出物质资本密集型行业存在更严重的等级效应。本文发现，在制造业和建筑业等物质资本密集型的传统行业中，人口老龄化对创业水平的影响更大；在科学研究和技术服务业及文化、体育和娱乐业等新兴行业中，该影响则不显著。也就是说，在人口老龄化带来的等级效应更严峻的地区或行业，人口老龄化对城市创业水平的抑制作用也更强。在微观层面，本文发现，在控制由家庭老年人口占比等指标衡量的家庭内部养老压力的基础上，城市人口老龄化水平对家庭创业行为和个人创业行为仍具有显著抑制作用。也就是说，在家庭内部的养老压力机制之外还存在着家庭外部的影响机制。紧接着，本文将家庭外部的影响机制与等级效应机制相关联。本文发现，在控制家庭内部养老压力的前提下，在国有单位占比更高的城市，城市人口老龄化水平对家庭成员创业行为的抑制作用更强；在国有单位占比更低的城市，该影响则不显著。因此，宏观和微观层面的证据均表明，人口老龄化会通过等级效应机制降低城市创业水平。

本文的主要贡献如下：一是研究维度和研究数据的创新。目前，关于人口老龄化与创业水平的研究较少，且均聚焦在国家或省级层面，本文与大数据公司合作获得所有城市的全样本创业数据，建立人口推演模型获得人口老龄化数据，在市级层面对人口老龄化与创业水平之间的关系进行了创新性研究。二是研究视角和研究内容的创新。我们首次将人口老龄化对创业水平的影响分解为家庭内部的养老压力机制和家庭外部的等级效应机制，并通过宏观与微观层面丰富的实证证据检验了上述两条机制。三是研究方法的创新。本文补充使用计划生育政策作为人口老龄化的工具变量，从而克服该研究可能存在的内生性问题。

本文研究对政策实践具有一定的参考意义：第一，鉴于人口老龄化对区域创业水平具有显著的抑制作用，本文充分肯定了放宽人口政策的价值和意义，并呼吁进一步做好相关配套政策的完善。第二，为缓解人口老龄化的影响，还需不断提高特别是针对老年人口的医疗供给和保险覆盖，从而更有针对性地缓解人口老龄化带来的养老压力。

杠杆率变动、固定资产投资与研发活动*

——兼论金融赋能高质量发展

马思超　沈　吉　彭俞超

现有文献在研究企业杠杆率变动对固定资产投资和研发投资的影响时往往将两者分开讨论。但实际上，企业在进行固定资产或研发投资决策时会作通盘考虑。固定资产投资与研发投资的风险和收益存在差异。一般而言，固定资产投资风险较小，投资回报确定性强，但难以提升企业的技术水平。相反，研发投资不仅其本身存在成果的不确定性，还有市场盈利风险，且会带来更高的融资成本。不过一旦研发成功，必然能显著提升企业的全要素生产率。那么，企业杠杆率变动对这两类投资活动的影响是否会存在差异？具有何种微观特征的企业会更偏向增加能够提升企业技术水平的研发投资活动？

本文的主要贡献在于：第一，有别于以往文献对于杠杆率和企业投资行为的分析，本文从资产配置视角出发，采用支出法同时刻画企业的研发投资与固定资产投资规模和结构的变化，将此两种投资行为纳入统一分析框架，扩展了现有企业投资选择的研究。第二，在分析研发投资占总投资比例时，引入了企业财务柔性和发展前景的考量，进一步分析了企业特征差异时杠杆率变动对研发活动的影响，丰富了已有对于企业

* 原文刊载于《金融研究》2022年第5期。
作者简介：马思超，经济学博士，讲师，首都经济贸易大学金融学院；沈吉，金融学博士，副教授，北京大学光华管理学院；彭俞超，经济学博士，副教授，中央财经大学金融学院。

研发活动的研究。第三，在分析非金融企业杠杆率变动的微观影响时，本文聚焦于投资活动，为识别企业“好杠杆”与“坏杠杆”提供了一条新的思路，并从企业杠杆率视角提供了一条探索金融如何更好服从服务于实体经济，实现高质量发展的路径。

理论上，本文构建了一个三期的企业投资模型，分析得出企业杠杆率变动与投资行为的非线性关系。在第一期期初，企业拥有内部资本和外部资本，形成初始时刻的固定资产投资规模。此外，企业还持有现金或现金等价物，以应付未来可能出现的负面冲击。在第二期，企业可能会处于两种状态中。当坏状态以一定概率发生时，企业遭受流动性冲击。企业必须用其现金留存来满足这一额外的流动性需求，否则企业将被迫破产清算。当好状态发生时，企业不会遇到流动性冲击。此时，企业须考虑如何使用现金留存：是扩大固定资产还是进行研发活动。此时，企业须作出最优投资决策。当杠杆率处于低位导致初始固定资产投资规模较小时，企业会将剩余现金全部用于扩大固定资产而不进行任何研发活动。随着杠杆率上升，企业会同时在两类活动中进行投资，使得被分配到两类投资中的现金取得的预期边际收益一致。当杠杆率继续上升突破某上限后，进行研发活动的收益总要高于扩张固定资产的回报，因此企业会将全部现金用于研发活动。

本文模型得到三个可供实证检验的假说。首先，企业在不同杠杆率下的投资行为是不同的。在低杠杆下，企业杠杆率的提升会使其增加固定资产和研发投资；在高杠杆下，企业杠杆率的提升不会使其增加投资规模，此时杠杆率对企业价值的负面影响会占优。其次，有关财务柔性对企业投资行为的影响。财务柔性在模型中用公司的现金持有来刻画。更多的现金留存对企业意味着两个便利：当企业遭受流动性冲击时，企业能应付更大范围的负面冲击，规避破产；当企业处于好状态时，更多的闲置资金能被用于进一步扩大规模或提高单产的研发投入，从而提升企业价值。模型显示：当企业的财务柔性更好时，企业配置到研发上的投入也会增加。最后，发展前景更好的公司，投入研发资金的比例也更高。

实证部分，本文选取2007—2017年沪深两市A股上市公司财务报表的年度数据。首先，在低杠杆下，企业杠杆率的提升会使其增加投资规模，而随着企业杠杆率的增加，这种正向作用将减弱至消失，这验证了本文的假说1。其次，实证结果表明，对于财务柔性更强，发展前景更好的企业，杠杆率的提升能够增大其研发投入的占比，即开展更多用于提升企业技术水平的研发活动，而非扩大固定资产规模。最后，短期杠杆率与商业信用杠杆率的提升有助于财务柔性较好的企业进一步扩大研发投资占比，而对于发展前景不佳的僵尸企业，长期杠杆和银行杠杆的提升反而会使其扩大固定资产投资，加剧产能过剩问题。

微观杠杆率本质上反映的是企业利用外部资源的一种能力，适宜的杠杆比例不仅有利于企业实现快速发展，也有助于社会资源的有效配置。与之相对，若大量信贷资金等资源被低效企业长期占据，不仅会积累债务风险，也很难实现产业升级和经济的高质量发展。实际上，企业固定资产投资与研发投资其本身并无高低之分、优劣之别，投资行为的选择均是企业根据自身特点作出的最优决策。然而，微观层面的“二选一”加总到宏观层面，体现在整体行业或实体部门也是结构性问题。这种结构将体现在不同类型的企业当中。经济的高质量发展要求要加快推进新旧动能转换，巩固“三去一降一补”成果，培育新兴产业，改造提升传统产业。从需求层面看，即要引导、支持更多的企业投入研发活动中；从供给层面看，当前一个突出问题仍是信贷资源配置的结构性矛盾，一部分低效企业将易得的信贷资源浪费在过度扩张上，而另一部分企业则始终“嗷嗷待哺”。正如本文实证结果显示，对于“僵尸企业”而言，长期杠杆和银行杠杆的提升使企业更多地投资到固定资产项目中，此类固定投资的增加，不仅加剧了产能过剩，无助于低效企业的解困脱困，还挤占了宝贵的信贷资源，加剧了资源配置的结构性矛盾，更不利于经济的高质量发展。这就需要金融部门发挥服从服务于实体经济的功能，将信贷资源重新配置到高效益生产部门，以提高质量、增加效率，真正优化金融资源配置效率。

本文政策建议如下：首先，对于过度融资、杠杆率偏高、产能过剩或发展前景欠佳的企业，要引导并督促其压缩负债规模，或通过合理手段降低风险，并逐步淘汰化解落后产能，清理“僵尸企业”，实现优胜劣汰和产业重组，减少无效的资源占用。其次，要区别看待企业不同维度杠杆率的变动。由经营活动而产生的商业信用杠杆的增大，是企业较强上下游资源整合能力的表现，这有助于企业利用外部资金更好地开展经营活动，应适当予以支持。化解与防范债务风险时，应渐进、谨慎地削减企业短期杠杆，以免放大企业的流动性风险，对经营活动造成负面影响。同时，还应积极拓宽股权融资资金来源，并加快健全和完善多层次股权市场建设，以优化企业资产负债表结构。最后，对于杠杆率适度、具有财务柔性、发展前景较好的企业，应给予一定的信贷支持和适度的杠杆空间。引导企业精益化经营，优化产业链布局，加强对企业研发和创新活动的支持，以提高技术水平，使企业能够更加专注于主营业务的经营与投资，使金融更好地服务实体经济。

利率市场化、信贷资源配置与民营企业增长期权价值*

——基于贷款利率上、下限放开的准自然实验证据

宣　扬　靳庆鲁　李晓雪

金融是实体经济的“血脉”，为实体经济服务是金融的天职，是金融的宗旨。健全市场化利率形成和传导机制对于完善市场金融体系、提升资金配置效率具有重要意义。我国的利率市场化采取渐进式改革方式。以贷款利率为例，中国人民银行多次调整、逐步放宽贷款利率的上限与下限，分别于2004年10月与2013年7月放开。此后，我国不断健全市场化利率形成和传导机制，进入了以市场化利率形成和调控机制为核心的深化改革新阶段。

利率市场化通过何种机制影响经济发展？大量研究通过宏观数据检验了利率市场化与经济增长的关系。使用宏观数据的分析具有全局优势，但利率市场化最终要落实到微观主体才能发挥作用。因此，来自企业层面的经验证据不但更加直接，也更能明确利率市场化的作用机制。Chen等（2019）基于贷款利率上、下限放开事件，考察了贷款利率市场化对企业资本结构、投资效率等的影响，但关于贷款利率市场化如何影响不同风险水平企业的信贷可得性，进而作用于企业投资灵活性与实

* 原文刊载于《金融研究》2022年第5期。
作者简介： 宣扬，管理学博士，讲师，上海对外经贸大学会计学院；靳庆鲁，管理学博士，教授，上海财经大学会计学院；李晓雪，管理学，斯德哥尔摩大学政治学院。

物期权价值的研究尚有待深入。投资活动是影响企业价值与经济增长的重要行为。在资本逐利的规律下，企业的投资活动取决于面临的投资机会。面临好的投资机会时，企业应执行增长期权，追加投资、扩大规模，提升企业价值的同时也促进经济增长。然而，企业能否把握投资机会、发挥投资灵活性受融资环境的影响。

不同于以往研究，本文借助贷款利率上、下限放开的外生事件，考察贷款利率市场化如何影响民营企业的信贷资源获取、投资灵活性及增长期权价值。选择民营企业为研究对象，是由于民营企业在我国经济发展中发挥着重要作用。近年来，在相关政策支持下，民营企业的融资环境持续改善，但相比于强烈的发展需求，民营企业的融资便利仍有提升空间。利率市场化能否提升民营企业的融资便利、促进民营经济发展，成为重要的研究话题。

理论上，当贷款利率存在上、下限时，银行难以根据企业风险完全自主地调节贷款利率。贷款利率上限（下限）限制了银行对高风险（低风险）企业收取高利率（低利率），企业由于难以获得信贷资金（或利率过高）而放弃部分投资项目。风险水平适中、利率恰好落在对应区间内的中等风险企业则不受贷款利率上、下限的约束，可以在与风险匹配的利率水平上获得信贷资金。贷款利率的上限（下限）放开以后，银行能够对高风险（低风险）企业收取高的（低的）贷款利率，高风险（低风险）企业因此获得更多的信贷资金，进而能更好地把握投资机会，提升增长期权价值。

为检验上述理论预测，本文采用双重差分模型进行实证分析。基于2001—2020年A股民营上市公司的数据，通过Oscore变量进行风险分组，并基于贷款利率上、下限放开设计准自然实验。由于中等风险企业的融资较少受到贷款利率上、下限的影响，本文选择中等风险企业作为对照组。检验结果表明，与中等风险企业相比，贷款利率上限（下限）

放开使高风险（低风险）企业以更高（更低）的成本获得了更多信贷资金。进一步分析发现，贷款利率上限（下限）放开后，相比于中等风险企业，高风险（低风险）企业的投资灵活性与增长期权价值显著提高。平衡趋势检验、替换变量定义、分段检验、改变模型设定、反事实检验、更换研究样本等一系列分析证实了本文结果具有较强的稳健性。

本文的研究贡献主要体现在以下方面。第一，本文基于双重差分模型检验了利率市场化对不同风险水平企业的差异化影响，丰富了利率市场化如何作用于信贷资源配置的相关研究。双重差分的研究设计可缓解内生性问题，更清晰地识别因果关系，有助于理解利率市场化如何对不同风险特征的企业产生差异化影响。第二，本文研究沿着“融资—投资—价值创造”的逻辑链条层层递进，有助于深入理解利率市场化如何通过影响不同风险水平企业的信贷获取及成本，进而作用于企业投资及实物期权价值，丰富了利率市场化微观传递机制的相关研究。另外，贷款利率上、下限放开提供了融资环境外生变化如何影响增长期权价值的检验机会，丰富了实物期权价值的相关研究。第三，本文考察了利率管制取消如何影响信贷资源配置及企业投资与价值创造行为，有助于进一步认识利率如何作为信贷资金的价格机制，引导信贷资源配置与实体经济运行。

基于本文的研究发现，提出以下建议。首先，随着我国经济由高速增长阶段转向高质量发展阶段，市场化利率在信贷资源配置中的作用越发重要。应继续积极推动市场制度建设，持续深化利率市场化改革，健全市场化利率形成和传导机制，优化信贷资源配置。其次，企业能否把握投资机会、执行增长期权受到信贷可得性的影响，而企业能否获得信贷又取决于贷款利率形成与传导机制是否顺畅。应进一步畅通贷款利率传导渠道，着力提升企业融资便利，充分发挥金融对实体经济的服务支持作用，推动企业与宏观经济高质量发展。

泰达币与人民币汇率相关性研究*

中国人民银行数字货币研究所课题组

近期Terra/Luna稳定币崩盘并波及其他稳定币价格暴跌，引发全球广泛关注和普遍担忧。此次风险事件充分暴露了稳定币的脆弱性与投机本质，再次印证稳定币并非负责任的金融科技创新，不是改善跨境支付的合理选择。本文以泰达币（USDT）为样本，详细考察了稳定币场外交易与人民币汇率之间的联系并发现实证证据。研究表明，USDT等稳定币利用类似地下钱庄对敲机制，实现资本外逃，在加密资产市场与人民币外汇市场之间充当桥梁，形成资本外流暗道，相关风险值得警惕。

USDT占据稳定币主流，其与美元挂钩，采用100%发行准备（主要是银行存款）制度，全世界超过2/3的比特币交易通过USDT完成，USDT已成为加密资产市场的基础设施和交易媒介。USDT价值稳定机制的核心要素在于准备金充足程度、稳定币能否1∶1赎回法定货币。美国的泰达公司（Tether）承诺用户可用USDT等额赎回美元。但是，2021年2月24日，泰达公司与关联公司(Bitfinex)同纽约总检察长办公室(New York Attorney's General Office）达成司法调查和解，认罚1850万美元以结束对其发行的稳定币USDT涉嫌欺诈的司法调查。据经济学人杂志(The Economist)，调查将引起USDT流动性波动，并将对市值1.4万亿美元的

* 原文刊载于《金融研究》2022年第6期。
作者简介： 穆长春，课题组组长，中国人民银行数字货币研究所；吕远，中国人民银行数字货币研究所；赵鹞，中国人民银行数字货币研究所；黄佳琳，中国人民银行数字货币研究所；李志冰，对外经济贸易大学金融学院；范言慧，对外经济贸易大学金融学院。

加密资产市场造成明显冲击。

在中国，USDT常被用于进行违法犯罪活动、逃避政府监管，并会通过与人民币汇率的相关关系，将风险传导至外汇市场。中国的USDT交易主要采取OTC线上模式，即买方与卖方在平台上进行询价与报价。中国近年来的一些司法判例表明，比特币（Bitcoin）的“去中心化”、无边界性和难以追踪的特性在USDT跨境资金转移中同样存在，形成了人民币—USDT—比特币的三角交易机制。

我国监管政策明确规定，USDT等虚拟货币相关业务活动属于非法金融活动。近期国际社会强化稳定币监管的政策呼声也日益强烈。国际清算银行《2022年度经济报告》强调，加密资产与稳定币存在根本的结构性缺陷，不是符合社会利益的有益创新，应严加监管。金融稳定理事会再次重申稳定币监管的重要性和紧迫性，组织成员经济体加紧健全监管框架、制定监管措施。

首先，本文进行了理论方面的工作。由于USDT既充当比特币交易的交换媒介与计价单位，又被用于非法跨境交易活动，比特币与USDT非法跨境交易会形成对USDT的供给与需求。在此基础上，结合市场出清条件，可推导USDT市场的均衡状态。模型结果显示，USDT本币价格与本币汇率的比值存在均衡值，由USDT供需关系决定，围绕1上下波动，且会受资金跨境转移监管强度、比特币价格等因素影响。基于该模型的理论分析表明，USDT价格与人民币汇率等官方汇率间存在内在相关性。该结论进一步深化了稳定币理论分析框架，并充分揭示了其潜在金融风险。

其次，本文构建有关USDT（人民币）收益率、波动率与人民币汇率收益率、波动率的实证模型，检验理论分析得到的假设。本文使用USDT场外交易日度数据（2019年10月至2020年10月），考察了USDT人民币价格收益率、波动率与人民币汇率收益率、波动率之间的关系，以检验理论分析的可靠性。结果表明，一是USDT人民币价格收益率与人民币对美元汇率收益率负相关，这可由前文理论模型解释。即当本币处于贬值阶段、本币汇率（直接标价）上升时，市场预期资本流出监管程度趋强，使USDT需求曲线左移，均衡状态相应变化导致USDT本币价格与本币汇率的比值下降，若USDT本币价格趋于下降，这就导致本币汇率与USDT本币价格收益率负相关。[①] 二是USDT人民币价格波动率与人民币对美元汇率波动率正相关。三是比特币收益率会影响USDT人民币价格波动率与人民币汇率波动率之间的相关性，USDT在比特币等加密资产与人民币外汇市场的关联性中的桥梁作用凸显。四是USDT人民币价格波动率是人民币汇率波动率的先行指标。使用NDF汇率、GARCH波动率、不同“窗宽”波动率重复分析，回归结果稳健。

最后，本文还对欧元、日元开展了类似分析，得到了与人民币符号相反的回归结果。结论表明，一是USDT欧元、日元价格收益率与它们对美元的汇率收益率正相关，与人民币的相关结论正好相反。由于欧元、日元的资本管制参数退化为常数，从而USDT欧元、日元价格会与它们对美元的汇率同向运动。二是USDT欧元、日元价格波动率与它们对美元的汇率波动率弱负相关。该结果同样与人民币的相关结果存在差异。一方面，欧元、日元作为强势货币，无须使用USDT作为换汇渠道。另一方面，次贷危机后，欧元、日元进入低利率时代，特别是日元避险功能明显，这可能在一定程度上改变USDT波动率与相关货币汇率波动性的相关性。由此表明，相较于强势货币，有资本管理措施的经济体的货币汇率易受到USDT等稳定币的干扰，资本管理措施会被削弱。发展中经济体有必要对稳定币，特别是全球性稳定币格外审慎。

① 严格来讲，当本币汇率上升时，要使均衡价格下降，USDT本币价格的变化有三种可能：小幅上升、不变或下降。由此可知，当USDT本币价格趋于下降时，人民币价格收益率与人民币对美元汇率收益率负相关。

本文研究表明，稳定币风险隐患大，不是改善跨境支付的负责任选择。类似地下钱庄对敲机制，USDT 等稳定币实现资本外逃，并向正规外汇市场传导风险，对经济体的资本管理措施影响显著，会使相关措施受到削弱甚至失效。从现实情况看，USDT 等稳定币已在我国形成资本外流暗道，确有必要坚持并强化对加密资产和稳定币的限制措施，从交易源头和交易主体入手对该市场进行监管，强化实时监管技术，有效防范风险。鉴于全球性稳定币规模与影响将明显大于 USDT，其交易活动很可能显著增加资本管制经济体的汇率波动，因此在缺乏统一完整监管框架的情况下，不应推出全球性稳定币。需要指出的是，稳定币本身存在市场风险、集中度风险、操作风险、货币替代风险等诸多风险并复杂交织，加之本研究所揭示的稳定币通过跨境渠道向本币传导风险的机制，可知稳定币的风险特征与其挂钩什么货币没有必然联系，不应发行与人民币挂钩的稳定币来应对全球性稳定币。

地权稳定与农业生产*

徐尚昆　王　璐　杨汝岱

界定清晰、权利完整的土地产权制度，一直以来是农业农村发展与资源有效配置的必要条件。改革开放初期家庭联产承包责任制的实施，大幅提高了农户生产的积极性，在促进农业产出高速增长的同时也为其他领域改革奠定了坚实基础。特有的土地制度设计是中国经济高速增长和结构变革的重要动力来源。整体而言，农村土地承包关系稳定并“长久不变”，是中国特色土地制度设计的核心内容。近年来，在农村土地所有权归集体所有、承包经营权归农户所有的基础之上，我国通过延长土地承包期限、立法赋能、承包经营权确权登记颁证等方式持续深化农村土地制度改革，在保障公平的同时稳定了农户预期，有效促进了农业生产效率提升与宏观经济稳定发展。

土地制度设计与农户行为是发展经济学关注的核心议题，现有研究主要从农户投资、土地流转、收入增长、劳动力流动等多个角度分别展开讨论。从微观视角出发，关于稳定地权与农业生产效率提升内在作用机制的讨论，尚存一定的研究空白。本文认为，稳定产权的直接激励作用与土地资源再配置均是农业生产效率提升的重要来源。在当前农地所有权、承包权与经营权三权分置背景下，土地流转潜力逐渐释放，传统农户与新型农业经营主体多元化发展，系统探究稳定产权与农业生产效

* 原文刊载于《金融研究》2022年第6期。
作者简介： 徐尚昆，管理学博士，教授，中国人民大学哲学院；王璐，经济学博士研究生，北京大学经济学院；杨汝岱，经济学博士，教授，北京大学经济学院。

率提升的内在作用机制具有理论价值和现实意义。与此同时，现有文献对农业生产效率的探讨大多集中于亩均产出、劳均产出等单要素指标，本文则综合考量资本、土地、劳动及中间品投入要素的贡献程度，构建农业全要素生产率指标，全面衡量多维度的农户农业生产效率，更为系统地讨论稳定地权对农业生产效率等的影响。最后，本研究基于高质量的大样本长期跟踪农户抽样调查数据，在因果识别、异质性影响、作用机制等方面进行了较为系统的探讨，以期对现有理论和实证研究形成有效补充。

作为我国农村土地制度改革的标志性事件，《农村土地承包法》以正式立法的形式赋予了农民长期而有保障的土地使用权与合法进行土地流转的权利，有效提升了农户地权稳定性。鉴于此，本文以《农村土地承包法》在省级层面的实施作为政策冲击，在构建农户农业全要素生产率指标的基础上，使用双重差分等方法研究了稳定的农村土地承包经营权对农户农业生产效率等的影响，并讨论其作用机制。本研究主要使用了1995—2013年的农业农村部固定观察点农户数据集，该数据集是我国最大的农户跟踪抽样调查数据，数据集包含了详尽的农业投入产出等信息。实证研究中，本文首先检验了《农村土地承包法》的实施对农户转入与转出土地行为及农业全要素生产率的影响。

结果表明：第一，《农村土地承包法》的实施有效提升了农户转出土地的概率，但对农户转入土地决策的影响不显著。第二，稳定的农地产权制度改革能有效提升农户层面的农业全要素生产率，村级整体农业全要素生产效率也得到显著提升。扩展检验结果显示：第一，地权稳定性改革在提升农业生产效率的同时，能提高农户外出务工收入、劳动收入及农户总收入，农户整体福利水平得到提高。第二，《农村土地承包法》的颁布显著降低了土地非流转变动频率，地权稳定性及土地流转的市场化程度得以提升。

随后，本文分别从稳定产权的直接激励效应和资源配置效率改善两个方面讨论地权稳定对农业生产效率提升的作用机制。机制检验表明：第一,《农村土地承包法》的实施显著提升了土地转入农户及不流转农户的农业全要素生产率，且土地转入农户的农业生产效率提升最多，一定程度上说明稳定的农地产权有利于规模效应的发挥，地权稳定对农户具有直接激励效应，能在不改变土地资源配置的情况下提升农业生产效率。第二，稳定的农地产权制度改革使相对高效率农户扩大了农地经营规模，低效率农户通过土地转出缩小农地经营规模，通过流转市场的优化配置提升整体农业生产效率。第三，本文结合人口流动、地理禀赋与交通基础设施等讨论了政策冲击的异质性影响。

概括来讲，本文得出三个基本结论：第一，稳定的农地承包经营权能增强经营主体对未来的确定性预期，保障各方市场主体的合法权益，活跃土地流转并有效提高农业生产效率。第二,《农村土地承包法》的实施促进了农户转出而非转入土地，农业生产效率的提升主要源自稳定产权的直接激励效应及由此带来的资源配置效率改进两个方面，稳定的农地产权能够促进土地有效流转，优化农户农业生产与劳动配置决策。第三，地权稳定性改革有效缓解了因人口流出与区位先天劣势造成的农业生产效率损失，显著提高了农户的务工收入及整体收入水平。本文的研究结果表明，合理的制度设计能够提升农业生产效率，提高农村土地和劳动力资源的配置效率。清晰的产权设计、合理的预期管理是实现市场化资源配置的必要条件。

本文在以下方面具有一定的边际贡献和现实意义：第一，本文以翔实的微观数据为基础，区分讨论了地权稳定性改革对农户土地转入与转出决策，以及农户与村级加总的农业全要素生产率等影响，有助于我们更为准确、清晰地理解相关政策效应。第二，本文从稳定产权的直接激励作用与资源配置效率改进两方面，较为全面探讨了农业生产效率的提升路径，对现有文献形成了有效补充。第三，本文将农地制度改革与人口流动、地区禀赋相结合展开讨论，结果显示，在工业化与城市化高速推进时期，稳定的农地产权能够缓解人口流出与区位劣势对农业生产效率的负面影响。第四，从政策上看，最新的《土地管理法》赋予农村集体用地直接上市的权利，农村土地第三轮承包展期即将到来，农村土地制度的深化改革对我国经济社会健康可持续发展，尤其是对实施乡村振兴战略、加快农业农村现代化建设意义重大，本研究对未来政策探索、实施效果评估与预估等提供了一定参考。

正规金融与非正规金融：机制、效率与实证挑战*

高 明 胡聪慧

正规金融与非正规金融的定位和关系，不仅是重要的学术问题，也是影响间接金融体系改革方向的关键。正规金融因其资金融通和稳定市场、促进经济成长的作用，得到学术研究的普遍认可，许多新兴经济体的政策目标也往往是以正规金融替代非正规金融。但现实中，在强调非正规金融风险隐患的同时，非正规金融却普遍存在，且对中小企业、家庭经济扶持和发展中国家经济成长发挥了不容忽视的作用。这一作用在金融市场不完全或存在融资限制时更为突出。然而，非正规金融风险不易监管及现行合法民间借贷和所谓非法集资、高利贷等交织的尴尬，使各界对国内非正规金融可能产生的复杂社会问题与金融犯罪活动争议很大。近年来，网络借贷平台在国内先是迅速发展，之后又由于大量债权违约，纷纷陷入困境，直至整个行业被关停。厘清非正规金融的价值对于制定监管政策非常重要。

借贷合约的订立与执行，核心在于信息不对称导致的逆向选择问题和履约不完美导致的道德风险问题。信息机制决定了正规金融与非正规金融的信息获取能力，履约机制决定了交易执行能力和处理违约风险的

* 原文刊载于《金融研究》2022年第5期。

作者简介： 高明，经济学博士，副教授，北京大学经济学院；胡聪慧，经济学博士，副教授，北京师范大学经济与工商管理学院。

方式。不同的经济发展阶段对应不同的法律、社会环境和金融发展水平，有效解决信息问题和履约问题的机制也不同。本文从机制视角建立学理框架，从信息和履约两个基础维度，讨论正规金融与非正规金融的相对效率及决定因素，并通过系统梳理相关文献，指出现有实证研究的成果与挑战，讨论如何提高正规金融与非正规的效率。本文从机制视角进行分析，体现了正规金融和非正规金融的金融属性，为探索相关领域学术研究和政策制定提供启示。

本文发现，正规金融有比较完整的征信体系，依靠法律系统作为履约机制。非正规金融依赖声誉、关系和社会网络，一般不具有标准化、程序化的信息机制和履约机制。正规金融与非正规金融因信息机制与履约机制不同而各有其独立存在价值。正规金融易于监管风险与扩大规模，但调整较为缓慢；非正规金融易适应经济变化，但风险不易监管，且局限于地域和人际网络。

发达经济体的可预测程度较高，有较为完善的征信体系和较高效率的法律体系，正规金融机构在支持经济活动与发展方面可以发挥主要作用，形成对非正规金融的替代。快速发展的经济体常有不可预见的冲击，非正规金融比较容易适应市场环境进行调整，也不需要说服立法机构修改法律，是重要的融资渠道，与正规金融形成互补。此外，历史传统所形成的紧密社会网络和商业关系，是非正规金融的重要运行基础。对于经济待开发地区，正规金融体系与资本市场的发展水平都往往较低，发展正规金融和非正规金融对其经济发展都相当重要。

不同经济发展阶段所对应的征信和法律体系的完善程度和执行能力，是正规金融与非正规金融可否支持经济成长的决定性因素，也使两种金融形式在不同经济体中具有不同的作用。当经济高度发达时，正规金融优势显著，形成对非正规金融的替代。但在经济发展过程中，正规金融效率尚无法完全发挥，非正规金融与正规金融形成互补。

正规金融、非正规金融与经济成长的关系吸引了研究者的广泛关注，但实证结果很难达成一致，主要源于定义分类、数据样本和内生性处理。就定义而言，之前文献多从机构或监管视角来定义正规金融与非正规金融。以机构的视角来看，严格的正规金融专指银行或类银行金融机构，非正规金融则涵盖甚广，包括正规金融体系之外的金融形式。监管视角以是否受到中央银行控制和金融法规约束为区分，主张不受政府管制且不纳税的融资制度安排及金融组织为非正规金融。机构视角和监管视角的优点在于紧密结合现实金融机构运行，缺点在于脱离微观理论基础支撑，不利于了解正规金融和非正规金融作为一种金融形式而非机构的运行机理。

就数据样本而言，跨国数据更全面地提供了金融、法律、经济发展环境中正规金融与非正规金融的比较，但却很难处理内生性问题。相对地，单一国家容易进行公司微观层面正规金融与非正规金融利用情况的讨论，但很难考虑经济体系的多样性。同时，多数资料为调查数据，取样范围与时间相对局限。金融机构的微观资料相比宏观资料更难以取得，近期文献才开始使用，面板数据则更为匮乏。此外，关于正规金融与非正规金融的比较分析，通常正规金融样本较全，非正规金融样本较缺。上述资料缺陷使正规金融与非正规金融在发展中国家对于经济发展的作用难以充分论证。

正规金融与非正规金融研究中，数据获取与议题本身都会产生内生性。就取样导致的内生性而言，补充非正规金融的跨国时间序列实证分析，需要经由国际组织建立同时涵盖发达国家和发展中国家的长期追踪调查。通过长期的时间趋势，可以掌握非正规金融的动态变化；同时，可以进行发达国家和发展中国家的长期比较，了解经济发展与不同金融形式的关系。议题本身的内生性问题，包括借款过程的非随机性所产生的内生性偏误、借款人的借贷自我选择问题，以及其他未观察到的特性。相关问题的研究以发展中国家为对象时，易受到金融供给面的影响。通常经济成长易促成银行扩张，而银行扩张自然影响家庭和企业接触金融的机会。实证研究的挑战在于如何处理内生性问题。学者或采用滞后变量讨论因果关系，或引入工具变量，或采用 Heckman 两阶段方法降低样本特性所引起的偏误。

相关金融与增长的学术研究和政策讨论分歧甚多，主要原因是过去实证文献系从正规金融与非正规金融对企业和经济成长的贡献来比较两者的效率，缺乏对于正规金融与非正规金融在不同经济发展阶段的机制分析证据。如何建立正规金融与非正规金融机制的衡量方式，以比较影响正规金融与非正规金融效率的渠道，讨论两者在不同经济发展阶段的相对效率，是未来重要的学术研究方向。

02　金融稳定与风险防范

系统性金融风险文献综述：现状、发展与展望*

杨子晖　陈雨恬　林师涵

防范风险是我国金融业的永恒主题。如何有效应对金融系统的异常波动、缓释国际市场的外部冲击、精准处置重点领域风险，仍将是我国“十四五”时期的重要挑战，这也使系统性金融风险成为现阶段亟待研究的重大课题。本文分别基于系统性金融风险的有效测度、传染溢出、驱动因素、前瞻预测，以及其与宏观经济的相互作用关系、风险调控政策与政策的有效性、国内外监管理念发展等不同视角，对272篇国内外顶级（权威）文献进行了全面、深入的梳理、述评与展望。

首先，我们通过总结文献中系统性金融风险的定义，发现它的一个重要特征是，单个金融机构或金融市场所面临的变动、冲击乃至遭受的损失，将向金融系统中的其他机构、其他市场迅速传递。这就意味着，防控系统性风险对于维持金融稳定、促进经济发展至关重要。

其次，在有效测度部分，我们梳理了该领域的大量文献，归类了基于“资产组合式”测度、尾部依赖、联合违约概率、“网络分析式”测度等视角的多种系统性金融风险的测度指标。同时，我们也发现，上述大多数测度指标仅捕捉了风险的某一方面特质，而未能整合所有相关信

* 原文刊载于《金融研究》2022年第1期。
作者简介：杨子晖，经济学博士，教授，中山大学岭南学院，中山大学高级金融研究院；陈雨恬，中山大学岭南学院金融博士研究生；林师涵，中山大学高级金融研究院金融博士研究生。

息。随着金融产品的复杂化与金融市场的多元化，单一的系统性风险指标已不适用于应对更为复杂的风险防控形势，采用降维等技术的综合指数也逐渐得到广泛应用。

系统性金融风险传染溢出的相关研究指出，单个金融机构或市场所受到的变动、冲击将通过部门间的紧密关联迅速传染至金融系统中的其他机构、其他市场，引发系统性危机。理论分析文献表明，资产价格的联动往往可归因于各市场间所存在的真实联系渠道及信息渠道。其中，真实联系渠道包括市场间的经济贸易联系、金融信贷关联；而基于信息渠道的传导机制则意味着，在信息不对称的条件下，投资者恐慌情绪的增加、风险偏好的变动等因素会引发“羊群行为”、趋同效应、交易策略调整等，产生显著的风险传染现象。实证研究也已从三种视角对系统性金融风险的传染展开了深入分析。具体而言，第一类文献集中于测度市场间的成对相关关系；第二类文献大多根据协整技术考察市场间的风险联动态势；第三类文献着眼于刻画市场间的风险溢出效应，分别基于均值溢出、波动溢出及尾部风险溢出等不同视角考察金融机构间的相互关联。

深入探究系统性金融风险的驱动因素、准确甄别监管框架中的风险压力点，对政策当局缓释系统性风险积聚、维护金融稳定至关重要。因此，我们全面剖析了金融机构的财务指标、业务结构、公司治理、地域扩张等微观因素，以及宏观经济运行、金融市场发展、政府干预行为等宏观因素对系统性风险的驱动影响。

我们梳理了前瞻预测相关的文献。相关研究表明，企业财务表现、资本市场信息及宏观经济运行等指标，对系统性风险均具有较好的预测能力。现有研究者通常基于信号提取技术或Logit回归等方法，构建系统性危机的预警系统，并结合二叉树、GARCH模型、分位数投影、跳跃未定权益分析等分析框架，进一步改进系统性金融风险的预测模型。反之，系统性金融风险同样对企业财务困境、宏观经济衰退等具有前瞻性的预警作用：一方面，系统性金融风险可能通过削减信贷规模、抑制消费需求等渠道，对企业的财务运行状况产生严重冲击；另一方面，系统性风险的积聚易加剧金融市场的不稳定性，对宏观经济产生显著的负外部性。

为了全面考察系统性金融风险的影响，本文总结了有关文献，发现金融系统与实体经济存在明显的双向作用。一方面，宏观经济的波动经由金融部门放大后，会表现出显著的顺周期性，加速系统性风险的累积；另一方面，当经济衰退时，系统性风险往往会成为金融压力的主要来源，对实体经济产生持续的负面影响。早期文献通常将金融摩擦嵌入商业周期模型，或是在金融周期模型中引入宏观经济因素，如采用DSGE模型将金融因素纳入一般均衡分析。在此基础上，一些研究尝试探讨金融市场收益率的宏观决定因素或是剖析金融市场波动对实体经济增长率的作用，从而间接考察金融风险与宏观经济的相互关联。最新文献开始采用混频模型对GDP、工业增加值、通货膨胀率等宏观经济变量与金融市场间的相互作用关系展开深入研究，得到了许多颇具创新性的结论。

如何选择合适的风险监管理念、完善金融风险防控体系是现阶段的重要议题。长期以来，在金融市场中，货币政策往往发挥着核心作用，而微观审慎政策与宏观审慎等基于不同金融监管理念的调控政策，也已成了维护金融系统稳定的重要工具。因此，我们同样分别基于货币政策、微观审慎政策、宏观审慎政策的相关文献，在进行具有逻辑性总结的同时，深入考察风险调控政策的有效性。与此同时，相关研究指出，合适的监管框架能够有效约束金融机构的风险承担、充分缓释系统性金融风险，本文还梳理了“太大而不能倒”“太小而不能竞争”“太关联而不能倒”“太中心而不能倒”“太多而不能倒”“太重要而不能倒”等文献中的系统性金融风险的监管理念。需要强调的是，尽管取得了一定的进展，但关于系统性金融风险的监管研究仍处于发展完善阶段，如何选择合适的风险监管理念、完善金融风险防控体系，仍亟须监管部门与学术界展开深入探索与综合分析。

在进一步梳理气候金融、金融科技、突发公共事件等前沿视角的最新文献的基础上，我们结合中国经济向高质量转型期间的风险特征，研判展望该领域的重点研究方向，剖析“影子银行”、全球气候变化、地方政府债务、房地产等局部性、潜在性的金融风险隐患，从而为我国构建全方位多层次的金融风险防控机制、完善“双循环”新格局下的金融监管体系提供参考依据，牢牢守住不发生系统性金融风险的底线，推动经济社会高质量发展。

中国金融周期与横向关联：时空双维度相结合视角 *

方　意　邵稚权

2008 年国际金融危机的教训表明，以物价稳定为主要目标的单一调控框架难以有效应对系统性金融风险，金融体系自身的周期性波动及各金融子市场之间的横向关联受到更多的关注。金融周期来源于投资者对待风险的认知态度与融资约束之间的自我强化作用，表现为各金融变量扩张与收缩交替出现的协同性波动（Borio，2014）。在金融周期上行阶段，金融体系会不断积累风险，而下行阶段往往伴随着资产价格的大幅下跌与信贷紧缩，进而导致实体经济陷入长期衰退。在这一过程中，金融子市场间的过度关联会加剧风险在金融体系的传导。

为维护金融稳定，宏观审慎政策关注金融子市场在时间维度上的金融周期和空间维度上的横向关联。时间维度的金融周期对应金融子市场之间的纵向关联，落脚点在于各金融子市场价格型与数量型指标随时间的变化趋势。其往往立足于宏观金融视角，以金融体系整体作为研究对象，不考虑金融子市场之间存在的差异性，关注各金融子市场同时膨胀、同时衰退的顺周期性现象。空间维度的横向关联对应金融子市场之间的溢出效应，落脚点是各金融子市场之间的联动性。其往往立足于微

* 原文刊载于《金融研究》2022 年第 1 期。
作者简介：方意，经济学博士，教授，中央财经大学金融学院；邵稚权，硕士研究生，中央财经大学金融学院。

观金融视角，关注金融市场网络的联动关系。因此，理解中国金融周期和横向关联的运行规律和作用关系，对完善防范、化解和处置风险的长效机制，保持金融体系稳健运行具有重要意义。

本文对已有研究的主要拓展与贡献如下：第一，将宏观审慎政策关注的时空双维度金融风险结合，综合金融周期和横向关联分析我国各金融子市场的运行规律。第二，在选取指标时，除现有金融周期相关研究广泛采用的信贷市场和房地产市场外，还利用货币市场和股票市场等具有显著横向溢出效应的金融子市场来共同度量金融周期，能更综合全面地反映出金融周期的波动特征。第三，基于 Baruník 和 Křehlík（2018）提出的广义方差分解谱表示分析框架来测度中国金融子市场的短期横向关联和长期横向关联。如果仅从时域进行研究，在很大程度上会混淆不同波动分量的作用效果，从而难以有效剖析横向关联的主要决定因素。

时间维度金融周期和空间维度横向关联性的驱动因素具有内在一致性：从形成机理角度分析，市场主体风险态度的变化驱动了金融周期的产生及横向关联的变动。根据风险态度的变化，可以将金融周期和横向关联的变动划分为三个阶段。

阶段Ⅰ（风险承担上升阶段）：金融周期和横向关联均处于上行阶段。在时间维度上，金融系统的整体风险较低，信贷环境宽松。投资者的风险偏好增强，市场主体对风险资产的投资意愿上升，在时间维度上推动了风险资产价格的上涨。与此同时，在空间维度上，共同风险敞口机制使各金融子市场之间的横向关联上升。共同风险敞口机制主要考察共同宏观经济因素冲击下金融市场之间的溢出作用。投资者风险偏好上升会使各市场面临的共同风险敞口增大。因此，在金融周期的上行阶段，金融子市场之间的横向关联会随着投资者风险承担意愿的上升而提高，代表“隐性”的传染性。

阶段Ⅱ（风险实现阶段）：金融周期开始进入下行阶段，横向关联处于上行阶段。在金融周期下行阶段，金融周期波峰附近资产价格下跌和信贷收缩会使空间维度前期积累的“隐性”传染性被激发。金融危机史表明，金融危机多发生于金融周期的波峰附近，危机期间通常位于伴随着断崖式的资产价格下跌和信贷收缩，此时金融体系的“隐性”传染性被激发并表现为“危机”系统性风险（方意，2016）。在投资者资产配置调整机制的作用下，金融市场间的横向关联会迅速增加。因此，从金融系统总体关联性角度看，横向关联的波峰往往位于金融周期的波峰右侧。

阶段Ⅲ（风险承担下降阶段）：金融周期和横向关联均处于下行阶段。在金融周期下行阶段，金融系统的整体风险较高，信贷环境收紧，投资者为规避风险而选择持有低风险资产，由此引发风险资产价格的下跌。空间维度上，投资者风险偏好下降会使各市场面临的共同风险敞口减小。因此，在金融周期下行阶段，金融子市场之间的横向关联下降。

金融周期和横向关联的同趋势性主要源于市场主体的风险态度，而各金融子市场在溢出网络中重要性和脆弱性的不同会使各金融子市场金融周期和溢出效应的领先滞后关系存在一定差异。本文使用股票市场、货币市场、房地产市场及信贷市场的数据，从时空双维度相结合的角度测算2001—2019年我国金融周期和金融子市场间横向关联的波动特征与作用关系。从波动长度角度看，我国金融周期长度约为10.33年，空间维度横向关联波动周期长度约为10.58年。我国金融市场横向关联的周期性波动主要由中低频域波动驱动，中低频域横向关联的持续期在2个月以上。从传导关系看，我国房地产周期达到波峰后，房地产市场会对股票市场和信贷市场产生较强的溢出作用。房地产市场的溢出作用使股票市场、信贷市场和房地产市场的联动性上升，进而将波动传导至股票市场和信贷市场。我国股票市场接受来自房地产市场的溢出作用后，股市周期逐渐达到波峰，随后会继续向房地产市场和信贷市场产生较强的溢出作用。我国信贷市场接受来自股票市场和房地产市场的溢出作用后，信贷周期会逐渐达到波峰。

基于实证研究结果，本文从宏观审慎监管的角度提出以下政策启示：第一，完善宏观审慎政策框架，将主要金融子市场纳入宏观审慎管理。根据金融周期和横向关联的时空传导规律，加强系统性金融风险监测评估。当金融子市场周期达到波峰后，关注该市场对其他市场溢出效应的增强。对于易受其他市场影响的金融市场，在其金融周期波峰到达之前做好风险防控措施，防止其因接受其他市场的溢出效应而引发风险共振。第二，根据溢出关联持续期，对政策影响的持续期作出预判。在实施宏观审慎政策时考虑溢出关联的持续时间，从而更好地估测政策时滞性，适时发布宏观审慎政策指引。统筹货币政策、信贷政策、房地产金融审慎政策及资本市场监管政策协调，降低金融体系波动及对实体经济的负外部性。

金融产品持股与银行系统性风险*

——兼论《商业银行股权管理暂行办法》的影响

赵　静　郭　晔

银行治理机制的缺陷被认为是2008年国际金融危机爆发的关键因素之一。此后，各国更加重视银行治理问题。我国也多次强调要以完善银行治理机制为重点，厘清股权关系，把主动防范化解系统性金融风险放在更加重要的位置。2017年4月，中共中央政治局就维护国家金融安全进行集体学习，指出要推进金融业公司治理改革，推动金融机构切实承担起风险管理责任。治理机制缺陷会引致风险的易发多发性，我国金融机构公司治理仍不健全，股东越位、缺位或者内部人控制现象较普遍（周小川，2017）；完善公司治理是银行改革的重要着力点（郭树清，2020）。

值得注意的是，我国上市银行股权结构出现了新变化。2010年以来，机构投资者通过金融产品持有上市银行股权的现象日益普遍，尤其是保险公司。机构投资者的加入虽然有助于银行股权结构的多元化，但是其究竟发挥"监督者"还是"合谋者"的作用，以及会对银行风险产生何种影响争议颇大。同时，国际金融危机后监管不断加强，银行表内高风险贷款受到限制，转而主要通过"影子银行"业务实现，而"影子银行"

* 原文刊载于《金融研究》2022年第1期。
作者简介：赵静，经济学博士，助理教授，湖南大学金融与统计学院；郭晔，经济学博士，教授，厦门大学经济学院/王亚南经济研究院。

主要作用于银行系统性风险(郭晔和赵静,2017)。更重要的是,机构投资者持有银行股权可能会影响其与银行的同业合作和股权联系(赖黎等,2020),这也主要影响银行系统性风险。因此,基于我国现实情况,我们重点关注金融产品持股对银行系统性风险的影响。

2010年9月,保监会公布了《保险资金投资股权暂行办法》,放松了保险资金投资约束;此后,保险产品持股比例大幅上升。在整个样本期间,保险公司通过保险产品持有银行股权(以下简称保险产品持股)在金融产品总持股中占主导地位,其占比高达92.26%。金融产品持股比例过高时,可能会诱发机构投资者的自利行为,导致其与银行系统性风险的关系发生变化。金融机构通过金融产品超比例持有上市银行股份问题,已引起监管当局的关注。为了规范银行股权管理,2018年1月,银监会出台了《商业银行股权管理暂行办法》(以下简称《股权办法》),指出金融产品可以持有上市银行股份,但单一投资人通过金融产品持有同一商业银行股份合计不得超过5%。那么,《股权办法》的实施对于机构投资者的行为会产生何种影响?上述这些问题的研究对于完善我国银行股权管理,从源头上约束银行过度冒险动机,防范化解系统性金融风险,促进中国经济高质量发展具有重要意义。

本文的主要拓展如下:第一,关注到我国上市银行股权结构的新变化,保险公司等机构投资者通过保险产品、资管计划等金融产品增持上市银行股份的现象日益普遍,从金融产品持股这一新视角,分析股权结构对银行系统性风险的影响。已有关于中国商业银行治理的研究,主要分析股权集中度、董事会构成等的作用,对于我国上市银行股权结构新变化的关注不足,缺乏有针对性的研究。最近少数研究分析了保险机构持股对银保业务、同业业务、"影子银行"和银行个体风险的影响(赖黎等,2020),然而同业业务和"影子银行"对银行系统性风险的影响更大,因此,我们重点分析金融产品持股对银行系统性风险的作用。第二,基于我国2013年以来金融产品持股比例大幅增加的现实背景，考虑到金融产品持股比例过高，可能导致机构投资者利用其控制权牟利，从而带来二者关系的变化，进一步分析主要金融产品股东对银行系统性风险影响的异质性。第三，利用《股权办法》对金融产品持股比例不同的上市银行的差异化影响，运用合成控制法（SCM）估计《股权办法》对于银行系统性风险的作用。

为了阐明上述问题，首先，我们整理了2010年10月22日至2019年12月31日的上市金融机构数据，使用分位数回归与LASSO相结合的方法，构建金融机构间的联系网络，进而基于金融机构间的关联网络和机构规模测度银行系统性风险。其次，基于2011—2019年16家上市银行半年度面板数据，采用系统GMM，我们深入研究金融产品持股对银行系统性风险的影响及主要金融产品股东作用的异质性。最后，我们使用合成控制法，详细分析了《股权办法》限制金融产品超比例持有上市银行股份的规定的政策效果。总的来看，本文得到的研究结论如下：第一，当单家金融产品股东的持股比例均低于5%时，其可以利用专业优势更好地监督银行，金融产品总持股比例有助于降低银行系统性风险。第二，当第一大金融产品股东的持股比例超过5%时，其会利用话语权为自身谋利，导致银行系统性风险增加，削弱金融产品总持股比例对银行系统性风险的降低作用。第三，由于保险产品持股在金融产品总持股中占主导地位，其对银行系统性风险的影响与金融产品持股的作用一致；保险产品以外的其他金融产品总持股比例会降低银行系统性风险。第四，《股权办法》的实施有助于约束持股比例超过5%的机构投资者的冒险行为，进而降低相应银行的系统性风险。

本文的研究对于完善银行股权结构、防范和化解我国金融系统性风险具有一定的政策启示。第一，鼓励机构投资者投资上市银行股权，以促进其更好地监督银行行为和提高银行股权的多元化；但要合理控制机构投资者持股比例，防止其持股比例过高，诱发其自利行为，导致银行开展一些高风险业务。第二，加强银行股权管理，明确股东责任，防范“股东乱象”行为。银行要严格股东准入标准，加强股东资质审查；监管当局要继续强化股东行为监管，防止其损害银行利益；进而完善银行治理，促进银行体系的稳健经营。

存款保险、市场竞争与银行经营稳健性*

徐　璐　叶光亮

近年来，我国就强化金融业市场化改革、维护金融领域公平竞争环境推出众多重要制度举措。这些举措旨在通过提高金融市场的竞争水平，提升机构运行效率，降低信贷市场资金获取成本，更好支持实体经济发展。在银行业领域，我国在法律法规的指引下形成较为完整的市场化利率体系，以完善银行业市场准入与退出机制等措施，不断优化银行业公平竞争市场环境。在此类举措中，我国逐步推动建立存款保险制度，于2015年正式颁布并实施《存款保险条例》，2016年进一步将存款保险费率由最初单一的固定费率逐步过渡为基于银行风险的差别费率，以市场化的方式对存款人的利益加以保护。存款保险制度的建立为存款利率市场化改革提供了金融防护网，增强了中小金融机构的竞争力和市场的资金配置效率，有助于引导金融市场向良性有序竞争的方向发展。同时，通过存款保险机构的合理化风险定价，以及补充监管早期纠正等职能，对银行降低风险进行稳健经营的行为起到正向的激励和监督作用。

为充分发挥制度间的协同效应，存款保险制度需要与利率市场化等金融市场改革相互配合，依据改革的现实状况进行优化设计和调整。金融市场改革对金融风险存在双重影响。一方面，市场竞争的加强在短期使单家银行的存贷利差逐渐收紧，或将促使银行为争夺客户选择追求高

---

* 原文刊载于《金融研究》2022年第1期。

作者简介：徐璐，金融学博士，副教授，中国人民大学信息资源管理学院；叶光亮，经济学博士，教授，海南大学。

收益资产而导致经营稳健性下降，诱发潜在的金融风险；另一方面，从更长期的角度看，在开放市场中强化竞争，将促进低成本高效率银行进入市场，高成本低效率银行市场份额下降或退出市场，存款保险制度保障下的这种柔性市场退出机制将有助于化解金融风险，提升市场整体运行效率。

因此，本文基于我国银行市场现实情况，重点关注在竞争性银行市场中，存在政府隐性担保及推行市场化显性存款保险制度所实现的市场均衡，并进一步探究推行存款保险制度与强化市场竞争间的交互作用，为协同完善相关政策提供参考。

本文基于存款市场空间竞争模型，考虑存款人和银行之间存在信息不对称、银行拥有关于其经营风险的私人信息时，实施存款保险制度对银行经营稳健性和社会福利的作用，并探讨强化市场竞争的长短期差异影响。研究发现：第一，存款保险制度的实施对防范银行业经营风险具有积极作用。尽管政府隐性担保能够保障存款人的利益，但会降低存款人对银行经营稳健性的要求及监督，使银行追求高风险高收益资产从而降低经营稳健性。风险差别费率保险制度通过费率与风险挂钩的激励机制及市场化运作，能够有效提升银行经营稳健性，同时起到保护存款人利益和防范系统性风险的作用。第二，随着存款市场竞争程度的提升，实施市场化的风险差别费率存款保险制度对提升银行经营稳健性的积极效应逐渐增强，政策间能够起到相互配合和补充的作用。第三，进一步允许机构自由进出市场时，政府强化市场竞争短期内可能使低效率的银行承受更大竞争压力，选择追求高收益资产而使经营稳健性下降；但长期视角看，高风险银行将被市场竞争逐步淘汰，更有效率的低风险银行将进入市场并占据可观的市场份额。市场化的存款保险制度保障了存款人利益，这种柔性退出机制会使银行业整体的经营稳健性水平出现提升。第四，福利分析显示，风险差别费率存款保险制度在保障存款人利益的同时，减轻政府隐性担保的较高政策成本负担；通过市场化运作和合理风险定价，激励银行降低风险提升经营稳健性；配合银行业市场进出规则的完善，带动银行业整体风险结构优化。因此，该制度从这三方面促成最优的社会福利水平，且福利增进效果会随着市场竞争程度的提升而增强。

与以往研究相比，本文的创新主要体现在三个方面：第一，本文基于银行市场可能存在政府隐性担保的现实情况，比较在市场无存款保障和存在政府隐性担保两种初始状态下，推行市场化存款保险制度的风险和福利效应，增强模型结论的解释能力。第二，不同于单纯分析存款保险制度实施效果的文献，本文着重分析实施存款保险制度与强化存款市场竞争间的交互作用，补充了存款保险制度和银行市场竞争研究的相关文献，并为政策间的配合实施提供参考。第三，本文将传统的空间模型应用于刻画存在不对称信息的存款市场中银行竞争行为，同时引入长期内允许银行自由进入和退出市场的机制，探讨强化市场竞争带来的短期和长期差异效应。

文章所得结论对加快中国银行业改革，完善现行存款保险制度具有参考意义。第一，长期内坚持并完善市场化的存款保险制度，维持现有较高的存款保险覆盖率水平，提高风险测算技术，准确合理厘定风险差别保险费率，同时加强信息披露减少市场中的信息不对称。第二，重视银行业市场竞争政策与存款保险制度间的协同作用，进一步完善银行业市场公平竞争秩序和退出机制，以市场竞争机制促成银行业对经营风险的有效自我监管，以此在提升市场竞争效率的同时，更好地保护存款人的利益和维护社会稳定。

差别化存款保险费率与银行风险承担*

——基于我国农村银行的经验证据

明 雷 秦晓雨 杨胜刚

近年来，中小银行风险受到广泛关注。如何有效识别及防控问题银行的风险，以及风险一旦暴露应该如何妥善处置成为不得不考虑的现实问题。存款保险制度作为金融安全网的重要一环，在金融风险的事前预警、动态监管和事后处置当中均可以发挥作用。

2015 年我国正式建立存款保险制度并不断完善，设立初期采用统一费率，逐渐过渡为现在的差别化费率。从研究角度和各国实施经验来看，设计不良的存款保险制度会加大银行危机发生的可能性，而激励相容的制度设计可以削弱道德风险带来的不良影响。防范道德风险的有效途径是设定以风险为基础的存款保险费率，提高银行对风险成本的承担，从而降低银行冒险经营动机。但以往的实证研究侧重探讨存款保险这一制度的引入与否对银行风险承担的影响，而本文的研究视角有所不同。首先，存款保险费率的动态调整对银行的风险承担有何影响，以及在不同银行之间是否存在异质性是本文重点关注的问题。其次，存款保险制度实证方面的文献大多为跨国分析，关于国内的实证研究成果相对较少；同时，本文聚焦我国农村银行，研究差别化费率机制对化解我国

* 原文刊载于《金融研究》2022 年第 3 期。

作者简介： 明雷，金融学博士，副教授，湖南大学金融与统计学院；秦晓雨，金融学博士研究生，上海财经大学金融学院；杨胜刚，经济学博士，教授，湖南大学工商管理学院。

中小银行风险的效果。此外，已有的探讨存款保险制度与其他金融改革综合影响的研究，普遍将其与利率市场化进程相联系；而本文考虑研究样本的特殊性，关注农信社改制与存款保险制度差别化费率机制对银行风险承担带来的影响。

本文的主要贡献如下。第一，理论上扩展了 Freixas 和 Rochet（2008）模型，证明了差别化费率抑制银行风险承担的机理。第二，区别于以往研究视角，实证探讨了我国存款保险制度建立后，从统一费率过渡到差别化费率的动态过程对银行风险承担的影响及异质性。第三，除验证差别化费率机制对银行风险承担的影响，还考虑相近时期农信社改制的政策影响。

理论模型方面，在 Freixas 和 Rochet（2008）模型基础上构建差别化费率模型，分析差别化费率机制对银行道德风险的抑制作用。与 Freixas 和 Rochet（2008）模型不同的是，本文将模型设定由固定费率拓展为差别化费率。先构建一个两周期模型，由于银行所交保费与自身风险水平挂钩，因此，在差别化费率的框架下，银行不会仅仅为了追求高收益而冒险投资，而是根据项目投资成功的概率进行投资。考虑到两周期模型存在一定限制，本文将其拓展为三周期模型，所得结论保持一致。模型结果表明，相对于固定费率，差别化费率机制可以在贷款行为发生前抑制银行的冒险经营动机。

实证分析方面，着重考虑存款保险差别化费率机制对我国中小银行风险承担的影响。结合数据可得性，选取我国某省法人投保机构作为研究样本，样本区间为 2015 年下半年至 2019 年上半年，共 8 个半年度的数据，最终得到 119 家银行法人机构数据，包括 90 家农村商业银行、29 家村镇银行。被解释变量为银行风险承担，借鉴文献的一般做法使用 Z 值作为代理变量。核心解释变量为是否实施差别化费率这一外生事件，并将其设置为虚拟变量。考虑到差别化费率机制的政策效应可能因外部环境和银行自身特征存在差异，本文还讨论了风险水平、资产规模及银行类型等的异质性影响。主要结论如下：第一，存款保险制度差别化费率对银行风险承担具有显著的抑制作用。第二，差别化费率对银行风险承担的这一影响存在异质性，对于自身风险承担水平较低、资产规模较大的银行来说，抑制作用更为明显，对村镇银行作用有限。第三，差别化费率机制对农信社改制中存在的某些负面影响有抑制作用，两者的综合影响降低了银行的风险承担水平。

根据上述结论，本文启示如下：第一，充分发挥存款保险制度早期纠正功能，加强对问题金融机构的早期监控和及时干预。同时，注重完善市场化处置机制，可要求机构及时补充资本、控制风险业务扩张，如有重大违规行为调高费率等，实现早识别、早预警、早发现、早处置。第二，统筹发展与安全，注重防范区域性金融风险，加强对小型银行、高风险银行的事前风险预警及动态监管，及时发现问题并整改，避免风险积累。

政策连续性与商业银行系统性风险*

张　琳　廉永辉　方　意

防范化解金融风险特别是防止发生系统性金融风险，是金融工作的根本性任务。在我国以银行为主导的金融体系下，商业银行之间、商业银行与非银行金融机构之间、商业银行与实体经济及商业银行与金融市场之间存在复杂而密切的关联网络，客观上为单家银行的个体风险通过传染和放大而形成银行体系的系统性风险提供了条件。党的十八大以来，我国银行业风险化解工作已取得显著进展，高风险金融机构和重点领域风险得到有序处置。不过，当前银行业仍面临不少风险和挑战，必须毫不松懈继续化解存量风险、防范增量风险，牢牢守住不发生系统性金融风险的底线。

在国内外经济金融形势复杂多变的背景下，为应对经济下行压力、推动经济转型升级、维护金融体系稳定，我国积极运用货币政策、财政政策、产业政策、税收政策、贸易政策等多种经济政策进行宏观调控。理论上，各类经济主体不仅关注政策本身的调整，也会将政策是否连续和稳定纳入考量。商业银行作为宏观经济政策传导的重要中介，其经营行为和风险状况对政策连续性高度敏感。那么，政策连续性是否降低了商业银行系统性风险呢？如果是，具体影响机制是什么？

* 原文刊载于《金融研究》2022年第5期。
作者简介：张琳，经济学博士，副教授，北京工商大学经济学院；廉永辉，金融学博士，副教授，首都经济贸易大学金融学院；方意，金融学博士，教授，中央财经大学金融学院。

本文的研究贡献首先在于拓展了政策连续性的金融风险后果方面的文献。一方面，既有文献大多从微观审慎视角考察政策连续性对银行个体风险的影响（顾海峰和于家珺，2019）；另一方面，部分文献开始关注政策连续性对金融市场系统性风险的影响（杨子晖等，2020）。在上述文献的基础上，本文从宏观审慎视角考察政策连续性对银行系统性风险的影响，拓展了政策连续性与银行风险关系的相关研究。

其次，本文研究丰富了银行系统性风险影响因素方面的文献。既有文献侧重于从微观银行层面考察系统性风险的影响因素，发现银行财务特征和特定银行业务均可能影响银行系统性风险（方意等，2020）。而考察外部宏观环境与银行系统性风险关系的研究较少，并且这类文献主要考察经济政策本身的系统性风险效应，尚未涉及政策连续性对银行系统性风险的影响。

最后，本文研究完整揭示了政策连续性影响银行系统性风险的路径和条件。影响路径方面，本文将系统性风险分解为与冲击相关的银行个体风险、与传染相关的银行个体和系统关联性两个维度。进一步明确了政策连续性的个体风险降低效应缘于银行被动风险承担水平而非主动风险承担意愿，政策连续性的银行关联性降低效应缘于银行间接关联而非直接关联。作用条件方面，本文从宏微观两个层面综合考察了政策连续性影响银行系统性风险的主要调节因素。此外，本文还考察了不同类型政策连续性对银行系统性风险的影响，为监管部门防范系统性金融风险提供更具针对性的参考建议。

目前，对于系统性风险并没有统一的定义，但多数系统性风险的定义均涉及冲击、传染和放大、对金融系统和实体经济产生严重危害三方面特征。“冲击”和“传染和放大”（简称“传染”）侧重系统性风险的成因，是系统性风险生成机制中的两大关键因素。基于系统性风险的“冲击—传染”二元生成机制，政策连续性主要从银行个体风险和个体与系统关联性两个维度对银行系统性风险产生影响。理论上，政策连续性对银行个体风险承担和银行个体与系统关联性的影响均不确定，因而政策连续性对银行系统性风险的影响需要实证研究进一步予以明确。

本文选取 Huang 和 Luk（2020）编制的指数作为政策连续性的代理变量 PC，以 ΔCoVaR 衡量银行系统性风险，基于 2007 年第 1 季度至 2019 年第 4 季度我国 32 家上市银行非平衡面板数据，实证检验了政策连续性对银行系统性风险的影响。结果表明：增强政策连续性能显著降低银行系统性风险。为厘清影响路径，本文将系统性风险分解为银行个体风险和银行个体与系统关联性两个维度，结果发现政策连续性上升会同时降低银行个体风险和银行个体与系统的关联性。

在上述基础上，本文还要明确两个问题：政策连续性的银行个体风险降低效应是缘于银行的主动风险承担还是被动风险承担？政策连续性降低的是银行直接关联性还是间接关联性？研究发现，一方面，政策连续性上升虽然提高了银行主动风险承担意愿，但降低了银行被动风险承担水平；另一方面，政策连续性虽然对以同业业务为代表的、有助于强化银行间直接关联程度的业务无明显影响，但能通过降低各银行资产配置的相似性而降低银行的间接关联程度。

此外，本文还从宏微观两个层面考察了能影响政策连续性与银行系统性风险关系的因素。研究发现，在实体经济下行、货币政策宽松时，政策连续性上升对降低银行系统性风险的作用更大；对于破产风险较高、信息透明度较低的商业银行而言，其系统性风险受政策连续性的影响更大。

最后，本文分析了不同类型政策连续性对银行系统性风险的影响差异。研究发现，除贸易政策连续性外，货币政策连续性、财政政策连续性、汇率与资本项目政策连续性的上升均能显著降低银行系统性风险，并且货币政策连续性对银行系统性风险的影响力度最大。

本文研究可以得到如下启示：第一，相关部门应注重维持经济政策的连续性、稳定性和可持续性，特别是大的政策导向要保持定力，不急转弯；同时，进一步完善政策解读说明机制，提升政策的透明度。第二，商业银行应做好政策追踪和预测、强化审慎经营和稳健发展、寻求差异化和特色化发展路径、提升信息披露质量，不断增强自身适应政策调整的能力。第三，监管部门在政策调整时期应加强对商业银行的审慎监管。一方面，监管部门应前瞻性地指导商业银行根据政策变化作出调整，重点关注财务风险较高和信息透明度较低的银行。另一方面，监管部门应鼓励商业银行差异化经营，促进多层次、多元化的银行服务体系发展，不断增加银行业的发展韧性。

结售汇如何影响银行风险承担水平*

——基于银行资产负债表的视角

刘孟儒　沈若萌

近年来，中国外汇流入发生了较大变化：一方面，经常项目顺差收窄，通过贸易渠道获得的外汇从2008年达到峰值后开始下降；另一方面，储备资产增长放缓，银行净结汇收窄甚至转为净售汇。在结售汇顺差逐渐减少甚至转为逆差的同时，社会信用也出现了收缩，银行风险取向趋于谨慎。结售汇既受到外贸外资形势变化的影响，也会反过来通过金融渠道影响实体经济。近年来，在外汇占款渠道投放基础货币比例减少的同时，通过各种新型货币政策工具，如常备借贷便利（SLF）、中期借贷便利（MLF）、抵押补充贷款（PSL）等投放的基础货币比重不断提高。随着基础货币主动供给的重要性不断上升，中央银行主动供给和调节银行体系流动性的功能越发突出。那么，结售汇是否会影响银行信贷投放时的风险承担水平？其机制和路径如何？应如何应对这一变化？

本文可能的主要贡献如下。第一，基于银行资产负债表构建了分析银行信贷行为的理论模型，从微观视角出发，研究了结售汇交易如何通过资产负债表影响其风险承担水平。第二，使用外汇局结售汇报表数据，通过实证方法验证了结售汇交易对银行风险承担水平的影响。第

* 原文刊载于《金融研究》2022年第5期。
作者简介：刘孟儒，经济学博士，清华大学五道口金融学院；沈若萌，管理学博士，讲师，北京市门头沟区发展改革委。

三，用数值模拟的方法进行了反事实分析。

从结售汇业务链条来看，居民部门与银行的外汇交易会影响货币投放，而商业银行与央行的外汇交易则会影响基础货币投放。银行资产负债表在结汇过程中会发生膨胀，资产端的准备金和负债端的客户存款同步增长，为银行发放贷款提供流动性支持。在售汇时，银行的资产负债表则发生完全相反的变化。由于大型银行争夺存款的能力强于中小银行，流动性资源分配不均衡，这会加剧中小银行的流动性紧张情况，迫使中小银行从大型银行拆借资金。负债端的影响会传导至资产端，大型银行将多余的基础货币投放给中小银行获取稳定的拆借利息收益；中小银行则通过提高自身风险承担水平追求更高收益。最终的整体效果是，大型银行趋于保守，对中小企业下沉服务不足，其流动性和资本没有得到充分利用；中小银行相对激进，但其本身资本承受能力和风险管理能力相对不足，可能衍生出金融风险。基于上述分析，我们构建相应的理论模型，并推导了结售汇与银行风险承担水平之间的关系。

为验证理论模型推论，本文进行了详细的实证分析。首先结合理论推导和数据可得性，提出三个需要验证的假设：（1）银行风险承担水平与净结汇正相关，经常项目净结售汇和总净结汇的回归系数显著，而资本项目净结售汇不显著；（2）银行风险承担水平与净拆出资金负相关；（3）净结汇对大型银行风险承担水平的影响高于中小银行，净拆出资金对大型银行的影响则小于中小银行。为此，我们选取10家上市商业银行2011—2018年的季度财务数据和银行结售汇数据及相关宏观数据，共320个观测值。

为克服模型引入被解释变量滞后项可能带来的内生性问题，我们采用系统广义矩估计方法（GMM）进行估计。从结果来看，净结汇对风险承担水平有正向影响，而净拆出资金对风险承担水平则为负向影响，且资本项目的系数不显著，与理论预期相符。为进一步提高模型识别水平，我们还使用了工具变量法，采用“向中央银行负债”作为工具变量，结果仍然稳健。使用基于股价数据计算出的CoVaR作为被解释变量，结果保持一致。不同银行异质性分析的结果也证明，大型银行的风险承担水平较中小银行对净结汇和净拆出资金的更为敏感。与预期不符的是，大型银行风险承担水平与资本项目净结汇的敏感度低于中小银行，这可用大型银行资本项目结售汇波动高于中小银行进行解释，并进一步验证了理论模型的可靠性。

为得到反事实分析结果，本文还基于2018年的真实数据进行数值模拟。结果表明，当外汇流入足够多时，银行的风险承担水平不再提高，多余的流动性被用于同业拆借。存款转移比例则对大型银行和中小银行的风险承担水平有较大影响，现实中存款由中小银行转移到大型银行，大型银行的风险承担水平会低于中小银行；当二者的存款没有转移或者转移方向相反时，相应的风险承担水平也会发生变化。

本文得到三个主要结论：第一，净结汇与银行风险承担水平之间存在显著的正相关关系。外需冲击带来的净结汇减少会造成银行信贷风险偏好收紧，进而降低其服务实体经济的能力。因此，结售汇既是经济形势好坏的参考指标，也是影响金融环境的重要因素。第二，存款市场的结构对激励银行提高风险承担水平有关键作用，过于集中的存款份额会阻碍信贷资源的优化配置，影响银行服务实体经济的能力。第三，流动性冲击对于银行信贷投放行为有显著的影响，在国际形势日趋复杂严峻的背景下，中国的大额经常项目顺差可能不再成为常态，资本项目流动也面临较大不确定性，未来结售汇波动可能加剧。

根据上述结论和分析，本文建议：第一，稳外贸、稳外资、稳预期的重要性不仅体现在经济领域，同样也体现在金融领域。相关部门应高度重视外贸、外资的波动情况，当出现趋势性变化时，及时采取措施予以对冲，防止外需冲击和金融冲击的共振引起社会信用的断崖式收缩。

第二，需要对存款市场进一步规范，防止过于集中的存款份额影响银行服务实体经济的质效。同时，对服务民营、小微企业水平较高的金融机构进行合理激励。第三，有必要加强对银行流动性预期的管理。相关部门可前瞻性地提出有针对性的政策工具以对冲外汇流入减少带来的缺口，稳定流动性波动。

ESG投资能够促进银行创造流动性吗？*

——兼论经济政策不确定性的调节效应

宋 科 徐 蕾 李 振 王 芳

当前在我国致力于实现碳达峰碳中和目标的大背景下，ESG（Environmental、Social和Governance）投资日益成为商业银行绿色绩效评价的重要维度。ESG投资强调企业需充分理解自身经营决策对生态环境、社会伦理和长期价值创造的影响，广义上可视为企业社会责任的进一步延伸。国内外大量研究围绕相关话题展开，丰富了人们对企业社会责任动机及其经济后果的认识。然而，通过文献梳理可以发现，当前研究尚存在以下不足：第一，ESG投资相关研究大多聚焦于非金融企业，较少关注银行ESG投资对其经营活动的影响。第二，少量银行相关文献也局限于收益框架内，主要探究银行社会责任表现与财务绩效之间的关系。作为声誉管理的重要手段，ESG投资要求银行将ESG理念融入日常业务流程，可能会对银行经营表现产生多维度影响。在此基础上，本文将研究视角拓展至ESG投资如何影响银行流动性创造。流动性创造是现代商业银行的核心职能之一。一方面，银行通过将流动性较强的负债转

* 原文刊载于《金融研究》2022年第2期。

作者简介： 宋科，经济学博士，副教授，中国人民大学财政金融学院；徐蕾，博士研究生，中国人民大学财政金融学院；李振，经济学博士，复旦大学大数据学院；王芳，经济学博士，教授，中国人民大学财政金融学院。

换为流动性较弱的资产从而在资产负债表表内创造流动性；另一方面，银行通过资产负债表表外信用承诺为客户提供资金支持从而在表外创造流动性。银行流动性创造职能有助于改善市场融资条件，促进经济高质量发展。目前，已有大量文献基于 Berger 和 Bouwman（2009）构建的流动性创造指标，研究流动性创造的影响因素，但尚未有研究系统分析 ESG 投资与银行流动性创造之间的关系。

理论上，一方面，ESG 投资作为银行声誉管理的重要手段，可能通过声誉溢出效应促进流动性创造。从银行外部看，银行通过增加 ESG 投资，在精准扶贫、绿色金融及支持国家重大发展战略等方面积极作为，并对外披露相关信息，能够赢得利益相关者的认同，为流动性创造营造良好的业务环境。从银行内部看，为实现 ESG 投资的长期声誉积累，银行需要将 ESG 理念全方位融入业务流程，这会为银行经营管理带来多维影响，有助于改善业务拓展的内部环境，从而增强流动性创造能力。另一方面，与 ESG 投资有关的声誉约束效应可能为银行流动性创造带来负向影响。为避免贷款企业的环境、社会问题演变为银行自身声誉风险，ESG 投资要求银行采取更为严格的项目筛选机制，从而将许多“两高一剩”企业从投资范围中挤出，由此通过缩小银行授信范围抑制银行流动性创造。同时，为满足 ESG 投资标准，银行要对授信主体的 ESG 风险进行审慎评估，从而提高业务流程复杂程度，降低流动性创造效率。

为实证检验 ESG 投资对银行流动性创造的影响及其作用机制，本文使用 2009 年第 1 季度至 2020 年第 2 季度中国 36 家上市银行的非平衡面板数据，基于 Berger 和 Bouwman（2009）的三步程序构建流动性创造指标，借助华证指数上市公司 ESG 评级数据进行回归分析，并进一步考察经济政策不确定性发挥的外部调节效应。本文可能的边际贡献主要体现在以下三个方面：第一，基于银行声誉管理视角，系统考察 ESG 投资对银行流动性创造影响的理论逻辑并予以实证检验，进一步拓展了企业社会责任与银行经营管理之间关系的相关研究。第二，全面揭示ESG投资影响银行流动性创造的中介机制，基于Baron和Kenny（1986）提出的中介效应检验方法，考察ESG投资是否通过“盈利渠道”和“风险渠道”对流动性创造产生影响。第三，进一步引入经济政策不确定性，考察其对ESG投资与银行流动性创造之间关系的非对称性影响，有助于丰富相关文献。

研究结论表明：第一，ESG投资产生的声誉溢出效应大于声誉约束效应，使ESG投资对银行流动性创造整体表现为促进作用，但该影响存在一定的结构性差异。从流动性创造子维度看，ESG投资在促进银行资产端、负债端流动性创造的同时，也会促使银行加强对非规范表外业务的管理约束，由此抑制表外流动性创造。从ESG投资分项看，银行公司治理投资有助于优化治理结构，促进银行流动性创造。但是，如果银行过度进行环境保护投资和社会责任投资，声誉约束效应就会发挥更为明显的负向影响，从而抑制银行流动性创造。异质性分析发现，ESG投资对流动性创造的促进作用在地方性银行和资本短缺银行中更为明显。第二，中介机制分析表明，ESG投资对流动性创造的促进作用主要通过提高银行盈利水平、降低收入多元化的“盈利渠道”，以及提升银行风险容忍度的“风险渠道”实现。第三，调节效应分析表明，经济政策不确定性能够放大ESG投资的声誉溢出效应，增强ESG投资对流动性创造的促进作用。从ESG投资结构看，经济政策不确定性会增强环境保护投资和社会责任投资对流动性创造的负向影响，以及公司治理投资对流动性创造的正向影响。

本文结论为规范发展银行ESG投资、推动经济高质量发展提供了有益政策启示。第一，要正确认识ESG投资对银行流动性创造的影响，ESG投资通过提高盈利水平、降低收入多元化的“盈利渠道”和增强风险偏好的“风险渠道”促进银行流动性创造。在考虑ESG投资整体影响的同时，商业银行和监管部门也应关注ESG投资分项的结构性差异。第二，要构建更完善的银行ESG责任评价体系，将ESG表现纳入监管框架，不仅引导商业银行主动加强ESG投资，发挥金融中介在绿色可持续发展中的引导作用，同时也应注意防范与ESG投资相伴随的流动性风险。第三，要对不同类型银行进行差异化监管。一方面，警惕地方性银行借助ESG投资的声誉保险效应从事高风险活动创造过剩流动性，对金融体系稳定性造成不利影响。另一方面，鼓励资本充足银行在增强ESG投资的同时增加流动性创造，以满足经济发展对流动性的必要需求。第四，在经济政策不确定性上升时期，ESG表现良好的银行能够创造更多流动性，银行和监管部门须关注与流动性创造相伴随的期限错配问题，加强对流动性风险的管理。

中国的影子保险：来自监管自然实验的证据*

王永钦　段白鸽　钱佳辉

影子金融体系主要包括融资方面的影子银行和风险分担方面的影子保险，它们在金融危机和金融稳定中扮演着重要角色。现有文献较多关注影子银行，而对影子保险的关注不足。影子保险，即保险公司通过再保险方式将保险业务（负债）转移给同一保险集团内部、自保公司、特殊目的机构（SPV）等不受监管或者受监管较弱的关联企业的活动。这会推高其真实的杠杆水平，增加金融体系的脆弱性。

影子保险（发生在关联方的再保险）作为再保险的重要业务组成，具有以下三个区别于传统再保险的特征。第一，传统再保险的主要功能是风险分担和促进承保，而关联再保险的主要功能则是资本管理和税收筹划。第二，作为分保方的母公司最终对它承担的所有债务负责，包括分保给关联子公司的再保险，因此风险并没有转移到集团外部。第三，再保险关联交易可以通过负债转移的表外方式，调整资本结构，进行监管套利。在偿付能力监管方面，保险公司通过影子保险分出保费，释放的准备金可视为一种无形的表外资产，因而通过提高偿付能力边际，保险公司可获取更大的财务杠杆选择自由，提高整体杠杆水平。与此同

* 原文刊载于《金融研究》2022年第4期。

作者简介： 王永钦，经济学博士，教授，复旦大学中国社会主义市场经济研究中心、复旦大学经济学院；段白鸽，经济学博士，副教授，复旦大学经济学院；钱佳辉，保险专业硕士，复旦大学经济学院。

时，风险在集团内部的过度集中及相关性的提高，也会损害保险市场整体的稳定性，埋下系统性风险的种子。上述特征表明，再保险关联交易具有与影子银行类似的高杠杆、结构化、监管套利、风险关联性强等特征，因此被称为影子保险。然而，由于影子保险的不透明性和缺乏合适的政策自然实验，现有研究多是基于有限数据或模型给出一些简单的特征事实或结构性估计，很少有文献从因果关系上清楚地识别影子保险活动和潜在的风险承担机制。

中国加强对保险公司再保险关联交易监管的政策冲击为识别影子保险活动提供了一个非常难得的自然实验。2015年5月印发《中国保监会关于加强保险公司再保险关联交易信息披露工作的通知》(保监发〔2015〕44号，以下简称《通知》)，要求境内中资和外资保险公司都应披露再保险关联交易信息，通过加强信息披露的方式进一步规范和监管再保险关联交易，而在此之前并未对中资保险公司采取相应的监管措施。也就是说，《通知》颁布前后，外资保险公司再保险关联交易监管政策约束一直都是偏紧的，而中资保险公司再保险关联交易监管政策约束则是不断收紧。《通知》作为颁布后中国银保监会对再保险关联交易进行持续监测和实施监管的依据，其对信息披露的规范会通过强化影子保险活动的监管政策约束，对保险公司的影子保险活动产生影响。但是，由于这个监管政策的强度变化主要针对的是中资保险公司(处理组)，而非外资保险公司(控制组)。因此，它为识别中资保险公司的影子保险活动，考察再保险关联交易与保险公司潜在风险承担行为的因果关系提供了较为理想的研究环境和难得的自然实验。

本研究利用中资和外资保险公司受这一监管政策的影响差异，使用2010—2019年保险公司微观数据和双重差分方法，首次识别了中国金融体系中的影子保险活动，为理解影子保险对保险公司风险承担行为和经营稳定性的影响提供了更有说服力的实证证据。研究发现，监管加强通过降低再保险分出保费的渠道减少了中资保险公司的影子保险活动，中资保险公司相较外资保险公司的杠杆水平显著下降0.035，净资产收益率明显下降0.319，但过度杠杆化程度显著减轻，经营稳定性显著提高（Z-score指标增长27.2%）。平行趋势检验保证了处理组和控制组在分组和事件上的随机性，构造反事实的安慰剂检验进一步验证并支撑了结果的稳健性。

影子保险活动对保险公司风险承担行为影响的机制分析表明，第一，由于负债业务结构存在明显差异，使财产保险公司较少寻求以“资本管理”为主要动机的影子保险活动，因此加强再保险关联交易的资本监管未对中资财产保险公司带来明显冲击；而人身保险公司更多寻求以“资本管理”为主要动机的影子保险活动，从而加强再保险关联交易的资本监管对中资人身保险公司带来了明显冲击。实证发现，中资人身保险公司杠杆水平下降0.045，比中资保险公司杠杆水平下降0.035更大；中资人身保险公司Z-score指标增长53%，比中资保险公司Z-score指标增长27.2%更大，而中资财产保险公司Z-score指标仅增长5.7%。这说明《通知》颁布后，中资人身保险公司相较中资保险公司整体杠杆水平下降更多，经营稳定性提升更明显。加强再保险关联交易监管更能有效约束中资人身保险公司的影子保险活动。

第二，由于同时经营人身保险和财产保险的保险集团存在内部资本市场，其融资约束更小，更有动机寻求以“资本管理”为主要目的的影子保险活动，因此加强再保险关联交易监管更能有效约束集团公司的影子保险活动，中资保险集团成员公司相较中资保险公司整体杠杆水平下降更多，经营稳定性提升更明显，更有利于降低金融市场整体的系统性风险。实证发现，相较外资保险公司，中资保险公司的杠杆水平明显下降0.035，其中，中资人身保险公司杠杆水平下降0.045；相较外资保险公司，中资保险公司的Z-score指标增长27.2%，其中，中资人身保险公司Z-score指标增长53%，而中资财产保险公司的Z-score指标仅增长5.7%；中资非保险集团成员公司的杠杆水平仅下降0.021，Z-score指标仅增长10.1%。这说明《通知》颁布后，中资保险集团成员公司相较中资非保险集团成员公司杠杆水平下降更多，经营稳定性提升更明显。加强对再保险关联交易监管更能有效约束集团成员公司的影子保险活动，也有助于强化对企业集团内部资本市场的管理，从而降低金融市场整体的系统性风险。进一步地，对中资保险公司整体杠杆水平下降贡献的权重而言，中资保险集团成员公司、中资非保险集团成员公司的权重分别约为32.56%和67.44%；特别地，针对保险集团整体杠杆水平下降贡献的权重，中资人身保险集团成员公司、中资财产保险集团成员公司的权重分别约为57.14%和42.86%。就对中资保险公司整体经营稳定性增长率贡献的权重而言，中资保险集团成员公司、中资非保险集团成员公司的权重分别约为33.46%和66.54%。

第三，无论是传统再保险还是关联再保险，主要都通过再保险分保渠道来实现分散承保风险和资本管理；加强再保险关联交易监管和约束会限制以“资本管理”为主要动机的影子保险活动。现实中，通常财产保险公司业务期限短、保费规模小，但分出保费占比高，而人身保险公司业务期限长、保费规模大，但分出保费占比低，这使监管加强通过分保渠道来减少保险公司影子保险活动的程度有所不同。实证发现，中资保险公司分出保费下降48.8%，中资财产保险公司分出保费下降70.6%，而中资人身保险公司分出保费仅下降20.6%。进一步地，对中资保险公司整体分出保费下降率贡献权重而言，中资人身保险公司、中资财产保险公司的权重分别约为43.60%和56.40%。这说明相较于中资财产保险公司，中资人身保险公司的分出保费下降率虽小，但对整体分出保费下降率贡献的权重较大。因此，加强再保险关联交易监管可通过分保渠道来减少保险公司（尤其是人身保险公司）的影子保险活动，从而减轻保险公司的过度杠杆化，提高经营稳定性。

第四，影子保险不但能通过放松资本要求增加人身保险公司在负债端的风险承担行为，而且能通过资产负债表的结构性调整进一步增加其在资产端的风险承担行为，放大了资产负债表整体风险错配。因此，加强再保险关联交易监管限制了这一传导机制，从而提高了保险行业的经营稳定性，降低了风险传染引发系统性风险的可能。实证发现，中资人身保险公司新型寿险产品占比下降0.160，中资人身保险集团成员公司和非集团成员公司新型寿险产品占比分别下降0.042和0.239。进一步地，对中资人身保险公司整体新型寿险产品占比下降贡献的权重而言，中资人身保险集团成员公司、中资人身保险非集团成员公司的权重约为40.1%和59.9%。这说明《通知》对规范人身保险公司的产品结构，使其回归风险保障本源发挥了积极作用，减少了负债端的过度冒险行为，能缓解资产负债表整体的风险错配，减小风险传染引发系统性风险的可能。

本文的研究启示如下：

第一，研究结论为理解保险业在金融体系中的系统重要性提供了学术依据。监管机构需要继续关注具有系统重要性的保险行业，持续推动保险业高质量发展，减小风险交叉传染并导致引发系统性风险的可能，在深化金融体制改革的基础上，有效防范和化解系统性金融风险。

第二，本文研究表明，金融创新（包括保险创新）是把“双刃剑”，金融创新必须在审慎监管前提下稳步推进。就新型保险产品创新而言，监管机构在直接规范新型保险产品销售的同时，可引导保险公司专注于实际风险保障的传统保险业务，关注金融创新活动的边界。

第三，由于系统性金融风险往往表现为金融机构资产负债表的过度扩张，本文关于影子保险的分析方法同样适用于金融控股集团通过子公司来放大杠杆的关联交易活动，因此在方法论上具有一般性，适用于识别和监控包括金融控股集团公司在内的、系统重要性金融机构（SIFIs）的影子金融活动。随着各种金融创新，影子金融活动早已打破了金融机构的边界，针对金融活动的宏观审慎监管可发挥更大作用。

民营企业债务违约是内因驱动吗？*

——基于短贷长投和多元化经营视角的分析

刘海明　步晓宁

民营企业在中国经济中占据重要地位，在经济增长、创造就业、技术创新等方面扮演了重要角色。近年来，国家愈加重视民营企业的发展。党的十九大将“两个毫不动摇”写入坚持和发展新时代中国特色社会主义的基本方略，即“毫不动摇巩固和发展公有制经济，毫不动摇鼓励、支持、引导非公有制经济发展”。为鼓励、支持民营企业发展，国家出台了包括金融政策在内的一系列政策，尤其是新冠疫情以来，国家对民营企业的扶持力度持续加大。如何实现民营企业的高质量发展是政策层面关注的重要问题。近年来，民营企业的发展遇到了一些难题，包括债务违约问题。Wind数据库相关数据表明，2014年1月至2021年12月，债券市场违约不断涌现，共有339只债券发生违约，其中发行主体为民企的占74.6%。那么，民企债务违约到底是自身原因还是外部原因主导？

以往研究更多是从银行角度出发，分析银行的差别化贷款政策及宏观经济环境等外部因素对民营企业债务问题的影响，鲜有从企业自身决策的角度进行研究。然而，来自实践的结果表明，企业自身决策也是影

* 原文刊载于《金融研究》2022年第3期。

作者简介：刘海明，经济学博士，教授，山东财经大学金融学院；步晓宁，经济学博士，副教授，山东财经大学金融学院。

响民营企业债务出现问题的重要驱动因素。在不断变化的环境下，更加科学的企业决策有利于降低企业本身的风险、提高运营的稳健性，而粗放式发展会导致民营企业债务问题在经济环境转型时集中暴露。本文对民营企业债务违约的主要原因进行深入分析，这对如何支持和引导民营企业克服困境、提振经济具有一定的参考意义。

与以往研究相比，本文边际贡献在于：第一，拓展了民营企业债务问题的相关研究。不同于之前的研究从银行角度分析民营企业的债务问题，本文从企业自身决策角度分析债务违约是否由内因决定，拓展了这一领域的研究视角。第二，增加了贷款期限结构研究的相关证据。之前的研究关注贷款期限及短贷长投引发的流动性风险问题和治理效应。与之不同，本文分析了短贷长投与债务违约之间的关系，发现总体上短贷长投触发了违约风险。第三，增加了多元化现象的相关证据。以往研究发现，多元化可能会伴随着代理问题，降低投资效率并折损公司价值。本文通过民营企业债务违约的研究进一步佐证了多元化的折价现象。

在研究设计层面，本文分析了两种重要的企业行为，即短贷长投和多元化对民营企业债务违约的影响。选择这两个角度的原因是：第一，在中国，短贷长投和多元化是重要的企业决策行为，并且在一定程度上能由企业自主决定，前者属于财务上的融资策略，后者属于投资战略。从重要性看，多元化和短贷长投在民营企业中普遍存在，对企业业绩和风险产生了重要影响。第二，短贷长投和多元化在影响企业债务违约方面具有逻辑上的内在一致性。如果民营企业债务违约主要由内因驱动，所谓内因是指民营企业家出于“求大”“上层次”的心态盲目追求扩张规模、积极上马新概念项目进而出现债务违约，那么企业作出的短贷长投和多元化等决策会外在地表现为债务违约的可能性上升。如果民营企业债务违约并非主要由内因驱动，或者主要来自外因，所谓外因是指外部宏观环境和制度环境是驱动企业债务违约的主导因素，那么短贷长投和多元化更可能是管理层基于政策和制度环境理性决策的结果，此时短贷长投和多元化可能外在地表现为不会提高甚至会降低债务违约的可能性。这是因为，理性决策的多元化可以带来分散风险、协同效应等优势，而短贷长投这种财务策略也可以充分利用高增长的投资机会，这些措施都会提升企业业绩、降低违约风险。第三，实践中大量民营企业债务违约的案例与无序的多元化扩张有关，而短贷长投也被认为是民营企业债务违约的重要推手。

总的来看，本文得到以下四个基本结论：(1)短贷长投和多元化均提高了民营企业债务违约的可能性。这意味着，总体而言，民营企业家自身的非理性决策这一内因，外在地表现为“激进”的债务融资及多元化扩张，是其债务违约的主导因素。(2)从传导机制看，短贷长投和多元化伴随着更低的盈利水平、更高的过度负债和更严重的代理问题，进而导致债务违约。(3)从异质性看，信贷紧缩会放大短贷长投对民营企业债务违约的影响，产业扶持政策一定程度上也提高了短贷长投和多元化对民营企业债务违约的影响，说明外部环境会催化短贷长投和多元化等内在因素引发的债务违约问题。(4)民营企业的多元化和短贷长投并非总是不可取或者会引发风险，对于高增长的企业，多元化扩张和短贷长投不会引发债务违约。本文结果表明，除了外部宏观环境等因素，企业自身的粗放式发展模式也是造成民营企业出现债务问题的主要动因。民营企业盲目求大、求新等粗放式发展模式会导致企业风险上升，并直接导致贷款银行出现损失。

根据上述结论和分析，本文有如下启示：第一，引导民营企业追求高质量发展，避免在融资环境放松时盲目扩张，是降低民企自身风险的重要手段，也是创造银行“能贷、敢贷、愿贷”的氛围、实现金融更好地支持实体经济的重要途径。第二，短贷长投和多元化总体上受到民营企业非理性扩张冲动的支配，并成为民营企业债务违约的内因。本文的研究结果也倾向于支持这种观点，但并非对于所有的民营企业来讲，短贷长投和多元化都是失败、不可取的，那些高增长企业依然能够利用这两种决策实现公司价值的成长并成功避免债务违约陷阱。此外，外部环境也会在一定程度上催化和强化债务违约问题，对于成长前景好的民营企业而言，如果其在扩张经营中面临暂时困难，也需要相关政策助力其实现高质量发展。

预防性监管与公司产能过剩*

——基于年报问询函的研究证据

李晓溪　饶品贵

党的十九大报告提出，化解产能过剩是推动经济转向高质量发展的重要任务；在碳达峰碳中和战略目标背景下，巩固去产能成果、深化供给侧结构性改革是节能减排降碳的有效途径。与此同时，我国企业产能过剩的形成过程复杂，难以完全依赖市场机制化解，因此需要政府制定合适的政策加以引导（国务院发展研究中心“进一步化解产能过剩的政策研究”课题组，2015）。然而，政府难以全面了解公司及行业经营现状与发展前景（Hayek，1945），在具体政策设计中也无法掌握完整的信息链条。鉴于此，去产能需要发挥市场与政府的双重作用。那么值得思考的问题是，是否有机制能够协同政府与市场的作用，更好地发挥去产能效应？对于如何协同市场和政府的力量促使公司去产能，已有文献并未提供一个统一的框架。近年来，监管层广泛使用的交易所年报问询这一预防性监管制度提供了一种可行的制度安排，原因在于交易所的年报问询过程可以揭示产能过剩的潜在风险，降低市场和政府与公司间的信息不对称。由此，交易所年报问询机制可能成为协同政府与市场的一种创新制度安排，从而在去产能问题上发挥独特的作用。综上所述，本文研

* 原文刊载于《金融研究》2022年第4期。

作者简介：李晓溪，管理学博士，副教授，暨南大学管理学院；饶品贵，管理学博士，教授，暨南大学管理学院。

究年报问询函这一预防性监管制度能否推动公司去产能，并探究其作用机制和经济后果。

本文的研究问题有其理论和现实基础：首先，与其他国家的问询监管制度有所不同，我国交易所问询函制度旨在通过问询提高上市公司的整体质量，因而并不局限于信息披露、公司治理等问题，对于宏观经济政策在微观层面的落实也高度关注，比如在我国供给侧结构性改革的背景下，公司层面的产能过剩问题日益成为交易所的年报问询重点。其次，产能过剩可能引发严重的经济后果，因此，关注上市公司产能过剩是符合监管目标的。

本文的研究贡献在于：首先，本文率先从年报问询这一预防性监管制度的视角探索了市场与政府化解产能过剩的协同作用，为更好地制定和执行产能调控政策提供了一定的理论依据。其次，本文从年报问询函的经济后果视角丰富了我国资本市场的预防性监管相关文献。以往研究多基于事后监管视角，关注上市公司因违法违规被处罚的市场反应及经济后果，然而仅有少量研究关注预防性监管的效果。本文从去产能视角考察年报问询函这一预防性监管的经济后果，同时为国际学术界关于监管机构问询函的文献提供了中国制度背景的独特证据。最后，本文的研究也具有一定实践价值。本文尝试从年报问询函视角探讨了市场与政府协同治理的去产能长效机制，也是对社会主义市场经济条件下政府与市场关系问题的再认识。

为验证年报问询函的去产能效应，本文以2014—2017年A股非金融上市公司为研究对象，进行了以下实证检验。第一，检验年报问询函对公司产能过剩的影响。本文借鉴Aretz和Pope（2018）以安装产能与理论产能的差异衡量上市公司产能过剩，发现相比未被问询公司，被问询公司收到年报问询函后的产能过剩水平显著下降。并且，被问询公司收函中产能过剩相关关键词次数越多、越长时，其产能过剩下降程度越大，即年报问询函的去产能效果越明显。

第二，检验媒体负面报道和地方政府治理水平对年报问询函与产能过剩关系的影响。结果显示，年报问询函的去产能效应在媒体负面报道较多的公司、地方政府治理水平较高的地区更为明显，表明年报问询函可能会强化市场和政府的治理效应，从而产生协同作用，进而发挥去产能效应。

第三，检验年报问询函促使公司去产能的机制。本文比较收函前后的政府补助、银行贷款、公司库存和过度投资情况。结果表明，被问询公司收函后政府补助和银行借款下降、借新还旧可能性降低、库存和过度投资减少，即年报问询函通过优化资源配置、减少代理问题进而发挥去产能效应。

第四，考虑到年报问询函有助于降低被问询公司过剩产能，进而可能提升公司生产效率和经营业绩，本文检验了年报问询函的经济后果。结果显示，被问询公司收函后全要素生产率提高，营业毛利率增加，即被问询公司通过压缩产能进而提升生产效率和经营业绩。

第五，考虑到年报问询函的监管作用可能受到特定因素的制约，本文也考察了公司产权性质、规模以及跟政府是否有更多谈判力的异质性影响。结果显示，公司产权性质并不影响年报问询函的去产能效应。与此同时，当公司规模较大，或公司跟政府的谈判力较强时，年报问询函的去产能效应较弱。

第六，在稳健性检验部分，本文也排除了去产能政策、非产能过剩年报问询函、其他监管机制三方面的替代性解释，并通过改变产能过剩的变量度量以及变更样本的方式验证了本文的研究结论是稳健的。

综上所述，本文的研究结论为：年报问询函能够降低市场、政府与公司间的信息不对称，进而减少代理问题、优化资源配置，促使公司去产能，从而提升公司的生产效率与经营业绩。

基于上述结论，本文建议应建立市场与政府协同化解产能过剩的长效机制。具体地，第一，年报问询函作为微观主体经营风险的重要信息来源，在化解产能过剩方面任重道远，应持续推进问询监管，协同政府和市场的作用。第二，市场是去产能过程中的重要一环，应鼓励和引导市场主体积极参与监管，发挥新闻媒体舆论引导和市场主体共同治理的作用。第三，强化产能过剩监管部门与市场的协调合作，实现政府与市场之间的良性互动，构建“亲”“清”政商关系。

03　企业融资与创新发展

最低工资标准提高对企业资本劳动比的影响研究*

王文春　殷　华　宫汝凯

当前，我国经济正面临劳动力成本优势逐渐减弱和人口老龄化日益严重的特征事实。特别是自2004年以来，最低工资制度的全面实施进一步加强了劳动力成本上涨的趋势。劳动力成本快速上涨已成为企业发展过程中面临的重要问题。《中国经济统计年鉴》数据显示，2000—2019年，我国城镇单位就业人员平均名义工资从9333元上涨至90501元，上涨近8.7倍；剔除通货膨胀（CPI）后的真实工资上涨近8.4倍。增加资本投入、提升资本劳动比是企业应对劳动力成本上升的重要措施。然而，劳动力成本上升也会降低企业利润，减少企业自由现金流，从而挤压企业投资空间，抑制企业资本投入。那么，劳动力成本上升是否促使企业增加资本投入从而提升资本劳动比？这一举措能否帮助企业缓解最低工资提升带来的负面冲击？回答这两个问题需要从劳动力需求和投资需求两个层面进行细致考察。面对劳动力成本上升，企业是否减少雇佣人数、增加投资取决于是否能转嫁工资上涨成本，因而资本劳动比的变化方向取决于雇佣人数和企业投资各自的变化方向。

从劳动力需求的角度来看，企业雇佣劳动力的数量是雇佣总成本的

* 原文载于《金融研究》2022年第1期。
作者简介： 王文春，经济学博士，讲师，浙江工商大学金融学院 / 泰隆金融学院；殷华，经济学博士，副教授，上海财经大学上海发展研究院；宫汝凯，经济学博士，副教授，东华大学旭日工商管理学院。

函数。在最低工资上涨的外部冲击下，当劳动力供给弹性为零或者劳动力需求弹性无穷大时，企业可以通过降低员工福利津贴等方式，将工资上涨成本全部转嫁给员工。此时，劳动力雇佣总成本不变，不会对劳动力需求产生影响。但如果上述情形无法满足，企业无法转移或只能部分转移工资上涨成本，劳动力雇佣总成本就会上升，实际雇佣人数就会减少。从一般均衡的角度来讲，企业还可以通过管理效率提升、产品价格上浮和生产效率提高等方式，减轻最低工资上涨对劳动力需求产生的不利影响。实证文献对上述两种可能性都有所支持并予以了更多关注，即使同样以我国最低工资标准上升为研究对象，有学者发现最低工资上涨减少了企业劳动力雇佣数量，也有学者发现最低工资上涨对企业雇员就业仅有微弱的影响。

从企业投资的角度来看，最低工资标准上升对投资的影响也是不确定的。结合以上分析的逻辑，如果企业将工资上涨成本全部转嫁给员工，不会对企业内部现金流产生影响，那么企业投资将不受影响。如果企业无法或只能部分转嫁工资上涨成本，最低工资标准上升对企业投资则可能存在两种影响。一方面，最低工资标准上升导致企业内部现金流下降，进而减少投资；另一方面，最低工资标准上升会改变劳动力和资本之间的相对价格，在资本和劳动力的要素替代弹性较大的条件下，企业将通过改变要素投入比例，减少使用相对昂贵的劳动力要素，增加使用价格相对低廉的资本要素，进而增加投资。同样地，实证研究对我国最低工资标准上升影响企业投资的正负效应均有所支持。显然，最低工资标准提高对企业资本劳动比的影响在理论上难以直接判断。

鉴于此，本文使用2002—2011年中国工业企业数据和城市最低工资数据，首先从微观途径实证检验了劳动力成本上涨与企业资本劳动比之间的关系，并进一步检验了其变化机制。研究结果表明，最低工资标准提升对制造业企业资本劳动比具有显著的正向影响。最低工资标准每提升 10%，企业资本劳动比将提高 2.0%，且该效应对工资水平在最低工资标准的附近企业影响更加显著。采用固定效应模型消除不可观测的企业异质性后，结论依然成立。其次，受 Card 和 Krueger（1994）提出的“自然实验”研究思路的启发，本文借助福建省 2006—2007 年最低工资标准大幅上涨的“准自然实验”，使用地理位置相邻但最低工资标准没有变化的广东省作为对照组，通过双重差分（DID）方法进一步验证了上述结论的稳健性。机制分析结果发现，最低工资标准提高会使企业增加资本投入和减少劳动力雇佣，这一结论为企业用资本替代劳动力的事实提供了经验支持。异质性分析表明，最低工资标准提升对企业资本劳动比的影响主要集中于非国有企业、较低工资水平企业和劳动密集型企业。最后，本文进一步研究发现，随着最低工资标准提升，企业生产率和盈利水平出现显著提高，并且生产成本降低是盈利水平提升的主要因素，从而验证了企业用资本替代劳动力的积极效应。

本文的理论贡献主要体现如下。第一，以往研究主要关注最低工资标准对企业劳动力要素投入与产出等行为的影响，如企业雇佣人数、出口行为、企业生产率和创新等。本文从要素投入替代角度出发，揭示了企业面对劳动力成本上升改变生产经营活动的又一路径选择，是对现有最低工资标准与企业行为研究文献的有益补充。第二，通过对企业资本投入、雇佣人数和企业绩效的考察，进一步为企业用资本替代劳动力的事实提供了更为细致的经验支持，同时为企业用资本替代劳动力的经济效应提供了佐证，有助于我们加深对企业技术升级、创新能力提升及产业结构转型的理解，拓展了国内外相关文献的视角。

政策启示如下。首先，虽然劳动力成本上升在短期内会造成企业就业和出口下降，但可通过“倒逼机制”促使企业用资本替代劳动力，而这是企业提升劳动生产率的重要途径之一，因此，从长期来看，劳动力成本上升有助于中国企业和产业摆脱过度依赖廉价劳动力的发展模式，实现企业创新能力的提升和产业结构的优化升级。其次，机制分析结论有助于厘清最低工资标准上调、资本劳动比和就业之间的权衡关系，有关部门应在提升最低工资标准改善劳动力收入的同时，采取相关配套措施，如降低企业税费等，以此降低企业成本，鼓励企业加大资本投入，实现技术升级。

劳动力保护与企业风险*

——来自2008年《劳动合同法》的证据

高文静　施新政　陆　瑶　王佳琪

当今世界正处于百年未有之大变局，我国也进入经济增速放缓、向高质量发展转变等“新常态”发展时期，防范经济体中可能出现的经济风险和金融风险是推动高质量发展的重要基础。企业作为经济发展的基本推动单元，其风险承担不仅影响自身盈利能力和市场价值，也关系到整个经济的风险水平和波动情况。过高的企业风险会危及企业盈利的长久性，甚至可能造成系统性金融风险。了解企业风险的决定因素有重要现实意义。

现有文献发现企业风险受到许多因素的影响。首先，企业内部特征会直接影响企业的风险水平，如公司所有权、管理者特征、公司治理方式等会直接影响投资项目决策和企业风险水平。其次，政策性因素也决定了企业的风险承担能力，如货币政策、政府补贴、政策不连续性等。最后，企业与外部的关系，如背景关联、社会网络和银行关联等会影响企业获取资源的能力，进而影响企业的风险承担。然而，现有研究尚未足够关注劳动者保护对企业风险的影响。

我国一直关注劳动力保护制度的完善，2004年实施《最低工资规定》、

* 原文刊载于《金融研究》2022年第1期。

作者简介：高文静，经济学博士，特聘副研究员，浙江大学经济学院；施新政，经济学博士，副教授，清华大学经济管理学院；陆瑶，教授，清华大学经济管理学院；王佳琪，经济学硕士，助理研究员，中国人民银行金融研究所。

2008年推行新《劳动合同法》、2011年实施《社会保障法》，有效提高了劳动力保护水平。那么，劳动力保护制度的完善是否会传导至企业风险层面？对企业风险会产生何种影响？探究上述问题对政策制定十分重要。

本文的贡献主要体现在两个方面：第一，我们利用新《劳动合同法》颁布的自然实验识别了劳动力保护和企业风险的因果关系。目前，劳动力因素对资本市场的影响逐渐受到学界关注，这也是研究劳动力保护影响的一个新视角。但是国内就劳动力因素与企业风险的关系的讨论还比较少，本文丰富了这一领域的研究。第二，本文丰富了劳动力保护的经济效果的文献。新《劳动合同法》已经实施超过十年，但关于它的争论一直不断。一方面，确立劳动力市场规则，保障劳动者的合法权益，让劳动者在良好的环境下体面地工作，并获得合理的劳动报酬是社会进步的标志，也有助于激发劳动者的积极性；另一方面，劳动力成本的增加降低了企业劳动力管理的灵活性，影响了企业的盈利能力。但现有研究还未探讨劳动力保护对企业风险的影响，本文的结论有利于有效评价相关法律法规的综合效益。

劳动力保护对企业风险的影响机制较为复杂，劳动力保护增强会改变企业决策从而影响企业风险承担。新《劳动合同法》的实施增加了企业的招聘、裁员等和劳动力相关的成本，这会提高企业的杠杆率和财务违约风险，从而对企业风险造成两方面影响。一方面，根据“风险规避假说”，企业为了保证未来投资的稳定性和盈利能力，会提高现金持有量，从而有利于降低企业风险（Almeida等，2011）；另一方面，根据“风险转移假说”，当企业的财务困境风险提高时，企业会将资产转移到风险更高的投资项目中，从而导致企业风险提高（Jesen和Mechling，1976）。最终，劳动力保护对企业风险的影响方向并不确定，需要通过实证研究来检验。如果劳动力保护的增强可以通过增强企业投资谨慎性的渠道降低企业风险，那么政府在提高劳动力保护的同时，就既可实现“为企业谋发展”，又能防控经济风险，实现多元执政目标的内在兼容。但如果劳动力保护增强引致了企业从事更多孤注一掷的风险投资从而提高企业风险，那么政策制定者就要在多元执政目标之间进行权衡和取舍。

2008年颁布的新《劳动合同法》为我们研究劳动力保护提供了绝佳的自然实验。首先，新《劳动合同法》的实施大大地促进了劳动力保护水平。其次，新《劳动合同法》作为一种劳动力保护政策，直接影响的是劳动力要素，所以对不同劳动密集度的行业影响程度不同。本文利用2003—2015年我国A股上市公司数据，通过比较受新《劳动合同法》实施影响不同的行业内企业在法律实施前后企业风险变化的差异，探讨劳动力保护对企业风险的影响。我们使用上市公司的股票周收益率的年度标准差衡量企业风险，使用企业所在大类行业在2007年的劳动密集度的平均值衡量企业受新《劳动合同法》影响的强度，其中劳动密集度使用企业员工人数与企业年末固定资产之比衡量。此外，我们在模型中加入企业固定效应、省份—年份固定效应以控制管理风格等企业层面不随时间变化的特征、地区市场环境和制度条件等省级层面随时间变化的因素对估计结果的影响。将劳动密集度高的行业视为实验组，劳动密集度低的行业视为对照组，如果实验组内的企业在新《劳动合同法》实施后，企业风险下降比对照组更多，则表示新《劳动合同法》降低了企业风险。

总的来看，本文得到如下结论：第一，新《劳动合同法》的实施显著降低了企业风险，劳动密集度每增加一个标准差，企业风险水平会降低0.0314个标准差。这一结果在经过平行趋势检验、剔除同期其他政策的影响、改变企业风险和行业劳动密集度的衡量方法、使用平衡面板等一系列稳健性检验后，仍然成立。第二，新《劳动合同法》的实施对不同企业的影响存在差异性，其中，国有企业、杠杆率更高的企业、流动比率更低的企业风险下降更多。第三，新《劳动合同法》的实施会增加企业的杠杆率和违约概率，企业出于“风险规避”的动机会增加现金持有，以抓住未来的优良投资机会。

本文研究结果具有较明确的政策含义。新《劳动合同法》实施提高了劳动力保护程度，由于企业存在风险规避倾向，这会提高企业的现金持有和投资收益，因此劳动力保护和防风险是内在兼容的。在防范控制企业风险过程中，劳动力保护措施是可选的有效政策工具。

信用评级变动能反映企业真实财务信息吗？*

——基于财务重述的视角

刘　星　杨羚璇

信用类债券作为企业直接融资工具之一，是深化金融体制改革和构建多层次资本市场的重要组成部分。当前，在我国加快构建新发展格局的战略背景下，建设现代化经济体系，增强金融服务实体经济的能力，需要进一步促进多层次资本市场体系发展，有效发挥债券市场的基础性作用。作为发行债券的必要条件，信用评级不仅与发债企业的资本成本密切相关，也是投资者评估债券风险不可或缺的一部分，因而从客观上对以评级机构为代表的市场信息中介提出了更高的要求。设立信用评级制度的初衷，是希望借助评级符号对发债企业信用风险进行划分，评估发债企业偿债能力，向债券市场提供增量信息，降低市场信息不对称程度。信用评级能否反映出企业真实财务信息？信用评级机构通过何种方式向债券市场传递这一信息？厘清这些问题对于揭示信用评级有效性、理解评级机构的行为逻辑及评价我国现行信用评级制度具有参考意义。

一些学者认为，由于评级机构的收益与发债企业休戚相关，因此，评级机构在获取企业真实财务信息后需要进行策略性选择，通常会发布

* 原文刊载于《金融研究》2022 年第 2 期。
作者简介：刘星，管理学博士，教授，重庆大学经济与工商管理学院；杨羚璇，博士研究生，重庆大学经济与工商管理学院。

偏向乐观的评级结果。另一些学者认为，信用评级信息对于我国债券市场具有显著的影响力，信用评级的信息价值得到了市场认可。一方面，评级机构拥有获取私有信息的强烈动机，对于企业管理层企图掩盖的负面信息具有监督效应。另一方面，评级机构可以通过电话会议、实地调研等方式获取企业私有信息，并与公开信息结合，综合评价企业财务状况。出于维护声誉的考虑，评级机构可能会在损失短期收益的情况下选择向市场公开私有信息。基于上述原因，可以推断：当评级机构认为发债企业管理层企图掩盖负面信息的行为对其声誉损害可置信时，会选择主动下调信用评级。

企业发布财务重述公告表明以前年度财务信息存在虚假陈述，这为本文研究主体信用评级变动能否反映企业真实财务信息提供了独特的场景。为此，我们明确区分财务错报年与重述公告发布年。若某一会计年度的财务报表存在错报并于后续年度被修正，则需要企业发布财务重述公告，我们将前后两个年度分别称为财务错报年和重述公告发布年。在这一场景下，若评级机构根据自身获取的企业私有信息在财务错报年下调主体信用评级，则可以证实主体信用评级变动能够反映企业的真实财务信息。[①]

本文以2007—2018年拥有主体信用评级的A股上市公司为研究对象，利用财务错报在未来被重述这一场景，检验主体信用评级变动能否反映企业真实财务信息。研究发现，评级机构会在发债企业财务错报年显著下调主体信用评级，而在重述公告发布年没有上述现象，这表明主体信用评级下调反映了企业的真实财务信息。进一步地，我们将财务

① 我们将研究重点集中在企业主体信用评级的原因在于：(1)主体信用评级是债项评级的基础，不容易受到债券个别因素（如偿债次序）的影响；（2）主体信用评级更能反映发债企业的整体信用风险，本文关注发债企业自身特征，尤其是财务信息质量对信用评级的影响，考察主体信用评级更加直观。在稳健性检验中，我们考虑了在企业财务错报年债项评级的变动情况。

错报根据是否涉及盈余信息进行分类，发现企业当期财务错报涉及盈余时，企业主体信用评级下调幅度更大，表明评级机构更加关注涉及盈余的真实财务信息。在机制检验中，我们发现企业被非国际四大审计、所在地法治环境较好及未发生评级机构变更的情况下，信用评级变动对真实财务信息的反映能力更强，说明评级机构维护自身声誉是主体信用评级变动能够反映企业真实财务信息的主要机制。最后，我们从投资者市场反映的视角检验了信用评级变动的信息含量，发现主体信用评级被下调导致了资本市场投资者的负面反应，说明信用评级下调具有信息含量。

本文的贡献在于以下几个方面：第一，利用发债企业财务错报可能会在后续年度被重述这一研究场景，探讨了评级机构在企业财务错报发生当年的行为，为信用评级有效性提供了证据支持。本文在已有研究基础上，发现主体信用评级变动包含了评级机构已获取的企业真实财务信息，说明评级机构通过下调评级的方式将负面私有信息向债券市场传导，同时也从一个“事后检验”的角度补充了主体信用评级有效性研究。第二，本文将财务错报区分为盈余错报与非盈余错报，通过检验发现，主体信用评级在企业发生盈余错报当年下调程度更大，说明评级机构更加关注与盈余相关的财务信息，有助于深入揭示财务信息在信用评级过程中所发挥的作用。第三，本文发现评级机构出于对其声誉的考虑，根据发债企业真实财务信息调整主体信用评级，从而丰富了企业财务信息质量对主体信用评级影响的机制研究，也有助于理解中国情境下评级机构调整主体信用评级的行为动机。

针对以上研究结论，本文提出如下政策建议：首先，研究结果表明，虽然“发行人付费”评级模式饱受诟病，但评级机构仍然可以获取企业真实财务状况的私有信息，评级机构也未刻意阻止将企业私有信息向债券市场传递。同时，我们也注意到，声誉机制能够有效约束评级机构行为和缓解评级机构固有的利益冲突，进而改善债券市场信息供给。

因此，有必要通过相关制度体系的完善，加大对于评级机构错误评级的处罚力度，增加评级机构无视声誉的成本。其次，评级机构对声誉资产的积累是为了换取更加长远的收益，这也意味着在短期内，评级机构需要克服因评级下调而造成的市场份额损失。对于评级机构而言，一方面，应通过建立品牌效应，以市场化改革实现整合发展，吸引人才和技术资源，以高质量评级构建自身竞争优势；另一方面，评级机构应改变过度依赖信用评级业务的单一收入来源，扩展其他收入渠道，这不仅能在微观上扭转评级机构业务增长模式，也能在宏观上改善我国债券市场发展质量。最后，信用评级是表征发债企业信用风险的预警信息，财务信息质量是信用评级的重要决定因素。因此，对于发债企业而言，应在着力缓解信用风险、改善公司基本面的同时，重视高质量财务信息对于提升信用评级和降低债券融资成本方面所发挥的作用，进一步提升债券市场资源配置效率。

地域商会有助于缓解企业融资约束吗？*

——来自 A 股民营上市企业的证据

宁 博 潘 越 汤 潮

“融资难、融资贵”不仅是长期阻碍中国民营经济发展的重要因素，也是当前中国经济转轨阶段难以回避的现实难题。最近几年，我国一直致力于推进解决民营企业融资难题的市场制度建设，在建立多层次资本市场、发展金融科技、规范和简化投融资程序等方面做了大量努力，旨在扩展民营企业的融资渠道，帮助民营企业克服在转型升级过程中面临的金融约束。然而，正式制度的设计需要经过大量的前期论证，其具体落实更是依赖于市场良好的营商环境、相关从业者的专业素养等众多因素，相关制度从开始制定到落地生效一般需要较长的时间，融资约束依然是当前阶段制约民营企业发展的关键难题之一。那么，在正式的金融制度之外，是否存在市场各方能够快速响应且行之有效地缓解民营企业融资约束的补充机制？这是中国在经济发展新阶段亟须探究的重要问题。

本文聚焦于中国历史商帮文化在当代商业实践中发展形成的地域商会，深入探讨民营企业加入地域商会能否帮助其缓解融资约束。本文的

* 原文刊载于《金融研究》2022 年第 2 期。

作者简介： 宁博，经济学博士，助理教授，厦门大学管理学院；潘越，管理学博士，教授，厦门大学经济学院；汤潮，经济学硕士，中国东方资产管理股份有限公司。

主要贡献如下：第一，在中国市场中，企业家群体共同成立地域商会的现象十分常见，但地域商会与公司财务相关的实证研究却较少。本文利用中国上市民营企业的大样本开展实证分析，证实地域商会有助于民营企业获取资金支持，这是对现有研究的一个有益补充，同时也为公司财务领域的实证开展提供了一个新的观察视角。第二，地域商会与历史上的商帮传统一脉相承，是中国商帮文化在现代市场环境中的适应性实践。现有研究发现历史上的商帮文化有利于降低企业的代理成本、提高企业的社会责任水平。本文选取现代商业市场中的地域商会这一独特视角，为更加全面地洞悉文化传统如何影响现代企业发展补充了有益的经验证据。第三，本文发现地域商会作为一类由政府部门批准成立的社会组织，对缓解上市民营企业的融资难题大有助益，这不仅丰富了缓解民营企业融资约束的相关认知，还为政府部门解决民营企业“融资难、融资贵”的政策设计提供了金融制度以外的新思路。

近年来，随着中国市场中跨区域的资本流动日益频繁，以地缘认同为基础，以合作互助为导向的地域商会在市场中越来越常见，已经成为一支不容忽视的经济力量。地域商会需经政府部门核准成立，是一类公开、合法的市场组织，这为科学研究的开展提供了天然的便利。对于背井离乡的企业家而言，加入地域商会不仅可以得到情感上的满足，更为重要的是，地域商会中的资金、人才、信息等资源聚合形成的平台优势，还可以为企业发展提供强大的多元支持。Recanatini 和 Ryterman（1999）指出，在市场机制不够完善的经济条件下，商业协会能够向其成员提供一个相对稳定和信息充分的组织环境，进而提高市场效率及改善企业的经营绩效。曹春方和贾凡胜（2020）也发现，地域商会有助于改善市场资源配置效率，推动企业跨地区发展。具体到中国民营企业的融资问题中，本文认为，地域商会同样弥补了中国金融市场制度发展的不足，在帮助民营企业纾缓资金压力方面发挥着重要作用。一方面，地域商会是囊括大量市场资源的网络平台，有助于扩展会员企业的资金来源；另一方面，地域商会还可以通过集体行动提高会员企业的议价能力，为会员企业的融资争取更多有利条件。

为了验证上述猜想，本文以 2008—2017 年中国民营上市企业为研究样本开展实证分析。结果显示，加入地域商会后，民营企业的融资约束程度得到了有效缓解。在使用工具变量、安慰剂检验、倾向得分匹配等一系列方法缓解可能的内生性问题后，结论依然稳健。机制检验显示，地域商会可以通过扩展会员企业的关系网络及提高企业的议价能力帮助企业缓解融资约束。具体到缓解融资约束的方式，本文分别从股权融资和债务融资两方面出发，发现地域商会有利于帮助会员企业从金融机构获得更多的信贷资金支持，以及帮助会员企业从交易对手处获得更多的商业信用融资。在此基础上，本文进一步从企业特征和市场环境两个层面展开讨论，结果发现：第一，相比规模较大的会员企业，地域商会可以帮助市场议价能力更弱的小规模会员企业获得更多的融资便利。第二，对于面临财务困境的会员企业，地域商会在缓解融资约束方面的积极影响更加明显。第三，当地区市场的信用环境受到冲击时，资金供给方对资金供给会持更加保守的态度，此时地域商会可以有效地减小会员企业在获取资金支持方面遭受的冲击。第四，从市场制度建设的视角来看，地域商会的积极影响在市场化程度较低的地区更为明显，说明地域商会作为一类官方认可的正式社会网络，可以成为正式市场机制的一种有效补充。

根据上述结论和分析，本文建议：第一，中国经济正处于发展转型和技术升级的重要阶段，民营企业依然面临资金需求大、融资难的现实困难，这些企业可以通过加入或自发组织地域商会、行业协会等合法组织，依靠平台力量减轻新冠疫情等带来的不利影响，以及凭借集体行动帮助民营企业更好地获得资金支持。第二，中国在自由市场制度建设方面起步较晚，虽然已经取得了较大的进步，但与发达国家的成熟市场依然有一定的差距，应鼓励和引导市场自治组织的成立与发展，以弥补正式制度在市场监督、资源协调等方面存在的不足。

降低企业基本养老保险政策缴费率能促进年金发展吗？*

唐　珏　田　柳　汪　伟

近年来，我国逐步建立了由基本养老保险、职业年金和商业养老保险构成的三支柱养老保障体系。然而，基本养老保险无论在参保人数还是在支付水平上均处于主导地位，随着人口老龄化的推进，这一模式面临着日益严峻的挑战。经济合作与发展组织国家经验表明，大力发展企业年金，加强基金积累并通过长期投资获得收益，是一项保障老年人生活和应对人口老龄化行之有效的办法。实际上，我国也一直大力发展企业年金，但仍处于相对滞后状态。2020 年度《人力资源和社会保障事业发展统计公报》显示，仅有 10.5 万户企业建立了年金，参加职工数为 2718 万人。若以当年城镇职工养老保险参保人数为基数，年金覆盖率仅为 5.96%。为何我国企业年金发展滞后？政策制定者和学者进行了广泛讨论，其中较为关注的一个观点是，基本养老保险缴费负担阻碍了年金的发展。因此，本文旨在深入讨论基本养老保险是否及在多大程度上影响企业年金的发展。

理论上，缴纳基本养老保险对企业年金的发展有正负两种效应。一方面，基本养老保险缴费会通过降低企业利润水平、现金流及创新水

---

* 原文刊载于《金融研究》2022 年第 4 期。

作者简介： 唐珏，副教授，上海财经大学公共经济与管理学院；田柳，讲师，上海财经大学公共经济与管理学院；汪伟，讲席教授，上海财经大学公共经济与管理学院。

平，对年金发展造成不利影响。另一方面，基本养老保险导致企业劳动力成本提高，此时企业有动机通过建立年金招聘和留用高效率员工，以提升生产效率来应对劳动力成本的上涨。因此，理论上基本养老保险对企业年金发展的影响方向无法确定。

本文利用企业基本养老保险政策缴费率在城市和时间上的变化，识别企业基本养老保险缴费负担对企业年金发展的影响。在本文样本期内，基本养老保险是在城市层面统筹，因此，在不同地区和不同时间维度上，企业基本养老保险政策缴费率存在较大差异，这为本文的识别策略提供了实施条件。我们手动收集企业基本养老保险政策缴费率数据，该指标由政府确定，对于企业是外生的。在分析中主要使用全国税收调查数据，该数据涵盖不同规模和不同行业公司，样本具有较好的代表性。为检验结论的稳健性，还使用上市公司数据进行比较分析。

本文发现，企业基本养老保险缴费负担提高会抑制企业年金的发展，政策缴费率每提高1个百分点，企业建立年金的概率会下降0.29个百分点，年金缴费率会减少0.01个百分点。机制分析表明，基本养老保险会降低企业利润和现金流，导致可供企业和员工分享的利润总额减少及企业建立年金的能力下降，从而对年金发展带来负面影响。与此同时，过高的养老保险缴费率会挤占企业创新的资金投入，降低了企业通过建立年金吸引和留住优秀职工的动机。

本文贡献主要体现在如下几方面：首先，关于企业基本养老保险缴费负担对企业年金的影响主要有两种观点。一种认为，基本养老保险缴费负担上升会阻碍企业年金发展；另一种则持相反观点。本文通过实证分析支持了第一种观点。其次，本文在数据处理、实证策略和机制分析上均有别于已有文献：其一，本文所使用数据为“全国税收调查数据”，样本囊括大中小型企业，结论更具有一般性；其二，本文所使用的核心解释变量为养老保险政策缴费率，其相对于企业实际缴费率而言有更好的外生性，基于此所估计的系数偏误会更小；其三，本文机制分析表明，过高的养老保险缴费率会挤占企业创新的资金投入，进而降低了企业通过建立年金吸引和留住优秀职工的动机，抑制了企业年金发展。最后，企业基本养老保险对年金的挤出效应与企业转嫁成本能力、所有制和地区经济增速有关，这些研究结论丰富了我们对多层次养老保险制度建设的认识。

基于上文分析，本文的政策含义如下：充分利用2019年降低养老保险缴费率这一契机，进一步简化年金办理手续、允许职工自由选择年金投资标的等方式，大力发展企业年金。但需要注意的是，依据本文估计的系数，2019年基本养老保险缴费率下调4个百分点，将提高年金覆盖率1.2个百分点。当前年金的覆盖率为5.7个百分点，此次降费将会使覆盖率增长21%，覆盖率增至6.9个百分点。尽管这有效促进了多层次养老保障体系的发展，但这一覆盖率仍然较低，还不足以应对未来人口老龄化带来的挑战。因此，有必要出台诸如税收延递、自动参与等更为积极的政策，促进年金或个人商业养老保险发展，推动构建有效的多层次养老保障体系。

减税政策对小微企业债务期限结构的影响*

邹静娴　申广军　刘　超

当前中国经济正面临来自国内外的多重压力，在此背景下，减税政策被认为有潜力对冲国内外不利影响，助力做好“六稳”“六保”工作。以往文献中，有关减税对于企业绩效影响的研究多集中在企业（物质、人力资本）投资、就业、资源配置效率、税收规避等问题上。近年来，随着高杠杆问题日益引发关注，又相继出现了一系列有关减税政策对企业杠杆率影响的研究。但在这些文献中，关注更多的是杠杆率这一变量，即企业债务“水平”，而减税政策如何影响企业债务期限结构的研究仍有待深化。

本文研究主题的现实背景是中国企业在融资过程中长期面临债务期限偏短的问题，这一点无论是和发达国家的企业债务期限相比，还是和中国企业自身资产端期限相比都存在。这一现象既不利于企业进行技术升级、研发创新等长久期的投资，在经济形势下行时还可能引发企业流动性风险。

总的来看，本文以所得税减半征收政策作为自然实验，基于2010—2015年全国税收调查数据库考察减税政策对小微企业债务期限结构的影

* 原文刊载于《金融研究》2022年第6期。

作者简介： 邹静娴，经济学博士，副教授，中国人民大学国家发展与战略研究院；申广军，经济学博士，副教授，中山大学岭南学院；刘超，经济学硕士，中国工商银行邢台分行。

响。减税政策会对企业债务期限结构产生两种方向相反的效果：一是企业盈利状况的改善将促使银行通过增加长期贷款以争夺、锁定客户；二是企业可支配现金流的增加会加剧银行—企业间的委托代理问题，银行出于加强企业监督和及时止损的想法会缩短企业的贷款期限。这两种效应可被分别称为客户争夺效应和代理成本效应，方向上分别对应于企业债务期限的延长和缩短。实证结果发现，减税后企业整体而言债务期限有所延长，机制分析也与理论预测一致。

本文可能的主要贡献如下：第一，在评估税收政策对企业影响时，现有文献主要关注企业绩效、就业、投资、创新研发等因素，较少涉及债务期限问题，但债务期限问题实则关乎微观层面企业的经营风险、中观层面国家的产业布局及宏观层面的系统性风险，因此需要更加深入细致的研究。事实上，本文分析框架主要基于银行决策视角，考察企业资质变化后银行决策的相应调整，这也是本文在研究范式上有别于以往文献之处。第二，针对企业中长期融资问题，以及衍生出的企业债务期限结构错配问题，以往政策发力点主要集中在银行。虽然银行在决定企业债务期限决策上更为强势，但银企关系并非一成不变的，而是可以随着企业自身状况边际调整。由本文引申出的一个可能思路是从企业端发力——通过减税、降费、降准、降息等手段使企业轻装上阵。通过改善企业盈利状况、缓解信息不对称问题，以提升企业获得长期贷款的资质和能力。第三，由于存在两种作用相反的效应，因此减税政策对改善企业债务期限结构并不总是有益的。比如，对那些信息不对称问题很严重的企业，可能因为代理成本效应超过客户争夺效应而导致减税后企业债务期限缩短，这一未预期的政策“副作用”尚未引起足够重视。

本文研究结论对改善企业融资结构，特别是对提高小微企业获取中长期贷款的能力有一定的参考：其一，在企业长期贷款需求得不到满足这一问题上，即便谈判主动权更多掌握在银行等资金供给方手中，但这并不意味着解决问题的思路只能局限于银行端。以往在谈及破解企业融资难问题时，思路多聚焦于深化银行业市场化改革及发展直接融资工具等方面，这些改革举措的积极作用毋庸置疑。与此不同，本文是在给定当前银行业结构的前提下，探寻如何通过改善企业自身绩效进而改变企业的债务期限结构。尽管本文政策变量选取的是所得税减半征收政策，但从改善企业绩效这个角度来看，相关推论可以适用于其他诸多面向企业的货币政策和财政政策等。

其二，本文结果从侧面印证了财政政策和货币政策协调配合的必要性。具体来说，即便在减税降费等财政政策下银行向企业增加长期贷款的动力有所提升，但如果缺乏必要的货币政策相匹配，财政政策对于企业的纾困效果也会受到制约。本文研究结论和我国出台的系列宏观政策指向一致。

其三，以往文献讨论减税政策对企业的微观影响时，多聚焦于企业的生产决策及经营绩效方面。而本文发现，除了这些影响外，减税政策还可以通过影响企业的微观行为进而影响企业所能获得的债务期限。以中小企业长期以来面临的融资难问题为例，本文结果表明减税政策不仅会大幅提升中小企业的盈利能力，还会由此改善这些企业的债务期限结构。理解相应作用机制也有助于我们找准政策发力点。例如，代理成本效应表明当企业可支配现金流增加时银行会缩短企业债务期限以加强对企业的监督，要弱化这一效果还得从缓解银行和企业间信息不对称问题入手。因此，如果企业的行为、信息可以更加透明，或者引入某些机制使企业代理问题弱化，那么银行缩短企业债务期限的动机也将得以弱化。

方言多样化和企业创新*

——中国的事实及机制

张　杰　王文凯

2012 年底，中国提出实施创新驱动发展战略，企业作为市场主体，其自主创新能力的提升是实现创新驱动发展的微观基础。近年来，从非正式制度特别是文化角度研究其与企业创新的关系成为文化经济学和产业经济学的热点。但研究文化与企业创新面临如下几个问题：第一，如何衡量文化及不同地区的文化差异？众多社会学文献认为语言是文化的客体，因为它具有社会和认知的双重功能，和文化是内在统一的有机整体。因此，可使用方言差异来衡量文化差异。第二，如何解决内生性问题。使用方言表征文化虽然逆向因果问题并不严重，且可以量化，但毫无疑问存在着测量误差。本文从方言形成的角度入手，选择平均地形坡度作为方言的工具变量，确保检验结果的可信度。第三，识别方言多样化与企业创新之间的机制。机制的发现不仅可以帮助我们理解方言（文化）如何影响企业的创新，还有助于针对机制提出相对应的政策建议，从而最大限度地改善文化对企业创新的影响。

从理论上分析，我们认为，首先，方言是一种身份认同，使用同一种方言的人往往能够迅速地消除信任障碍。因此，在方言越多的地区，

* 原文刊载于《金融研究》2022 年第 3 期。
作者简介：张杰，经济学博士，教授，中国人民大学中国经济改革与发展研究院；王文凯，博士研究生，中国人民大学经济学院。

身份认同的概率就越低，从而对社会信任产生负面影响。对企业管理层而言，创新投入具有高投资高风险的特性，所以信任程度越低，决策时需要的沟通和协调成本就越高。因此，方言越多的地区，社会信任的下降所导致的沟通和协调成本的上升会对企业的创新决策产生抑制作用。

其次，从企业创新投入的角度来看，创新外包是企业提高创新能力和竞争力的重要形式。然而，创新外包面临的突出问题是外包方和承包方之间信息不对称及由此导致的交易成本过高。这种情况下，方言所代表的文化特征使得说同一方言的人共享相同的信息和文化理念，有利于降低双方之间的信息不对称进而降低双方的交易成本，也有利于缓解合作双方之间的商业争端与纠纷，降低交易成本。因此，方言越多，方言多样化会增加企业创新外包的交易成本，进而对企业创新外包产生较为突出的阻碍作用，导致企业创新投入的下降。

最后，企业自主创新具有投资高、风险大等特点，需要投入大量人力资本和物质资本。在这种情况下，方言多样化会对生产要素和技术的跨区域流动产生显著的抑制作用，从而导致不同方言之间的市场分割。按照 Foellmi 和 Zweimüller（2006）提出的“需求引致创新”（Demand-Induced Innovations）理论，市场分割必然不利于企业层面的创新活动。

使用企业创新调查数据库和工具变量法，以方言表征文化，本文实证检验了方言多样化和企业创新之间的关系。结果发现，方言多样化对企业的创新投入产生了显著的抑制作用。平均而言，以人口加权的方言多样化指数增长 1%，企业人均私人创新投入会下降 1.18%。进一步研究发现，方言多样化对企业创新投入的影响主要在于信任效应（文化身份认同）而非文化交流效应。而且，因为自身资源、人才和风险限制等，越来越多的企业将创新过程中整个技术链条的各个部分外包给其他企业，因此创新外包是企业创新的一种重要形式和组成部分。但方言多样化增加了企业创新外包过程中的交易成本，进而对企业的创新投入产生了显著的抑制作用。方言多样化通过市场分割强化了对企业创新投入的抑制作用，具体表现为在产品和资本市场分割程度越高的地区，方言多样化对企业创新投入的抑制作用越强。

与既有文献相比，本文可能的贡献在于：第一，本文立足于“文化和创新”这一独特场景，从另一个角度揭示了非正式制度对经济增长可能具有的阻碍效应。第二，机制发现的独特性，这不仅有助于我们理解方言多样化如何影响创新，也有助于从该角度出发来缓解方言多样化对一国经济增长造成的不利影响。第三，既有文献发现方言多样化不利于城市经济发展，而本文则发现方言多样化不利于企业创新，基于创新是维持经济增长的核心因素，从而为其宏观结果提供了微观层面的证据和解释。

基于本文结论，我们认为，方言多样化作为中国一种特定的文化遗产，其本身具有很高的文化价值。因此，消除方言多样化的不利影响并不意味着消灭方言本身的多样化特征。倘若不同方言之间所代表的群体文化身份和文化认同难以改变，那么方言多样化对中国企业创新行为的抑制作用就会持续存在。因此，在中国当前积极实施创新发展战略和建设创新型国家的背景下，要尽可能消除方言多样化对企业创新产生的负面作用的可能途径是：首先，应加大不同地区的文化交流。文化交流不仅可以促进不同地区之间的文化认知，也可以促进不同文化之间的身份认同，进而改变方言所代表的文化认同。其次，从企业层面看，发展企业文化是一个行之有效的应对办法。统一的企业文化不仅可以培养企业员工对企业的认同感，还可以培养不同员工之间的文化认同。最后，推动全国范围的市场统一也可降低方言差异造成的市场分割对企业创新行为的负面影响。

非高管股权激励与企业创新：公平理论视角*

郝项超　梁　琪

非高管员工在现代企业创新的过程中扮演着越来越重要的角色，因此企业的长期激励计划不仅要包括高管团队成员，也要覆盖非高管员工。然而，长期以来，我国上市公司主要以工资等货币薪酬来激励员工，缺乏有效的长期激励计划。针对这一问题，2005年中国证监会颁布了《上市公司股权激励管理办法（试行）》(以下简称《股权激励管理办法》)，并在后续实施过程中进行了多方面的修改与完善。《股权激励管理办法》允许上市公司在股权激励计划中向高管和非高管员工提供业绩股票期权、限制性股票等形式的长期股权激励，但同时也明确规定了股权激励的对象、定价等。这些特殊规定的形成大多与早期国有企业资产流失的担心密切相关，但所有上市公司都要遵守，那么其是否影响股权激励计划的效果，是增强或者弱化影响？对高管与非高管员工的影响是否存在差异？随着民营上市公司的数量越来越多，这些问题越来越值得关注和研究。遗憾的是，截至目前，已有文献主要考察了高管层面股权激励的影响，但鲜有文献考察我国非高管员工股权激励的效果及股权激励政策规定的潜在影响。

* 原文刊载于《金融研究》2022年第3期。

作者简介：郝项超，经济学博士，教授，南开大学经济学院财金研究所、中国特色社会主义经济建设协同创新中心；梁琪，经济学博士，教授，南开大学经济学院财金研究所、中国特色社会主义经济建设协同创新中心。

本文重点从企业创新的角度考察了非高管员工激励对象范围相关的政策规定及其对股权激励计划激励效果的影响。我国现行股权激励管理办法将股权激励计划的激励对象从高管进一步扩展到非高管员工，但其范围仅仅局限于核心业务与关键技术人员等少数员工。这种规定将公司员工分割为激励与非激励员工两组，并且赋予其完全不同的分享公司创新收益的权利。这导致上市公司内部员工之间的收入差距可能因分配机制变化而拉大，进而产生薪酬不公平问题。基于我国上市公司股权激励计划的实践特征，依据代理理论与 Adams（1965）的公平理论，研究提出了非高管员工股权激励有效性假说和不公平假说。非高管员工股权激励有效性假说认为，非高管员工股权激励通过缓解代理问题，激励普通员工积极参与企业创新，改善企业创新效果。非高管员工股权激励不公平假说则认为，激励与非激励员工之间因薪酬不公平导致的利益冲突会削弱整个股权激励计划对企业创新的积极影响。

依据 2006—2017 年我国上市公司的股权激励计划数据及专利数据，研究实证检验了上述两个假说。研究首先根据每家上市公司股权激励的进展文件，整理出该公司每年授予、解锁和放弃的股权激励数据，构建未解锁股权激励的时间序列。研究最终得到 2006—2017 年共计 1698 项股权激励计划，激励股票总数累计 215.74 亿股。其中，股票期权 672 张（占比为 39.58%），激励股票总数 99.30 亿股，限制性股票 1026 只（占比为 60.42%），激励股票总数 116.54 亿股。就激励对象来看，高管股权激励股票总数累计 42.33 亿股，占比为 33.51%，而非高管员工股权激励股票总数 155.32 亿股，占比为 66.49%，是前者的 2 倍。股权激励计划覆盖的非高管员工占全部员工的比例并不高，平均仅为 7.51%。在此基础上，进一步将股权激励分为高管和非高管员工股权激励，并依据考虑分红的 Black-Scholes 估值模型分别计算了两者的价值。同时，借鉴已有研究，本文基于专利数据从数量和质量两个维度构建了企业创新的度量指标。以新增申请且被授权的发明专利数量度量创新数量，以新增专利平均他引次数来度量创新质量，并采用Hall等（2005）的方法进行调整以克服专利授权和专利引用数据的截尾偏差问题。

研究发现，总体上我国股权激励计划能够显著促进企业创新，但非激励员工因薪酬不公平而产生的消极行为一定程度上削弱了股权激励计划的激励效果。具体而言，在国有控股上市公司及激励与非激励员工收入差距小的上市公司中，非高管股权激励弱化企业创新的影响明显小于其他公司；而在非高管员工覆盖比例较高的公司中，非高管股权激励计划弱化企业创新的影响不存在。因此，适当提高员工股权激励覆盖的范围可以避免激励与非激励员工之间因激励错配导致的薪酬不公平问题，有助于提升我国上市公司股权激励计划的激励效果。

本文的边际贡献主要体现在两个方面。第一，基于中国股权激励计划政策的实践特征，将有关非高管员工股权激励与企业创新关系的理解从代理理论视角进一步拓展到公平理论视角，丰富了相关理论解释。第二，研究回答了我国上市公司股权激励计划中高管与非高管员工股权激励影响企业创新的差异，弥补了已有文献将股权激励计划视为一个整体来考察其影响的不足，为我国上市公司股权激励政策提供了参考。

本研究结论的政策含义体现在两个方面。首先，优化股权激励计划对象的规定，给予企业制订股权激励计划更多的自主权，让更多的非高管员工能够分享创新成功的收益，鼓励其积极参与公司创新活动。其次，股权激励政策的设计和优化不仅要充分考虑我国股票市场发展的历史和特点，也要充分考虑当前及未来我国国有与非国有上市公司占比结构的可能重要变化及其带来的潜在影响。另外，从长远来看，国内股票市场的国际化也要求与国际股市规则接轨，以便有效吸引海外企业。

如何激发民营企业创新*

——来自实际控制人财富集中度的视角

潘红波　杨朝雅　李丹玉

党的百年奋斗开辟了实现中华民族伟大复兴的正确道路，中国仅用几十年时间就走完发达国家几百年走过的工业化历程，创造了经济快速发展和社会长期稳定两大奇迹，创新在其中发挥了重要的作用。随着中国经济进入“高质量发展阶段”，对科技创新提出了更高要求。改革开放40 多年来，民营经济贡献了 70% 以上的技术创新成果，未来民营企业创新仍将在高质量发展中扮演重要角色。然而，创新投资具有失败率高、风险大等特征，如何激发民营企业的创新活力仍需持续探索。

在中国，上市公司股权高度集中，实际控制人才是公司重大决策的“主宰者”。作为企业创新的关键人物，实际控制人财富集中度会通过风险容忍度，进而对企业创新产生重大影响，然而现有研究却鲜有探讨。本文以中国民营上市公司为样本，研究实际控制人财富集中度是否影响企业创新。

从理论上来说，可能存在正反两种效应。“风险分散效应”认为，较高的财富集中度使实际控制人面临更高的财富风险（Markowitz，1952），增加实际控制人的风险暴露水平，降低其风险偏好，从而削弱其风险承

* 原文刊载于《金融研究》2022 年第 4 期。
作者简介：潘红波，管理学博士，教授，武汉大学经济与管理学院；杨朝雅，硕士研究生，武汉大学经济与管理学院；李丹玉，博士研究生，武汉大学经济与管理学院。

担的能力和意愿，导致其具有较低的创新失败容忍度，进而不利于企业创新。而“信息效应假说”认为，较高的财富集中度使得实际控制人更有“能力”和“精力”充分获取并分析企业内外部信息，从而更好地进行企业创新决策和活动，最终有助于企业创新。

以2009—2017年A股民营上市公司为样本，利用手工收集的实际控制人财富集中度数据和以发明专利度量的创新产出和创新效率指标，使用对标准误差进行了企业层面群聚调整后的固定效应模型，本文实证研究了实际控制人财富集中度对企业创新的影响。结果显示，实际控制人财富集中度越高，企业创新产出和创新效率均越低。这一结论在工具变量检验、考虑实际控制人房地产投资、替换实际控制人财富集中度和创新效率的度量方法等稳定性检验下依旧成立。机制检验显示，实际控制人财富集中度越高，风险容忍度越低。而风险容忍度的提升有助于企业创新的结论已被大量文献所证实（Manso，2011）。这些结果支持“风险分散效应”，即较高的财富集中度导致实际控制人面临更高的财富风险，降低了实际控制人的创新失败容忍度，进而不利于企业创新。

在此基础上，本文进一步分析，政府补助（机构投资者）是否可以发挥“风险缓冲”（“监督制衡”）的作用，以缓解实际控制人财富集中度对企业创新的负面影响。实证结果发现，在政府补助较低或机构投资者持股比例较低的情况下，实际控制人财富集中度对企业创新有显著的负向影响，但是，这种效应在政府补助较高或机构投资者持股比例较高的情况下并不存在。这表明，政府补助对企业创新具有“分摊投入成本”的作用，通过减少创新对企业资源的占用减轻了企业创新的负担，分散了企业投资人的创新风险，对创新给实际控制人带来的财富风险起到了“缓冲”作用，从而提高了实际控制人对企业创新失败的容忍度，削弱了实际控制人财富集中度对企业创新的负面影响；作为分散化投资代表的机构投资者，当其持股比例较高时，更有“能力”和“动力”发挥“监督制衡”的作用，进而更能约束实际控制人因风险厌恶产生的自利行为，从而弱化实际控制人财富集中度对企业创新的负面影响。最后，本文考虑了技术并购对自主创新的替代效应。结果表明，当实际控制人财富集中度较高时，其更有动机选择技术并购这一风险更低的方式作为获取创新的替代途径，在降低自身财富风险的同时缓解企业创新不足的问题。技术并购作为一种更加稳健的获取企业创新的方式，为实际控制人解决自身财富风险和企业创新的矛盾提供了可能的途径。

本文从以下几个方面对相关文献进行了拓展和创新：第一，以股权高度集中的中国民营上市公司为例，从股权集中条件下上市公司决策者创新失败容忍度的视角，本文研究了实际控制人财富集中度对企业创新的影响，对企业创新的相关研究进行创新。第二，从“风险缓冲”的视角，本文发现在股权集中的市场条件下，政府补助可以发挥“分摊创新成本”的作用，“缓冲”创新给实际控制人带来的财富风险，提高实际控制人对创新失败的容忍度，对政府补助与企业创新关系的相关研究进行补充。第三，从制衡实际控制人自利行为的视角，本文认为，现有研究广泛采用的第二大到第十大股东的持股比例在针对企业创新的研究中可能并不准确，这是因为除机构投资者外的第二大到第十大股东往往也是集中投资，导致他们与实际控制人一样都具有较低的创新失败容忍度；而作为分散投资代表的机构投资者，更有动机和能力“监督”实际控制人的风险规避行为，从而削弱实际控制人财富集中度对企业创新的负面影响，因此，本文从创新的视角对机构投资者监督作用的相关研究进行拓展。第四，从技术并购对自主创新替代效应的视角，对技术并购的相关研究进行创新。本文研究表明，财富集中度较高的实际控制人有动机选择风险较低的技术并购作为自主创新的替代，在降低自身财富风险的同时缓解企业创新不足的问题。

为激发民营企业创新，本文有如下政策启示。首先，推进资本利得税改革，减少实际控制人等个人转让上市公司限售股的个人所得税，以降低实际控制人财富分散化的成本，激励实际控制人财富分散，从而提高实际控制人在企业创新决策中的失败容忍度，最终达到激发民营企业创新活力的目的。其次，进一步推进表决权差异安排改革的广度和深度，使实际控制人在持股比例较低的情况下实现对企业的控制，以降低实际控制人股权分散化带来的控制权流失风险，激励实际控制人财富投资分散化，从而缓解实际控制人财富集中对企业创新的消极影响，激发民营企业的创新动力。再次，进一步发挥政府对企业创新的“风险分担”作用，以提高实际控制人创新失败的容忍度，进而激发民营企业的创新活力。最后，通过政策改革，大力发展机构投资者，并将创新决策纳入企业“分类表决制度”的表决事项当中，以更好地发挥机构投资者对实际控制人的“监督制衡”作用，抑制财富集中的实际控制人的自利行为，激发民营企业创新活力。

对外担保与企业创新投入*

陈泽艺　李常青　李宇坤

对外担保是指企业对本企业（含子公司）[①] 以外的企业或个人贷款提供的直接或间接担保，在中国资本市场上较为普遍。2019年底，A股上市公司对外担保余额达4468亿元，近两成（683家）公司提供对外担保，其中有338家公司对外担保余额超过净资产的50%。对外担保具有风险传染效应，持续增加的担保业务进一步扩大了市场风险，对外担保一旦发生逾期，可能需要公司承担连带责任并导致一系列严重后果，如银行账户被冻结、被债权人起诉、无力履行法院判决的给付义务被列入失信黑名单、被证监会立案调查、被交易所实施风险警示甚至摘牌。由此，对外担保引起了监管层和投资者的广泛关注。

创新是引领中国经济高质量发展的第一动力，党的十九届五中全会明确提出，必须坚持创新在我国现代化建设全局中的核心地位。企业要突破发展瓶颈、破解核心关键技术“卡脖子”的局面、增强核心竞争力，根本出路在于创新。提升创新能力需要企业在研发方面长期、持续投入，但由于风险高、周期长、成本不可逆和不确定性高等特点，创新面临较强的融资约束。良好的融资能力是企业持续、稳定的创新投入的重要保障，而企业自身的创新意愿是创新的前提和基础。

---

* 原文刊载于《金融研究》2022年第4期。

作者简介： 陈泽艺，管理学博士，副教授，广东金融学院会计学院；李常青，管理学博士，教授、厦门大学管理学院；李宇坤，管理学博士，讲师，陕西师范大学国际商学院。

① 子公司属于上市公司合并范围，因此从合并报表角度看，对子公司担保不属于对外担保。

对外担保不仅提高了企业自身的融资约束，还加剧了代理冲突，影响了企业的投资意愿。因此，一个自然的疑问是，对外担保是否会影响企业创新投入？鲜有学者将对外担保与企业创新投入相联系，这为本文的研究提供了机会。本文尝试运用风险转移理论和代理理论，深入地考察对外担保对企业创新投入的影响并揭示其作用机理。

本文的边际贡献如下：第一，虽然对外担保是中国资本市场的普遍现象，但关于对外担保的研究文献不多，且现有文献主要关注对外担保对企业风险、债务融资成本、审计费用和股价崩盘风险的影响，对企业行为的研究较少。本文从企业创新视角考察对外担保对创新投入的影响，对相关领域的文献形成有益补充。第二，现有文献侧重探讨对外担保风险转移对担保企业融资的影响，本文将代理理论纳入分析框架，丰富了现有文献的理论体系。本文运用风险转移理论考察对外担保如何通过融资约束和债务融资成本削弱企业获取创新资源的能力，结合代理理论探究对外担保如何通过双重代理问题降低大股东和高管的创新意愿，有助于深入理解对外担保对企业创新的作用机理。第三，国内外学者主要从金融市场发展、法律保护、公司治理、高管特征和高管激励等方面研究企业创新的影响因素，少有文献关注对外担保对企业创新的影响。本文从对外担保角度入手，丰富了企业创新影响因素领域的研究视角。

本文在风险转移理论和代理理论框架下，从创新资源和创新意愿两个维度分别探讨对外担保对企业创新投入的影响。从创新资源角度看，对外担保提高了企业自身的风险，增强了企业的融资约束，提高了企业的债务融资成本，进而削弱了企业筹集创新资金的能力。从创新意愿角度看，对外担保一方面加剧了大股东与中小股东的代理冲突，提高了大股东的代理成本，这可能会削弱大股东开展高风险创新活动的意愿；另一方面，随着股东间代理冲突的加剧，大股东对高管的激励也会被削弱。创新活动的风险极高，若激励不足，高管的努力和才能无法从薪酬中获得补偿，高管的道德风险和“短视行为”会比较严重，创新意愿也必然减弱。因此，本文提出研究假设：在其他条件相同的情况下，对外担保水平越高，企业创新投入水平越低。进一步地，结合产权性质和行业类型特点，分析对外担保对国有与非国有企业、技术密集型行业与非技术密集型行业创新投入的不同影响，并提出相应研究假设。

本文以2008—2019年沪深两市上市公司为样本，研究发现，第一，企业创新投入与对外担保显著负相关，即提供对外担保明显抑制了企业的创新投入。第二，对外担保对创新投入的抑制作用在非国有企业中更大。第三，对于技术密集型行业的企业而言，对外担保对创新投入的负向影响更为明显。采用Heckman两阶段、PSM、工具变量法和双重差分法等方法控制内生性影响后，上述结论依然稳健。其作用机制在于：第一，债务融资成本和融资约束是对外担保抑制企业创新投入的重要途径，对外担保通过提高债务融资成本、增强企业的融资约束，进而抑制了企业创新投入。第二，大股东代理成本和高管股权激励是对外担保抑制企业创新投入的另一条重要途径，对外担保提高了大股东的代理成本、减弱了高管股权激励，进而降低了企业创新投入。

政策启示如下：第一，正确、充分认识对外担保对企业经营和创新的不利影响。创新需要充分且持续的资源，企业应在日常经营过程中保持良好的获利能力和融资能力才能满足动态创新环境的需要。第二，金融管理部门要加强对担保的监督，警惕担保风险传染，可借助复杂网络分析技术，加强对担保风险的分析、防范与化解，维护金融稳定。第三，在金融科技快速发展的背景下，金融机构可利用人工智能、大数据、云计算等数字技术，强化风险识别能力，提高风险管控水平，降低金融机构授信过程中对抵押担保的依赖。

党组织参与治理与国有企业金融化*

乔嗣佳　李扣庆　佟成生

实体经济与虚拟经济发展的不平衡造成了中国经济呈现典型的“脱实向虚”现象。金融行业与实体行业之间利差的扩大使越来越多的实体企业脱离主业转向金融业投资，不仅严重阻碍了实体经济的高质量发展，还可能催生潜在的金融危机。要解决经济脱实向虚的问题，首要解决的就是企业金融化。国有企业是中国经济发展壮大的主力军，发挥着不可替代的压舱石作用。值得注意的是，与非国有企业相比，国有企业的金融化程度更为严重。截至 2017 年 8 月，2/3 以上的中央企业业务涉及金融领域，大约 50% 的中央企业将金融纳入主要业务。部分低效率国有企业甚至为了赚取利差以委托贷款等形式将信贷资金转贷给民营中小企业，造成了金融空转。一些学者深入分析了企业金融化的原因，形成了预防性动机、投机动机和盈余管理动机等富有启发性的理论观点，揭示了过度的金融化是市场失灵在企业层面的表现，公司治理是纠正金融化的重要手段。然而，对于传统西方公司治理方法至今为何不能根治企业过度金融化这一痼疾，这些深刻的洞见并没有能够提供更多的线索。因此，深入探索中国特色公司治理机制和方法在理论上和实践中具有至关重要的意义。

---

* 原文刊载于《金融研究》2022 年第 5 期。

作者简介： 乔嗣佳，金融学博士，讲师，上海国家会计学院教研部；李扣庆，管理学博士，教授，上海国家会计学院教研部；佟成生，管理学博士，教授，上海国家会计学院教研部。

坚持党的领导、加强党的建设是中国特色国有企业公司治理的独特优势。把党的领导融入公司治理各环节能够帮助企业正确认识和把握资本的特性和行为规律，发挥资本作为生产要素的积极作用，控制其消极作用，对其进行有效引导。习近平总书记指出，中国特色现代国有企业制度，“特”就特在把党的领导融入公司治理各环节，把企业党组织内嵌到公司治理结构中，明确和落实党组织在公司法人治理结构中的法定地位。这一论述创造性地将党对国有企业的领导与现代企业制度相结合，点明了中国特色现代国有企业制度的内涵。党组织参与治理主要通过“双向进入、交叉任职、讨论前置”等制度安排来实现。这些制度安排不仅能加强传统的公司治理效果，还能突破国有企业经营中追求短期或者单一主体利益的局限，保障和监督党和国家相关政策的贯彻和执行，抑制企业的短视行为，纠正微观企业的市场失灵行为。

本文从国有企业金融化“预防性动机”“投机动机”“盈余管理动机”三个维度构建了党组织参与治理影响国有企业金融化的机制分析框架，并基于2006—2018年中国A股国有上市公司作为样本进行实证检验。实证结果表明，排除内生性问题干扰后，党组织参与治理显著降低了国有企业金融化程度；影子银行金融资产配置反映了企业金融化的投机动机，而非影子银行金融资产配置反映了国有企业金融化的预防性动机；党组织参与治理有助于抑制国有企业金融化的投机动机，但对预防性动机没有显著影响。此外，党组织参与治理抑制了国有企业金融化的盈余管理动机。异质性检验表明，党组织参与治理对国有企业金融化的抑制作用在“讨论前置”实施后更显著；相比于地方国有企业，中央国有企业党组织参与治理对风险金融资产比例的抑制作用更强；党组织进入董事会能够有效降低国有企业金融化程度，减少风险金融资产比例，而党组织成员进入监事会和经理层则对国有企业金融化没有显著影响；党组织参与治理对金融资产收益率没有影响，但是显著提高了国有企业风险金融资产的市场价值。

相比于现有研究，本文有如下贡献：第一，本文厘清了中国特色国有企业公司治理中党组织参与治理的具体作用机制，有助于国有企业利益相关者理解党的领导这一独特的治理优势，从而凝聚各方共识形成合力，将党的领导这一制度优势转化为国有企业的发展优势，也为其他转型经济体的国有企业公司治理提供了理论借鉴和政策参考。第二，实证结果表明，党组织参与治理在抑制国有企业“脱实向虚”防范金融系统性风险方面发挥着积极作用，为抑制金融资本在市场经济下的投机活动、促进国有经济健康发展提供了政策启示。在现代国有企业制度建设的过程中，不仅面临转型制度缺失带来的市场失灵，更要应对发达市场经济条件下的市场失灵。现有学术研究更多集中在对前者的探讨，对于后者的研究进展较为缓慢，未能揭示党组织参与治理在纠正市场失灵中的深层机制，本文的研究结论有助于推动党组织参与治理经济后果的相关研究向纵深发展。第三，现有关于国有企业金融化动因的研究存在争议，一部分研究支持预防性动机，另一部分研究支持投机动机。本文将风险金融资产进一步细分为影子银行金融资产和非影子银行金融资产，发现影子银行金融资产配置反映了国有企业金融化的投机动机，而非影子银行金融资产配置反映了国有企业金融化的预防性动机，为区分不同的金融化动机提供了经验证据。

基于本文结论有如下几点启示：第一，研究发现党组织参与治理能够显著降低企业投机性金融化行为，抑制企业过度金融化。因此，要充分发挥党组织的领导作用以弥补传统公司治理结构的缺陷，克服市场失灵带来的资源错配。第二，不同类型风险金融资产配置反映了企业金融化的不同动机，因此，对于企业金融化的治理应采取分类施策，避免“一刀切”的做法。第三，“讨论前置”强化了党组织进入公司治理对企业金融化的治理效应，因此，有必要进一步出台政策明确“讨论前置”权力清单，将重大风险相关的决议事项纳入决策范围，以加强国企党组织工作的制度化、规范化、标准化建设。第四，地方国企中党组织参与治理对风险金融资产比例的影响不显著，说明地方国有企业党组织的治理能力仍有待提升。第五，研究发现党组织成员与监事会的双向进入对金融化没有显著的抑制作用，这说明当前国有企业监事会参与公司治理的效率有待提升，未来可以考虑建立监事会和纪委的互动工作机制切实保障监事会的监督职能。第六，研究发现党组织进入公司治理能够提升企业持有风险金融资产的价值，表明资本市场投资者对党组织参与公司治理的认可，意味着中国特色公司治理理论在实践中获得了验证和支持。

政府补贴和国有参股对参与 PPP 企业外部融资的影响*

王筱筱　李时宇　袁　诚

政府和社会资本合作（PPP）模式在促进地方基础设施和公用事业发展，缓解地方政府融资困境等方面发挥了重要作用。自 2014 年以来，随着相关政策的接连推出，越来越多的企业参与到 PPP 项目建设中。考虑到外部融资仍然是制约大多企业发展的主要原因之一，理解参与 PPP 项目对企业融资的影响、评估政府对 PPP 模式不同政策的效果，对完善 PPP 相关制度设计，加强政府债务风险管控，进而持续、健康吸引社会资本参与 PPP 项目具有重要意义。

在 PPP 模式中，政府与企业共同出资成立项目公司来建设基础设施或公共服务项目。政府通过对项目公司的补贴和国有资本参股两种方式参与到 PPP 项目中。理论方面，已有文献通常假定政府对企业在有外部性资本上的投资进行补贴，而忽略了国有参股这一方式。实证分析方面，现有文献大多关注参与 PPP 项目这一事件对企业的影响，没有将影响在两种方式上进行分解。在严控地方政府债务的背景下，地方政府迫切需要新的资金来源填补已有资金缺口和建设新项目，这是政府与社会资本合作的动机。此外，在 PPP 模式中，融资主体不是政府，而是政府

* 原文刊载于《金融研究》2022 年第 3 期。
作者简介：王筱筱，经济学博士生，北京大学经济学院；李时宇，经济学博士，副教授，中国人民大学财政金融学院；袁诚，经济学博士，副教授，北京大学经济学院。

与企业共同出资成立的项目公司，这使 PPP 模式能够缓解地方财力难以提供足够基础设施建设等公共品的问题。参与 PPP 项目的企业的融资成本和杠杆率会受到怎样的影响，在目前文献中尚无一致结论。

本文从理论和实证两个角度深入探究了政府补贴和国有资本参股对参与 PPP 项目的企业的融资成本和杠杆率的影响，发现了不同的影响结果和机制：政府补贴不影响企业杠杆率和借款合约利率，而国有资本参股通过担保增加了参与 PPP 的企业的杠杆率，并降低了其借款合约利率。这为进一步理解 PPP 项目对参与企业的影响及政府债务风险如何向参与 PPP 的企业转移，提供了理论依据和经验证据。

本文主要贡献如下：首先，已有理论研究在刻画 PPP 模式时仅考虑了政府补贴，本文则进一步在模型中引入国有资本参股。已有研究指出，国有资本参股可能被金融机构视为政府对企业的背书或担保；参与 PPP 的企业能够获得更多政策优惠和银行信贷，从而降低储蓄动机。这意味着，项目公司中政府方股权投资比例越高，对项目公司担保程度越大。引入国有资本参股使理论模型更符合中国 PPP 项目实践，丰富了 PPP 项目影响企业外部融资的机制。其次，本文首次整合了财政部 PPP 项目公开数据和上市公司财务数据，验证了政府补贴和国有资本参股对参与 PPP 项目的企业外部融资的影响。已有研究匹配了上市公司财务数据和是否参与 PPP 项目信息，研究影响企业参与 PPP 的因素或结果。本文则进一步考虑企业参与 PPP 项目的特征对企业外部融资的影响，这有利于更深入地理解 PPP 模式，评估财政资金使用效果。最后，本文对关于政府融资和企业融资关系的研究形成了补充，提供了来自 PPP 模式的证据。

在理论部分，本文通过一个资本具有外部性的一般均衡模型来分析两种 PPP 合作模式对企业外部融资的影响机制。政府与厂商共同出资组建项目公司，并对项目公司购买资本进行补贴。项目公司从金融中介获取贷款用于购买资本。假设金融中介无法直接获得PPP项目公司真实的收益信息，当项目公司破产时需要对其进行“有成本的状态验证”。理论分析得出，在组建项目公司时，政府参股程度越高，意味着政府对项目公司的担保程度越高，进而增加了项目公司对高杠杆的需求；同时，金融中介由于可以得到政府担保金，更愿意发放贷款，并接受更低的借款合约利率。政府补贴不影响项目公司与金融中介间的借贷合约，从而不影响杠杆率和借款利率。项目公司外部融资所受影响会进一步传导至参与PPP的企业。因此，可以得出：政府对项目公司的补贴不影响参与PPP的企业杠杆率和利率，项目公司中的国有资本参股通过担保提高参与PPP的企业杠杆率，并降低其借款合约利率。

实证部分验证了理论模型的结论。本文从财政部政府和社会资本合作中心网站的项目管理库中识别出参与PPP项目的上市公司；通过整理PPP项目管理库中每个项目的“财政承受能力论证报告”，得到成立PPP项目公司时政府方的股权投资支出及各支出年度政府运营补贴支出。我们将这些数据和国泰安数据库2010—2018年上市公司财务数据进行匹配，得到2960家上市公司面板数据，其中参与过PPP项目的上市公司有226家。运用PSM-DID方法，本文估计出参与PPP项目对上市公司的杠杆率、借贷成本等外部融资指标的影响：无论是用绝对水平还是相对比例衡量，政府补贴对参与PPP的上市公司的杠杆率和借贷成本均无显著影响，但国有资本参股程度会显著增加杠杆率，降低借贷成本，与模型主要结论一致。在改变匹配方法、外部融资约束衡量指标及剔除样本中从未参与过PPP项目的企业后，上述结论仍然稳健。此外，实证分析还发现，对于国有企业而言，参与PPP项目时国有资本参股程度对杠杆率的正向影响要小于非国有企业。在市场化程度更高的地区，国有资本参股程度对参与PPP的企业杠杆率的正向作用越小，对借贷成本的负向作用也越小。

本文结论有如下政策启示：第一，财政资金对PPP项目的参与方式不同，对企业外部融资等指标的影响也不同。因此，在评估财政资金使用效果时，应对补贴和参股两种方式进行区分。第二，合理发挥政府方对PPP项目公司的股权投资带来的担保作用。一定程度的担保有利于扩大公共品投资，甚至可能节省财政资金；但过高程度的担保将导致企业杠杆率过高，增大企业经营风险，不利于经济稳定，同时也将增大政府与PPP投资相关的财政支出，增加地方政府财政压力。第三，继续防范PPP“明股实债”问题，通过专项督查和绩效考评等措施规范PPP模式的实施，杜绝向社会资本方承诺最低收益等不规范行为。

04　金融市场

债券评级机构变更*

——基于评级选购与评级迎合视角

郎香香　田亚男　迟国泰

债券市场中信用评级发挥着重要作用——信息传递和价值评估。债券投资者将发行人的信用等级作为重要参考来定价，监管部门也能利用信用等级对债券发行人进行监管。但近年来信用评级问题频频发生。其中，发行人更换信用评级机构后信用级别调升的情形普遍存在。鉴于评级市场上评级机构经常被发行人更换的现象，一个值得深思的问题是：发行人变更评级机构的动机是什么？效果如何？

公司债券能否顺利发行受到信用等级相关政策约束。例如，《关于修订上海证券交易所公司债券上市规则的通知（2009）》《深圳证券交易所公司债券上市规则（2009）》要求公司债券发行企业的债项评级不低于AA级。Wind数据库统计显示，截至2017年底，AA级及以上信用等级的发行主体占比高达87.73%，中国债券市场的整体评级较高。发行企业想要在债券市场顺利融资，必须满足监管要求的债项评级条件。此外，信用等级的高低还与债券融资成本密切相关。这也可能导致债券发行人为达到预期的信用等级，变更评级机构并与新机构“合谋”。换言之，为获得发行资质、提升信用等级和节约债券融资成本，发行人有动机变更

* 原文刊载于《金融研究》2022 年第 1 期。

作者简介： 郎香香，财务学博士，讲师，大连理工大学经济管理学院；田亚男，博士研究生，厦门大学管理学院；迟国泰，管理科学与工程博士，教授，大连理工大学经济管理学院。

评级机构。

发行人付费模式也可能会推高信用评级。这主要是由于发行人付费方式会加剧债券发行人的评级选购和信用评级机构的评级迎合。评级选购是指发行人向多家评级机构征求信用评级，以获得最佳信用等级的行为（Bolton等，2012）。评级迎合是指评级机构为获得更多市场份额，对债券发行人扭曲上调其信用评级的行为（Flynn和Ghent，2017）。二者皆为评级市场上的不当行为，对评级机构的独立性和评级质量有负面影响，会引发评级膨胀，降低市场资源配置的有效性。理论上，发行人与评级机构之间是一种“双向选择”的关系，但在发行人付费模式下，债券发行人相对于评级机构具有更强的议价能力。因此，发行人可以通过评级选购来提高其信用等级，即把项目交给评级最高的那家评级机构；评级机构也会为争夺市场份额而进行评级迎合，即为获取较高的营业收入而给予发行人偏高的评级。

基于此，本文利用我国2008—2017年公司债样本，探究发行人变更信用评级机构的影响。经过整理本文获得1657家发行人，所涉及的公司债券数目为4017只，17217个观测值。本文发现发行人变更评级机构后，其后续评级得到明显提升。经过构建双重差分模型、使用工具变量缓解内生性问题等一系列稳健性检验后，本文研究结论保持一致。为进一步考察变更评级机构影响信用等级的作用条件，本文检验了变更评级机构行为对评级的影响在竞争程度和信用边界的横截面差异。结果表明，当发行人和评级机构面临激烈的行业或市场竞争时，变更评级机构对信用等级的提升作用更强烈，即竞争加剧了债券发行人的评级选购和评级机构的评级迎合。同时，本文还发现当信用等级处于AA级边界时，发行人变更评级机构对提高后续信用等级的影响更为显著。最后，本文考察了发行人变更评级机构的经济后果，发现该行为能为其节约融资成本，但增加了债券的违约风险，整体上降低了发行人的经营业绩。

本文研究贡献在于：第一，已有研究大多集中于上市公司变更审计机构的经济后果（Azizkhani等，2018），本文则关注了债券发行人变更评级机构的动机和经济后果，并为发行人评级选购与评级机构评级迎合的相关研究补充了实证证据。第二，本文从发债企业行为切入，提供了新的研究视角。相比于Flynn和Ghent（2017）基于评级机构市场竞争的研究，本文选取债券发行人作为新角度切入点，研究企业所处行业竞争强度对信用评级的影响。第三，国外评级研究主要围绕美国的三大评级机构展开研究。然而，我国评级市场与美国不同：一是美国已形成具有国际影响力的评级机构，代表性评级机构标准普尔和穆迪具有较高的国际声誉，而我国尚未完全形成比较权威的评级机构。二是从评级机构的市场竞争性看，美国评级市场具有垄断性，而我国评级市场竞争激烈。三是从对评级结果的信任程度看，美国金融市场的投资者较注重评级机构出具的评级报告，并以此作为判断债券信用风险的重要依据，而我国评级市场声誉机制不够健全，投资者不完全参考评级结果。因此，本文研究可以为了解中国制度背景下评级机构和信用评级提供一定参考。

本文的研究启示如下：（1）洞悉发行人变更评级机构对信用评级的影响，有助于监管部门有针对性地提出监管政策，比如，将发行人随意变更评级机构的行为纳入评估体系，将有助于防止评级市场的“柠檬效应”。（2）“打铁还需自身硬”，评级机构和债券发行人应注重自身建设。投机取巧得来的高评级虽能满足短期发行债券的目标，但不利于长期发展，不仅会面临受到监管部门责罚的风险，还会丢失投资者的信任。评级机构应将声誉机制作为生存之本，充分发挥风险揭示功能。发行人应注重自身业绩的提高，赢得良好的声誉，从而获得投资者的青睐。（3）投资者要警惕评级高估。目前市场已经出现了违约率倒挂情形。投资者需要多方面考察发行人，防范不当行为引起的评级高估和评级泡沫现象，比如，可以将发行人变更评级机构的行为纳入风险判别模型。

中国式卖空机制与高管减持*

——基于融资融券分步扩容的准自然实验

董卉宁　刘　琦　阮宏勋

高管作为内部人天然具有信息优势，同时还拥有管理公司外部信息环境的能力，所以其减持交易行为受到投资者、监管者及市场的密切关注。了解高管交易活动的原因和后果，特别是他们的减持行为，对于金融市场的健康发展至关重要。

已有文献主要从公司内部治理角度建言献策，具体措施包括提高股权集中度、增加机构投资者持股比例、加强大股东对管理者的监督、约束盈余管理行为及强化信息披露等。但较少有文献从公司外部治理角度进行研究。卖空被已有研究认为是一种重要的外部治理机制，包括但不限于减少公司违规行为、提高并购绩效、改善投资效率等，卖空机制如何影响高管的交易行为是本文的关注重点。

我国从2010年实施的融券政策，允许投资者通过向具有融券业务资格的证券公司提供担保物的方式借入证券并卖出。卖空机制的引入有利于股价及时反映负面信息、减少市场的信息不对称及提高市场的定价效率。本文选取了2007年1月至2015年12月我国A股上市公司的月度数据，在此期间，我国融券标的证券已从最初的90只增加至891只，超过

* 原文刊载于《金融研究》2022年第1期。

作者简介： 董卉宁，博士研究生，北京大学光华管理学院；刘琦，金融学博士，副教授，北京大学光华管理学院；阮宏勋，金融学博士，助理教授，北京大学光华管理学院。

2015年末A股公司总数的30%。本文将我国的融资融券标的分步扩容事件作为股票定价效率的外生冲击，通过多期双重差分方法，探究被列入融券名单的上市公司在做空环境发生变化的情况下，高管减持行为发生的改变。在减持行为衡量指标上，本文以上市公司高管（包括董事、监事、高级管理人员）及其家属通过二级市场减持本公司股票作为研究事件，合并月度减持股数信息，通过减持股数占流通股数及总股数比重这两个指标来衡量高管的减持比例情况。在稳健性检验中，考虑到高管减持变量的稀疏性，本文进一步采用专门针对稀疏事件修正的Logit回归方法再次进行检验，并根据半参数估计方法对截断数据进行固定效应的估计。另外，本文也尝试采用高管减持数量占其自身持有本公司股份总数的比重来衡量减持比例。

研究发现，卖空机制的推出使标的公司的高管减持数量占流通股的比例平均下降约0.04‰，和我国A股上市公司高管月减持比例的均值相比，下降幅度约为22.22%。且融券机制主要抑制了拟利用信息优势获利的投机性减持行为，而不影响高管由于定期调整资产组合而发生的定期减持行为。此外，卖空机制对高管减持行为的抑制作用在规模较小、盈余平滑度较高及非国有公司中更为明显。进一步地，本文从提升定价效率、改善公司治理水平两方面，对卖空机制如何影响公司高管减持比例进行了渠道检验：第一，本文考察了不同时期的减持收益指标，发现股票成为卖空标的后，股价定价效率提高，公司高管减持收益显著下降，减持动机减弱。第二，本文实证检验结果表明，成为卖空标的后，高管压制坏消息的程度并未出现显著降低，不足以对其减持行为产生显著影响。此外，本文通过倾向得分匹配及安慰剂检验等方式缓解内生性问题；以融券余额来衡量公司面临的实际卖空威胁，并以融资余额作为控制变量，进一步说明尽管融资与融券制度同时实施，但卖空机制起到了实际约束高管减持行为的作用。

本文的研究贡献主要有以下几个方面：第一，大多数文献侧重于分析内部治理情况在高管交易行为中发挥的作用。本文从市场的外部监管作用角度丰富了相关文献，发现卖空机制可以减少高管的减持行为并提高公司治理水平，不仅为减持交易的影响因素提供了更广阔的分析视角，也从侧面为高管利用信息优势获得减持超额收益提供了证据，是对现有文献的有益补充。第二，本文根据高管是否连续三年在同一月份进行减持，将我国高管的减持行为划分为定期性与投机性两类，研究发现，卖空机制会对投机性减持交易产生显著影响。这一划分对于更规范、细致地分析高管减持具有重要意义。

基于上述结论和分析，本文建议：应充分利用好卖空机制对股票市场定价效率的促进作用，在可行的条件下，通过丰富券源、减少费率等方式拓展融券范围，适当降低融券难度，以更好地发挥其对于高管的投机性减持等行为的治理作用。

劳动杠杆的定价效力：来自中国 A 股市场的证据 *

尹力博　魏　冬

在过去几十年中，我国产业具有劳动密集型的典型特征。传统产业借助于劳动力资源禀赋优势实现了有序过渡和缓慢升级，经济发展由量的积累迅速迈向质的跨越。随着人口红利逐渐消失，劳动力供需结构发生明显变化，逐渐由传统劳动密集型向技术密集型转变，加之最低工资等劳动力保护政策，劳动力成本上升将会是一种长期趋势（马双等，2012）。鉴于此，学者对劳动力成本上升带来的一系列影响展开研究。

多数文献从技术创新、要素替代、劳动生产率效应及工资黏性等不同角度分析了劳动力成本上升对企业绩效的影响。蔡昉（2010）指出，虽然中国开始进入老龄化社会，但仍可以通过制度创新等推动人力资本投入形成第二次人口红利，继续推动经济增长。柏培文和杨伊婧（2020）发现，依靠劳动力价格扭曲能够实现低资本产出与高资本回报水平共存，从而维持长期高速资本积累及优质资本流向结构。因此，对于劳动力增长应结合资本积累、技术发展和产业调整的长期趋势加以分析（郭凯明和颜色，2015）。

近年来，部分学者试图从资产定价角度来解读劳动力成本对公司股

---

* 原文刊载于《金融研究》2022 年第 2 期。

作者简介：尹力博，管理学博士，教授，中央财经大学金融学院；魏冬，博士研究生，中央财经大学经济学院。

票回报的影响(Favilukis和Lin, 2016a)。Favilukis和Lin(2016b)基于工资黏性视角探究了劳动工资、经营杠杆、营业利润和股利之间的关系。他们认为,在标准生产函数下,工资波动高于产出波动,工资对股东而言充当了一种避险工具,但在CES生产函数下,工资更像是扮演了一种类似于杠杆的角色,使公司利润和股利置于较大的风险中。Donangelo等(2019)和Donangelo(2021)基于美国市场证据发现,劳动力成本引致的风险能够显著正向影响股票收益。Belo等(2014)基于嵌有随机劳动力调整成本的投资模型发现劳动力雇佣率对股票收益率具有负向解释力。之后,Belo等(2017)在新古典增长模型中引入劳动力异质性,进一步发现劳动力雇佣率与预期收益之间的显著负向关系在依赖高技能工人的行业中表现尤为显著。

与欧美等发达经济体的劳动力市场类似,工资黏性在我国劳动力市场也显著存在(徐建炜等,2012)。多数研究从宏观角度考察了劳动力供给(汪伟,2012)、劳动力质量(钞小静和沈坤荣,2014)和人力资本(郭凯明和余靖雯,2017)等对经济发展和生产效率的影响。但关于劳动力成本与股票截面收益关系的研究却非常有限。在中国A股市场,劳动杠杆是否会对公司价值产生影响,是否能影响股票收益率,这些问题都鲜有研究涉及。当前,中国劳动力成本长期上升和工资黏性特征已为重要趋势。回答上述问题,有助于深入理解A股市场定价机制,对生产要素的合理配置、企业增长方式的转变及企业生产结构的优化升级等均具有指导意义。

鉴于此,我们结合Donangelo等(2019)的研究框架,基于Belo等(2014)的工资黏性视角,从微观层面考察了劳动力市场与股票截面收益的关系,试图探究劳动杠杆在中国A股市场的定价效力。根据Donangelo等(2019),我们构建了公司劳动杠杆,即由具有黏性的劳动力成本引起的一种特殊形式的经营杠杆,以公司劳动力成本与公司增加值的比率进

行衡量 。首先，本文进行单变量分组排序和双变量分组排序分析，以考察公司劳动杠杆是否提供有关未来股票回报的增量预测信息。其次，我们使用 Fama–Macbeth 截面回归方法在横截面上控制一些企业特征后，检验劳动杠杆对股票收益率的预测能力是否稳定持续。结果发现，劳动杠杆对截面收益率具有显著负向影响，具体表现为高劳动杠杆公司的收益率低于低劳动杠杆公司的收益率。该影响在控制了公司特征后依然显著存在。再次，我们还探讨了劳动杠杆定价效力在不同经济状态下的表现。结果发现，在不同的经济状态下，劳动杠杆的定价效力在不同经济周期下表现不同：在经济下行期，负向定价效力更为明显。最后，本文还基于生产率冲击和工资冲击角度探寻了劳动杠杆定价的作用机制，并探讨了两种作用机制相对重要性的影响因素。结果表明，劳动杠杆一方面通过生产率冲击产生显著正向影响，另一方面通过工资冲击产生显著负向影响。但后者的影响程度显著强于前者，两者的相对重要性取决于上市公司的技术水平。

本文的主要贡献在于：第一，在研究视角上，从微观视角揭示了一个来源于要素禀赋层面的定价因素——劳动杠杆。不同于美国等成熟市场，我们出于在技术和资本水平偏低的发展中国家劳动要素的相对作用更为重要这一考虑，定位于中国实际国情考察了劳动杠杆的定价效力问题，为劳动要素定价理论的国际实践提供了有力的经验证据。第二，与美国市场劳动杠杆的正向定价效力截然不同，本文发现劳动杠杆对中国 A 股市场截面收益具有显著负向定价效力，且劳动杠杆起主导作用的机制也与美国市场有较大差异，这主要是由两国上市公司的技术差异所导致。相关结果丰富了劳动杠杆的机制解释，进一步完善了劳动要素定价理论，为中国及其他发展中国家未来依靠微观企业技术水平调整经济产业结构、促进高水平经济发展提供了理论依据。第三，本文考察了不同经济周期下劳动杠杆的定价效力。相关结论有助于厘清不同时期劳动杠杆冲击来源的阶段性特征和作用机制的差异，为劳动力相关政策的制定与调整提供了经验证据。

本文具有以下研究启示：第一，由于工资冲击的对冲作用，劳动杠杆对中国A股上市公司而言体现为一种保护，且这种保护作用在经济下行期更为明显。上市公司可以通过提高服务于劳动要素的技术进步来提升劳动的相对边际产出价值，这将有助于提升劳动力需求，缓解就业压力，也有利于公司实现提供更多就业岗位的社会职能。第二，由劳动杠杆定价机制的相关结论可知，劳动杠杆折价源于生产率对收益率的促进作用与工资冲击对收益率的抑制作用。企业应尽可能地培养和提高劳动力技能来提升劳动力生产率，从而为企业生产结构转型升级提供有力支撑。第三，鉴于工资冲击和生产率冲击对股票截面收益的影响程度取决于公司技术水平，这为微观企业依靠技术水平提升调整经济产业结构、促进高水平经济发展提供了理论基础，同时为中国传统行业由劳动密集型向技术密集型过渡提供了经验证据。第四，需多关注由要素禀赋差异导致的定价差异，这将有助于理解微观市场的定价机制，为基于要素禀赋差异的投资实践提供经验依据。

南橘北枳：A股市场的经济关联与股票回报*

段丙蕾　汪荣飞　张　然

根据行为金融学的有限注意理论，个体只能对有限的信息进行有效关注（Kahneman，1973）。在复杂的股票市场上，投资者收集、处理和分析信息需要花费大量的时间与成本。这意味着在基本面上有相似性或有关联的公司会出现动量的溢出效应，即一家公司过去的股票回报可以预测与它有关联或有相似性的公司未来的股票回报。使用一系列度量公司间经济关联的指标，现有文献已经验证了美国市场上存在这种溢出效应，同行业公司（Moskowitz和Grinblatt，1999）、同地理区域公司（Parsons等，2020）、供应链关联的公司（Menzly和Ozbas，2010）、科技关联的公司（Lee等，2019）之间的股票回报均存在“领先—滞后”的关系。与美国股票市场相比，中国股票市场在发展历程、投资者构成、市场有效性等众多方面存在较大的差异。中国股票市场从1990年开始起步，市场有效性相对较低、散户较多、换手率较高，这些特征导致中国股票市场呈现出一些不同于发达国家市场的规律，从公司间经济关联的角度探究投资者对信息的反应，对理解中国股票市场的市场规律与定价机理有重要意义。然而，现有对于中国股票市场的研究主要关注个股的动量与反

* 原文刊载于《金融研究》2022年第2期。

作者简介： 段丙蕾，会计学博士研究生，北京大学光华管理学院；汪荣飞，会计学博士，中国投资有限责任公司；张然，会计学与计量经济学博士，教授，中国人民大学商学院。

转效应，鲜有研究关注各种经济关联公司间动量溢出效应。行业动量、区域动量、供应链动量及科技关联动量等现象在中国股票市场中是否存在、预测周期与频率等问题都是亟待研究的实证问题。

本文利用2008—2017年中国A股上市公司数据构建行业关联、区域关联、供应链关联、科技关联四类经济关联因子，借鉴Cohen和Frazzini（2008）的回归模型，检验经济关联因子在中国股票市场上的收益预测能力与预测周期，并进一步选取中国股票市场中体现出独特规律的科技关联因子，探究其内在机制。首先，本文发现中国股票市场中经济关联因子的预测期较短，在月度层面只有行业动量显著，其他经济关联因子均无法在月度层面对目标公司的未来回报产生显著的预测能力；在周度层面科技关联动量、区域动量及客户动量显著，但当同时控制其他经济关联因子时，科技关联因子呈现出最为显著的预测能力。其次，中国股票市场中科技关联因子呈现出比Lee等（2019）更短的预测期，本文进一步探究这一中国股票市场的独特规律。研究发现，科技关联因子能预测目标公司未来1~3周的股票收益，据此构建的多空策略能够产生周度0.16%的超额收益（年化率为8.67%），且科技关联公司本期基本面（SUE）会显著影响目标公司未来基本面（SUE），表明中国上市公司间存在科技溢出效应。机制检验发现，科技关联因子在中国股票市场预测期较短的独特规律可能来源于大量具有博彩倾向的散户，他们的追涨杀跌行为加速了科技关联信息纳入股价的过程。再次，本文还通过选取有限注意和市场摩擦的代理变量，发现科技关联动量在换手率更低、上期股票表现更差、科技关联公司数量较多、专利数量较多、传递坏消息时更强，证明了科技关联动量源自投资者的错误定价。最后，本文通过进一步检验发现，在国有企业中和2010年《全国专利事业发展战略（2011—2020）》颁布后科技关联回报预测能力更强，这表明中国创新政策的颁布显著强化了企业间由专利信息形成的关联。

本文对中国市场中的经济关联动量问题进行研究，在理论上和实践中均具有创新意义。首先，本文发现了四类经济关联动量在中国股票市场中的独特规律，在周度和月度层面上分别比较了经济关联因子的收益预测强度，补充了中国股票市场动量研究的文献，对于理解中国股票市场规律、提高信息传递效率、提升资本市场有效性具有重要意义。其次，现有文献探究了中国股票市场独特的个股动量规律，但没有探究这种特殊规律背后的机制，本文从投资者构成的角度探究中国股票市场特殊规律背后的原因，补充了中国股票市场动量规律形成机制的研究，增加了对中国股票市场规律的理解。最后，本文丰富了有限注意领域的实证研究，以往的有限注意文献主要关注了行业和个股信息的扩散，利用专利信息可以较为直接地检验信息复杂度带来股票预测力，对理解有限注意理论具有一定意义。

本文研究结果表明，中国股票市场中经济关联动量的特征存在不同于发达市场的规律，科技关联包含的信息尚未被中国资本市场投资者及时充分地理解。本文的发现对提高中国股票市场信息传递效率、提升资本市场有效性具有重要意义，有助于理解中国股票市场散户的信息传递特征和中国股票市场规律。此外，对于“大众创业、万众创新”的中国市场，本文有助于从科技关联企业间的相互作用角度理解政府创新政策对企业创新的影响。

“一带一路”倡议与公司债信用利差*

徐　思　潘昕彤　林晚发

2013—2021年，我国坚持共商共建共享原则，推动共建“一带一路”高质量发展，取得实打实、沉甸甸的成就。通过共建“一带一路”，提高了国内区域开放水平，拓展了对外开放领域，实现了同共建国家互利共赢。随着“一带一路”建设的推进，学术界对“一带一路”倡议的经济效应研究也逐渐增多。现有针对“一带一路”的文献主要从理论层面介绍“一带一路”倡议提出的理论架构、现实背景等（卢伟和李大伟，2016；Huang，2016），另有部分学者从微观经济主体如何响应“一带一路”倡议等方面进行了有益探索。梳理相关文献后，我们发现鲜有文献就“一带一路”倡议对公司债市场的影响进行具体而深入的研究。

理论上，“一带一路”倡议对公司债市场的影响可能存在收益与风险两种效应。从收益层面看，实施“一带一路”倡议有助于降低支持企业的公司债信用利差。为保障“一带一路”建设的顺利推进，相关部门通过向企业提供补助资金或税收优惠等方式，能直接降低支持企业的违约风险。与此同时，随着“一带一路”建设的深入推进，受倡议支持企业所处的营商环境将被不断改善，资源配置效率预期得到进一步提升。在强有力的政策支持下，支持企业的未来收益具有较强的可预期性，债券

* 原文刊载于《金融研究》2022年第2期。

作者简介： 徐思，会计学博士，副教授，华南师范大学经济与管理学院；潘昕彤，硕士研究生，中山大学岭南学院；林晚发，管理学博士，副教授，武汉大学经济与管理学院。

投资者面临的违约风险较低，也会选择向支持企业索取相对较低的风险补偿。此外，“一带一路”倡议在推行过程中，还能促使支持企业主动向市场披露更多信息，提升信息披露质量。受益于支持企业与外界信息不对称程度的下降，支持企业发行的公司债在二级市场上的信用利差预计也会有所降低。

从风险层面看，实施“一带一路”倡议可能会导致支持企业的公司债信用利差提高。从外部环境考虑，信用风险、法律风险、主权纷争等问题的存在都有可能使支持企业“走出去”达不到预期投资效果（李笑影和李玲芳，2018；陈胜蓝和刘晓玲，2018）。从企业内部运营考虑，我国在“一带一路”建设中仍以基础性投资为主，资金投入大且回报率偏低（徐思等，2019）。在此背景下，投资者可能会认为此类企业发行的公司债券违约风险较高，从而要求较高的风险补偿。

基于以上分析，本文将“一带一路”倡议的出台视为准自然实验，并采用双重差分法考察“一带一路”倡议对公司债二级市场信用利差的影响。研究发现：（1）“一带一路”倡议实施后，相对于非支持企业，支持企业的公司债二级市场信用利差显著下降。（2）通过考察“一带一路”倡议出台后的债券市场反应，发现在倡议实施后，相比于非支持企业，支持企业的债券累计超额收益率显著更高，说明债券市场对支持企业发行的公司债反应更为积极。（3）机制检验表明，“一带一路”倡议对公司债二级市场信用利差的降低作用主要通过资源效应和信息效应来实现。具体而言，在倡议实施后，支持企业将获得更多的政府补助和税收优惠；同时，支持企业的信息不对称程度显著更低。（4）“一带一路”倡议的影响范围主要集中在重点对接行业及重点对接省份的企业。（5）在倡议实施后，受支持企业发行的公司债，其一级市场发行利差下降幅度更大，且包含的担保条款及限制性契约条款显著更少。

与已有文献相比，本文主要贡献如下：第一，本文以“一带一路”

倡议为切入点，从公司债信用利差视角检验了倡议的有效性，这一发现丰富并拓展了“一带一路”倡议对微观企业融资行为影响后果的相关研究，同时也为“一带一路”倡议提供了来自债券层面的参考。第二，本文呼应了政策支持类相关文献，为政府如何引导企业健康发展提供了可借鉴的路径。第三，本文对债券信用利差影响因素进行了有益性探讨，一定程度上丰富了宏观经济政策与债券信用利差类相关研究。

根据上述分析和结论，相关启示如下：第一，资金融通是实现“一带一路”倡议的重要保障，为突破融资瓶颈，应主动引导各职能机构发挥多元优势，鼓励其共同参与构建多元化的投融资架构设计。除股权融资外，还应鼓励企业发行债券融资，让我国债券市场更好地满足实体经济的投融资需求。第二，推进“一带一路”建设需要建立以企业为主导，辅以政府推动的协同机制，增强政府调控与市场资源配置的双向互动。政府通过制定和出台“一带一路”相关政策规划，为支持企业提供强有力的政策性支持服务，引领和带动更多资金参与“一带一路”建设。第三，应充分考虑和重视企业的异质性特征，因地制宜制定发展战略。结合各行业、各地区的要素禀赋和比较优势，明确不同类型企业参与“一带一路”建设的功能定位和发展方向，有效发挥重点行业及重点省份企业的示范带动作用，推动形成共商共享共建、协同发展新格局。

卖空机制与食品安全*

——基于溢出效应的视角

张　璇　孙雪丽　薛　原　李春涛

“民以食为天，食以安为先。”食品安全是人民对美好生活需要的内在要求，是关系国民健康、社会和谐和稳定发展的重要基石。自 2008 年“三聚氰胺”事件以来，历经十余年治理整顿，我国食品安全形势整体呈现稳中向好的趋势。与此同时，随着食品领域新技术层出不穷，安全监管面临许多新问题和新挑战，微生物污染、重金属超标、违规使用添加剂等问题依然突出。食品是一类具有信任品属性的特殊商品，信任品内涵的信息不对称、市场失灵等一系列问题给食品安全监管带来诸多困难。

近年来，学者主要从政府监管和社会共治两个方面探讨食品市场失灵的解决方案，认为通过扩大检测覆盖面、加大处罚力度（李想和石磊，2014），融合公众和媒体力量（谢康等，2017），能够有效遏制厂商的机会主义行为。然而，在执法负荷繁重、公共执法资源稀缺的困境下，监管效率仍受到制约（谢康等，2016）；此外，媒体曝光的交易成本也降低了社会监督的效率。周开国等（2016）分析了媒体曝光给相关食品企业股价带来的负面影响，将食品安全治理的视角拓展到资本市场领域，这也启示我们研究资本市场的卖空威慑对食品安全的治理效应。本文认

* 原文刊载于《金融研究》2022 年第 3 期。
作者简介： 张璇，统计学博士，教授，中南财经政法大学统计与数学学院；孙雪丽，博士研究生，西安交通大学金禾经济研究中心；薛原，博士研究生，华中科技大学管理学院；李春涛，金融学博士，教授，河南大学经济学院。

为，对食品类上市公司的做空机制不仅有利于提升上市公司本身的食品质量，也存在空间上的溢出效应，有利于提升上市公司周边企业的食品质量。

这种溢出效应的潜在机制包括：（1）供应链的传递作用：上市公司在做空压力下，为了提升食品质量，会对上游供应商提出更高的质量标准，从而导致这些供应商的下游企业原材料质量提升；这些公司产品质量的提升也带来了下游厂商的产品质量提升。（2）做空者本身的溢出效应：做空者在挖掘上市公司负面信息的过程中，或挖掘到附近别的厂商的负面信息，从而形成威慑作用，迫使这些厂商提升产品质量。（3）技术和人才的溢出效应：上市公司采用更高的生产标准会通过技术扩散和技术人员流动溢出到附近食品企业。（4）政府为了帮助上市公司提升产品质量会积极参与创建卫生城市，从而为附近其他厂商创造了更好的生产环境。

本文采用食品类上市企业融券余额占流通市值的比例测度企业面临的做空威胁，企业所在地面临的做空威胁使用所有食品企业融券余额的加权平均，并手工收集了2015—2018年国家食品药品监督管理总局的食品抽检信息，构造了企业或地级市的年度食品抽检合格率，作为食品安全的测度指标。在控制了一系列企业因素的基础上，本文首先发现做空对上市食品企业的食品质量有一定的提升作用。本文进一步用地区年度食品抽检合格率作为被解释变量，用地区卖空强度作为解释变量，在控制了一系列地区差异性因素的基础上，发现对上市食品企业的做空机制能够显著提升其所在地食品的整体合格率。

本文对以上结果进行了一系列的稳健性检验。首先，考虑到食品上市企业往往是当地的龙头企业，某地食品质量的提升可能仅来自食品上市企业的作用而非溢出效应，本文将样本限定在有食品类上市企业的地区，进一步比较有卖空机制和没有卖空机制对食品质量的差异，结果显示，相对于仅有食品类上市公司的地区，有卖空约束的地区，其食品抽检合格率显著提升。其次，本文将面临卖空威慑的食品企业及所有上市食品企业的样本从抽检信息中剔除，仅仅利用非上市食品企业的抽检信息构造地区食品合格率指标，发现卖空威慑依然与地区食品合格率显著相关。最后，本文将样本限定在有食品企业且该企业未在外地设置分厂的地区，发现异地设厂未对卖空威慑的治理效应产生较大的干扰。本文还采用工具变量及倾向得分匹配等方法进行了内生性分析，验证了结果的稳健性。

本文进一步对卖空威慑作用的部分溢出机制进行了检验。首先，通过供应链传导的溢出效应上，我们发现在供应链越集中的地区，卖空机制对食品质量的改善作用越明显，而在供应链分散的地区，这一溢出作用显著性降低。其次，食品企业产品质量的改善对同类别食品的影响要比对其他类别食品的影响更大，按食品类别划分的实证结果显示，对酒类食品和肉类食品卖空威慑显著改善了地区同类食品的抽检质量，奶制品企业受到的卖空威慑对奶制品质量也存在正向联系。最后，实证结果发现食品企业卖空威慑与当地食品安全受到的关注度显著正相关，说明面临做空威慑的食品企业会吸引更多做空者和媒体的关注，一定程度的监督抑制了厂商的机会主义行为。

总体来说，本文得到两个相关的结论：一是卖空抑制了食品生产企业的机会主义行为，提升了自身及所在地整体的食品生产质量。二是食品企业做空威慑对当地其他食品企业的影响渠道主要是供应链协同、同群效应和信息不对称的改善，进而食品企业受到卖空威慑对当地整体食品质量的改善产生了溢出效应。卖空的威慑效应产生了一种倒逼企业主动加强食品安全管理的机制，为食品安全监管提供一种资本市场的解决方案。

本文的结论为我国食品安全监管工作及融资融券制度的完善提供了

如下的政策启示：首先，适时合理地将部分食品、药品等信息不对称且具有信任品特征的生产企业纳入卖空标的，发挥做空者的信息收集能力，有效抑制厂商的机会主义动机，扩大社会共治的范围。其次，适时合理地放宽对融券的限制，扩大融券标的，增加对厂商不良行为的惩罚力度。最后，促进并完善外部制度环境的建设，特别是法治环境，为食品安全监管的社会、媒体和市场共治保驾护航。

金融中介机构竞争的市场反应*

——来自信用评级机构的证据

林晚发　钟辉勇　赵仲匡　宋　敏

信用评级机构的权威性是债券市场正常发展的重要基础，也是投资者识别和规避风险并实施与其风险偏好相匹配投资组合的必要条件（吴晓求等，2018）。从20世纪80年代开始，按照党中央和国务院决策部署，在人民银行、证监会和发展改革委等监管部门的共同推动下，国内信用评级行业建立并迅速发展起来，有力促进了债券市场发展，国内债券市场也发展成为全球第二大的债券市场。在新发展阶段，为进一步促进债券市场信用评级行业的规范发展，提升我国信用评级质量和竞争力，推动信用评级行业更好服务于债券市场健康发展的大局，人民银行、发展改革委、财政部、银保监会和证监会等监管部门在2021年8月发布《关于促进债券市场信用评级行业健康发展的通知》，在提升信用评级机构的评级质量和区分度、坚守评级独立性、强化市场约束机制、优化评级生态及严格对信用评级机构监督管理等方面都提出了更为明确的要求。

近年来，国内债券市场违约债券的规模和数量有所增加，但相应地，国内信用评级机构的评级结果调整却很缓慢，未能对企业违约风险

* 原文刊载于《金融研究》2022年第4期。

作者简介：林晚发，管理学博士，副教授，武汉大学经济与管理学院；钟辉勇，经济学博士，副教授，上海对外经贸大学金融学院；赵仲匡，经济学博士，特聘副研究员，武汉大学经济与管理学院；宋敏，经济学博士，教授，武汉大学经济与管理学院。

变化作出及时应对，少部分评级机构甚至出现给予较高信用评级误导市场投资者决策的现象。在此背景下，如何进一步提高国内信用评级机构评级结果的独立性和真实性，并同时提高评级质量和评级机构的国际认可度，成为维护国内债券市场健康良好发展亟须解决的问题。

截至2021年7月，国内债券市场共有14家获得监管部门评级资质认证的评级机构，包括投资者付费评级机构（4家）与发行人付费评级机构（10家）。评级机构之间为获得更多评级业务展开激烈竞争。自2017年以来，人民银行与证监会等多个部门也逐步推进信用评级行业的对外开放，允许境外评级机构申请开展境内相关评级业务。这也意味着，随着未来外资评级机构的全方位进入国内市场，国内评级行业的竞争将会更加激烈，这会对国内评级行业带来何种影响值得研究。

在理论上，金融中介机构的竞争加剧有助于提高中介机构的内部管理效率与声誉关注，降低金融中介机构的道德风险行为。对银行业的相关经验研究表明，银行业的充分竞争会降低银行的道德风险行为与风险承担水平，继而提高银行的信贷质量与效率。信用评级机构作为债券市场上最重要的中介机构，评级机构的竞争加剧对评级结果是否也会存在积极的影响？一方面，在声誉机制下，评级机构竞争的加剧能够提高评级机构的声誉关注，改进内部控制质量，降低道德风险行为，从而提高评级质量；另一方面，与银行业竞争模式不同的是，在“发行人付费”模式占据主导地位的评级行业中，评级机构的收入主要来自发行人，评级机构因此存在迎合发行人的动机，可能会根据发行人需要调整评级。当评级机构的竞争加剧时，这就会进一步导致评级机构为了争夺客户而给出更高的评级，从而降低评级质量，增加债券市场的隐含风险。

我们利用2012—2017年交易所债券市场的公司债发行数据，结合评级行业的一个特殊制度背景——一家新的信用评级机构D评级机构成立——所带来的评级机构竞争加剧这一外生事件，研究评级机构竞争对信用评级结果和质量的影响。实证结果表明：第一，在以“发行人付费”模式为主的评级市场中，竞争加剧将会导致评级机构给出的信用评级结果提高，同时信用评级对债券信用利差的影响和对企业未来违约的预测能力都在下降。这说明评级机构竞争加剧的确会提高信用评级和降低信用评级的质量。第二，“发行人付费”模式的评级机构竞争提高信用评级结果的影响在评级机构与发行人利益冲突越严重的企业中越大。这说明，在评级机构声誉机制不健全的市场环境中，“发行人付费”模式的评级机构会给有较多业务往来的发行人进一步放松评级标准，给予这些企业更高的信用评级。第三，异质性分析发现，外资参股评级机构、高声誉承销商及媒体关注，有助于有效降低评级市场竞争对评级结果的负面影响。第四，进一步研究发现，评级竞争的加剧还导致股票市场信息效率下降，具体表现为提高了股票错误定价程度、股价同步性与分析师预测偏误。

本文的研究贡献主要体现在以下三个方面：第一，利用债券市场的数据研究评级机构竞争的经济后果，发现“发行人付费”模式下的评级机构竞争加剧会导致评级结果膨胀和评级质量下降。这说明金融中介机构竞争也会带来负面影响，进而从债券市场的角度丰富了金融中介机构竞争研究的文献。第二，在进一步考虑内生性问题的基础上丰富了评级机构竞争的相关研究。本文还进一步讨论了如何应对评级机构竞争所带来的负面影响，这也为如何减少评级机构竞争的负面影响提供了直接的研究证据。第三，针对债券市场竞争导致信用评级质量下降这一外生冲击，本文研究了其对股票市场的经济后果，弥补了目前评级竞争文献对金融市场溢出影响研究的不足。

本文的政策含义如下：首先，本文结论提示，“发行人付费”模式下评级机构的过度竞争可能损害资本市场信息效率，可对国内“发行人付费”模式的评级机构数量适度控制，以减少评级竞争带来的不利影响。同时，可进一步发挥债券市场上双评级、多评级及不同模式评级的交叉验证作用，以此来提高信用评级行业的评级质量。其次，本文研究结论发现面临评级竞争时，外资参股评级机构能够降低评级竞争所带来的负面效应。这意味着加快评级行业对外开放能够帮助改善国内评级质量，进而促进债券市场的健康发展。最后，为了避免评级市场过度竞争带来的负面影响，一方面，可通过相关中介机构监督来约束评级机构不负责任的评级行为，比如通过承销商评级分类监管的方式来压实承销商责任，以此提高承销商监督评级机构的动力，进而提高评级质量。另一方面，也可完善债券市场的外部监督机制，尤其是加强媒体对评级机构行为的舆论监督，以此提高评级机构独立性。

消费者投诉冲击与保险公司业绩 *

卓 志 张晓涵

保险消费者权益保护是保险监管的目标之一，也是保险市场健康发展与成熟的标志。近年来，保险销售误导、理赔难等问题尚未得到根本解决，侵害保险消费者权益问题始终存在，一定程度上限制了保险行业的健康发展。随着中国经济由高速增长转向高质量发展，保险业实现高质量发展必然成为时代主题，而保险业高质量发展的标志之一就是保险消费者权益不断得到保障。

2012年，中国保险监督管理委员会面向全国开通了“12378”首条保险消费者投诉维权热线，并成为近年来保险消费者投诉维权的主要渠道。从保险消费者角度看，保险消费者投诉热线的开通拓宽了消费者维护自身权益的渠道，增强了其维权意识；就保险监管而言，消费者权益保护是保险监管的重要目标之一，消费者投诉热线的开通既是维护消费者权益的重要手段，又是规范保险公司侵权行为进而改善保险业发展环境的重要举措。监管部门可通过分析保险消费者投诉情况，核实侵害消费者权益行为，并对保险公司实施点名批评、处以罚款、暂停业务等监管措施，对维护消费者权益和保险市场健康发展具有十分积极的作用。作为外部监管方式，保险消费者投诉热线开通如何作用于保险公司，是否影响了保险公司业绩，能否引起保险公司对消费者权益保护的重视？

---

* 原文刊载于《金融研究》2022年第4期。

作者简介： 卓志，经济学博士后，教授，西南财经大学；张晓涵，经济学博士，讲师，西南财经大学金融学院。

进而促使保险公司重视消费者权益保护，促进保险市场健康稳定发展。以往消费者权益研究主要集中在保险消费者权益制度和法律制度方面，对上述问题，目前还鲜有研究。因此，本文研究对丰富完善消费者权益和公司治理理论，以及规范保险消费者权益保护和市场健康发展等具有参考意义。

本文主要贡献如下：第一，从新的视角研究保险消费者权益与公司业绩的关系，国外已有文献证明金融市场（如抵押贷款市场）的投诉行为有助于消费者权益保护，但国内对于保险消费者投诉与权益保护之间的关系研究尚缺少规范的实证分析。第二，已有研究多注重保险消费者权益保护的理论分析与制度分析，对理论机制的实证分析相对较少，本文从实证角度给出保险消费者投诉与保险公司业绩之间关系的证据。第三，本文通过分析保险消费者投诉热线开通这一外部监管冲击对保险公司业绩的影响，丰富了保险公司外部治理的相关研究。

为检验保险消费者投诉对保险公司业绩的影响及影响机制，本文以2012年保险消费者投诉热线开通为准自然实验，以2011年上半年保监会信访投诉统计中亿元保费投诉量为分组依据，以保险业务收入、保险业务收入占比及资产收益率作为衡量保险公司业绩的主要变量，采用双重差分模型检验消费者投诉冲击的影响。

结果表明：（1）保险消费者投诉热线的开通，降低了消费者权益保护工作较差的保险公司业务收入与保险业务收入占比，这一结果在控制公司特征变量、时间固定效应与个体固定效应后依然成立；降低了保险公司的总资产收益率，在控制公司特征变量、时间固定效应与个体固定效应之后结果依然成立。（2）保险消费者投诉热线开通使消费者权益保护工作较差公司的保险业务收入降低的平均处理效应为0.356，降低了样本均值的4.49%；投诉热线开通使得投诉量多的保险公司保费收入市场占比显著降低0.5%，资产收益率显著降低1.3%。

作为外部监管冲击，投诉热线开通降低了消费者权益保护工作较差的保险公司保险业务收入、市场占有率及资产收益率，降低了消费者权益保护工作较差的保险公司业绩，为保险公司的侵权行为敲响了警钟。进一步分析表明，高佣金激励下的保险公司，更加难以兼顾消费者权益保护与业绩增长，消费者投诉热线开通对服务质量较差的保险公司业绩带来的负向影响更为显著。佣金激励是保险公司业务扩张的重要手段，但在保险监管态势趋严、保险消费者权益保护趋紧的今天，高佣金激励已不能成为提高保险公司业绩的有效措施。保险公司在追求公司业绩的同时，也需考虑过高佣金激励助推的消费者权益侵害行为，不利于公司长远健康发展。此外，相比于人身保险公司，保险消费者投诉对消费者权益保护工作偏差的财产保险公司冲击更严重，可能是由于大部分财产保险业务周期较短，保险消费者在下一个保险周期内对保险公司具有更加自由的重新选择权。

基于上述研究发现与结论，本文启示如下：第一，监管机构应积极探索保险监管的新方式并适时调整保险消费者保护措施，及时根据消费者投诉问题作出风险提醒；加强保险知识普及和消费者权益保护教育，引导保险公司将消费者权益保护纳入公司治理体系，做保险消费者权益保护的指引者。第二，保险公司应切实改善内部治理结构，加强消费者权益保护的制度机制建设，设计合理的薪酬体系和佣金激励制度；完善针对消费者投诉的解决方式，对消费者投诉的重点问题及时作出整改措施，不断提升保险服务质量。第三，保险消费者应掌握更多风险管理与保险知识，拒绝非理性保险消费，充分认识保险的保障功能，合理利用保险消费者保护手段维护自身权益，不断成为保险市场中更加理性和成熟的中坚力量。

模糊厌恶下股指期货风险对冲策略设计及实证分析 *

张金清　尹亦闻

为持续维护资本市场稳定，满足投资者风险对冲需求，需充分发挥股指期货、期权产品功能。随着股指期货管控的逐步松绑，进行股指期货对冲的指数基金逐渐增加，有必要对适合 A 股市场指数基金特点的股指期货风险对冲策略进行研究。已有文献中，对冲策略的典型研究均考虑一种或多种市场不完美条件，如基差风险、股票现货与期货交易的流动性成本等。模糊厌恶作为一种市场不完美条件，在非对冲投资策略研究中受到广泛关注，如 Glasserman 和 Xu（2013）、Zhang 等（2017）指出，考虑模糊厌恶可在提升投资绩效的同时降低交易成本，但股指期货相关对冲策略研究较少。本文将交易成本和模糊厌恶假设同时引入 Garleanu-Pederson 动态投资框架，构建了一个指数基金股指期货动态对冲的理论模型，然后采用中国 ETF 投资组合和股指期货数据对其绩效优势与特征进行了实证检验。

本文的主要贡献如下：第一，将模糊厌恶引入指数基金的股指期货对冲策略，并在考虑股指期货管控措施的条件下，检验了 ETF 收益率、收益率因子与本文构建的基差独立扰动项三者的模糊厌恶对证券最优持

* 原文刊载于《金融研究》2022 年第 5 期。

作者简介：张金清，金融数学博士，教授，复旦大学经济学院；尹亦闻，经济学博士后，复旦大学经济学院。

仓的影响机制。第二，区分了股指期货与ETF交易成本的差异，并在Garleanu- Pederson框架下同时考虑交易成本与投资者模糊厌恶，指出模糊厌恶减少错误投资决策带来的交易成本，从而提高投资绩效，股指期货管控会削弱这一作用。第三，从股指期货基差中分离出独立于ETF收益率的扰动项，从而进一步区分该扰动项与ETF收益率的模糊厌恶。本文发现基差独立扰动项模糊厌恶增大时，投资者的ETF持仓增大，股指期货持仓减小，从而合理估计该模糊厌恶系数可使投资者避免过高的股指期货对冲头寸，减少参数估计偏差带来的不利影响。

为说明指数基金采用对冲策略对绩效的提升作用，本文以华夏沪深300 ETF基金为案例进行讨论。就该基金2013年至2021年第2季度的股指期货使用与效果情况看，采用股指期货对冲策略在提升收入水平的同时降低了收入波动，为本文指数基金股指期货对冲策略构建提供了佐证。

基于文献与案例分析，本文首先在Garleanu–Pederson框架下构建模型，明确对ETF组合投资过程中市场风险最优动态对冲问题的数量形式，即在最坏情况下的无穷期投资效用最优化决策。在这一步中，股指期货与股指组合现货的交易成本独立设定，股指收益率与基差收益率的模糊厌恶各自独立设定。其次，求解ETF组合动态投资的最优调仓和股指期货的最优对冲策略，并推理提出，在ETF组合投资策略中引入股指期货进行对冲可提升投资绩效。最后，分析动态对冲过程中ETF与股指期货最优交易额的特征与对绩效的影响，并与非对冲策略进行比较，提出关于对冲策略提升绩效机制的两方面推理：一是对冲策略中的ETF组合调仓占目标交易额的比例较非对冲策略更小，且当股指期货交易成本及基差独立扰动项模糊厌恶减小时这一比例会进一步下降；二是引入股指期货对冲策略的ETF较非对冲策略的目标交易额对期望收益率敏感性更大，当股指期货交易成本及基差独立扰动项模糊厌恶减小时敏感性会进一步上升。

在参数估计部分，本文首先选取A股市场2010年4月至2021年6月的ETF投资组合及股指期货历史数据，以2015年9月为分界线，将全部样本划分为两段，分别称为管控前区间与管控后区间，估计模型的三类参数：一是ETF与股指期货的交易成本，估计管控前ETF的调仓成本平均为股指期货的321.60倍，管控后这一比值下降为38.68倍，在数量级上与已有文献相比具有合理性。二是ETF与股指期货的收益率因子模型参数，为处理扰动项异方差与同期相关性造成的影响，本文采用可行广义最小二乘法对因子载荷矩阵进行估计。三是投资者对ETF收益率、股指期货基差的独立扰动项、收益率预测因子三者的模糊厌恶参数，结果表明，对于本文设定的动量因子模型而言，2015年9月前的预测可靠性远小于该月之后的预测可靠性。

基于参数估计结果，本文对模糊厌恶下ETF组合的股指期货最优动态对冲策略进行绩效分析，并检验基于模型推理提出的假说：一是在股指期货管控前与管控后区间，以累计收益率与Sharpe比率作为评价指标的比较分析表明，对冲策略较非对冲策略的绩效有显著提升。二是在不同的交易成本与模糊厌恶参数下，分析对冲策略实施过程中ETF与股指期货的实际持仓及目标持仓，其特征表明，无论在股指期货管控前与管控后区间，一方面，对冲策略中ETF组合调仓占目标交易额的比例均小于非对冲策略，体现了股指期货对ETF调仓的替代作用。另一方面，对冲策略中沪深300ETF目标交易额因子敏感性均显著大于非对冲策略中该因子的敏感性，体现出股指期货对冲策略的灵活性。本文的稳健性检验包括剔除高波动率区间样本以检验时间区间选择的稳健性，采用上证50、中证500及混合组合检验样本证券选择的稳健性，结果在各类检验中没有本质变化。

本文得到如下结论：一是若模糊厌恶与交易成本参数的估计是合理

的，对冲策略相比于非对冲策略对扣除交易成本前后的投资绩效均有显著提升，但股指期货管控措施会削弱该作用。二是对投资期实际持仓和目标持仓的分析表明，交易成本的下降与目标头寸调整的灵活性是投资绩效改善的主要来源：前者来自在目标成交额一定时，更为谨慎的实际交易额；后者则源于目标成交额对市场收益率预测因子变动的更高敏感性，两者均受到股指期货管控措施的约束。三是相比于 Garleanu 和 Pederson（2013）、Zhang 等（2017），本策略不仅具备上述文献策略"抗跌"的优点，还增强了"易涨"的特性，这与交易成本和模糊厌恶的特殊设定有关；本策略将上述文献中由单一市场扩展到基金与期货的跨市场交易，适用性也更强。

为促进资本市场持续稳定与高质量发展，基于本文的研究结论可提出以下建议：第一，由于采用股指期货进行风险对冲能够显著提高对应 ETF 组合的投资绩效，投资者可在市场上获得更充分、更适用的风险对冲工具，扩大投资的有效前沿，不断丰富股指期货、股指期权产品谱系，该种对冲应成为下一步资本市场发展的重点。第二，尽管采用股指期货实施 ETF 的风险对冲策略相对于非对冲策略投资绩效更好，但股指期货交易限制会削弱上述作用，若考虑严格的日内开仓限制甚至会导致难以进行对冲。所以应降低交易成本与套利约束，以进一步提高基金等机构投资者运用衍生品进行风险管理创造价值的能力。

05 国际经济与贸易

估算中国的 IFDI 和 OFDI*

——来自“避税天堂”与返程投资的证据

肖立晟　徐子桐　范小云

目前，不同数据集在我国外商直接投资（FDI）和对外直接投资（ODI）统计头寸上存在差异，主要原因是当前的统计原则主要基于“居住地”视角而非实际资金流向的“最终投资”视角，导致统计结果存在扭曲。从“最终投资”视角重新估算表明：我国存在大量返程投资，导致 FDI 头寸可能至少被高估了 30% 以上；剔除返程投资后，我国 FDI 主要来源国为美国、日本、韩国、德国等全球产业链和价值链核心国家。我国 ODI 方面则存在借道“避税天堂”进行返程投资或向境外转移资产的现象，其中最终投向英属维尔京群岛的 ODI 存量约占 1/4。建议进一步加强对返程投资、VIE 架构境外上市企业及 ODI 投向的合理监管和引导。

一、不同统计视角下 FDI 和 ODI 存量差异较大

近年来，我国直接投资规模增长迅速，结构上呈现两个特点。一是 FDI 和 ODI 头寸有超过 70% 来自或流向我国香港地区及开曼群岛和维尔京群岛等“避税天堂”。通常认为，这些离岸金融中心在直接投资中更多是充当桥梁作用，实际资金来源地及投资地往往是其他具有实体业务的

* 原文刊载于《金融研究》2022 年第 2 期。

作者简介：肖立晟，经济学博士，副研究员，中国社会科学院世界经济与政治研究所全球宏观经济研究室主任；徐子桐，博士研究生，南开大学金融学院；范小云，经济学博士，教授，南开大学金融学院常务副院长。

国家或地区。二是来自离岸金融中心的直接投资资金，除来源于欧美日韩等发达经济体外，还有一部分为来自我国的“返程投资”。企业采用这种方式，不仅出于减轻税负、享受优惠的考虑，还能在离岸金融中心设立特殊目的公司（SPE），便于海外上市。当前，我国境外上市的返程投资以互联网行业的民营企业为主，通常通过搭建可变利益实体（VIE）架构进行。

上述两个投资结构特征引发两个问题。一是当前统计原则主要基于“居住地”视角而非实际资金流向的“最终投资”视角。虽然前者便于经济体统计直接跨境往来，已作为国际惯例沿用多年，但随着离岸金融中心在海外投资中的作用日益突出，这一统计视角可能无法准确反映投资的真实流向。二是通过离岸金融中心的直接投资，往往是企业逃避税收、谋求境外融资甚至向海外转移资产的一种手段，容易造成国家税收流失、国内资本外逃等问题。离岸资产积累往往代表财富的扩张和转移，也是财富不平等问题的一大表现。同时，这些与离岸市场相关的直接投资会对经常账户统计造成扭曲。

囿于统计口径局限，目前尚无基于“最终投资”视角的统计数据。总体来看，目前公布我国FDI和ODI数据的国内外统计机构包括我国商务部、外汇局及国际货币组织（IMF）、经合组织（OECD）、联合国贸发会议（UNCTAD）。部分智库如美国企业研究所（AEI）公布我国与其他国家或地区的ODI数据，但通常为我国对特定国家或地区的外国直接投资数据。

上述数据集在统计原则（资产/负债原则及方向原则）、数据形态（流量及存量，双边及总量）、时间长度等方面存在差异，导致我国FDI、ODI两项指标虽然总体上均呈稳步上升态势，但在不同数据集中差异较大。2018年，FDI存量规模最大的统计头寸是外汇局统计的国际投资数据及其向IMF报送的CDIS数据，约为2.8万亿美元；最小的统计头寸是

UNCTAD 及 CDIS 公布的镜像数据[①]，约为 1.5 万亿美元（见图 1）。ODI 存量规模在 UNCTAD、CDIS 及我国商务部数据中表现一致，但以镜像方式或累计流量统计的数据则仅为其他数据的 1/3 左右（见图 2）。

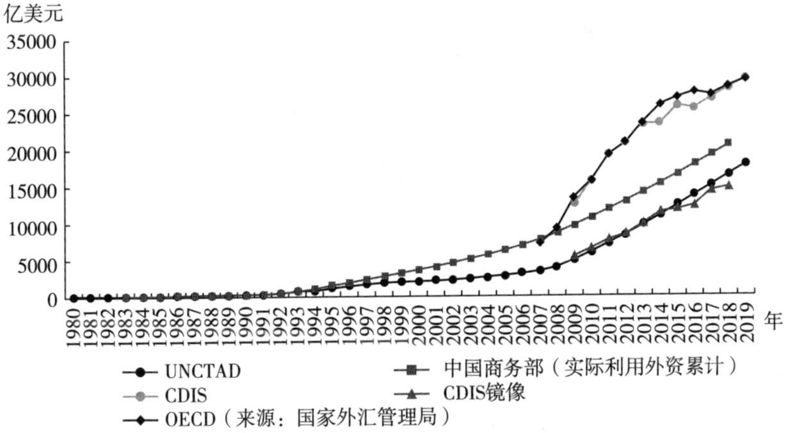

图 1　我国 FDI 数据比较

（资料来源：根据相关资料整理）

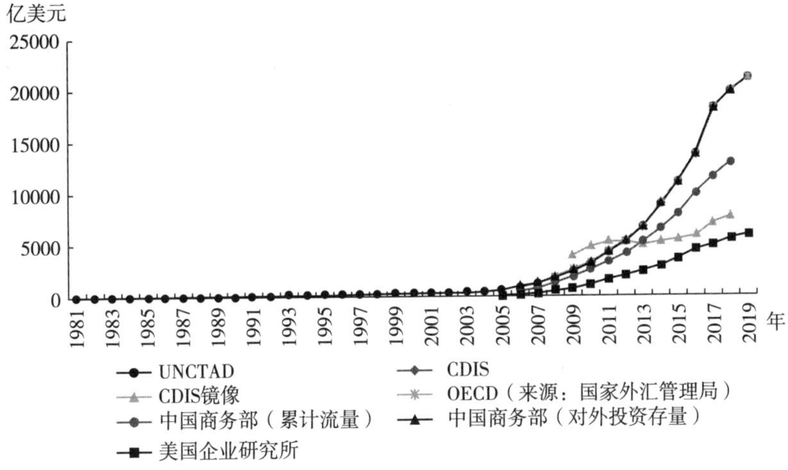

图 2　我国 ODI 数据比较

（资料来源：根据相关资料整理）

① 镜像数据以交易对手方为主体进行汇总计算。例如，我国 ODI 镜像数据是交易对手方对我国的 FDI 之和。对手方在 FDI 统计中指的是我国吸收 FDI 的来源地，在 ODI 统计中指的是我国 ODI 的投向地。

二、现有统计制度下我国FDI被明显高估

与目前数据集均以“居住地”视角进行统计相比，我们以CDIS数据集公布的2018年我国官方FDI存量（2.8万亿美元）为基础，引入Orbis微观企业数据库作为补充，对直接投资按避税目的和VIE架构境外上市目的进行区分，从“最终投资”视角重新估算我国FDI和ODI存量。调整原则是保持FDI和ODI总量不变，只是在不同国家或地区之间的分配有所不同。

（一）现有统计制度下，我国FDI头寸至少被高估30%

考虑避税目的后，我们估算的返程投资约为0.9万亿美元，占官方FDI存量的32%。进一步考虑VIE架构境外上市目的后，返程投资约为1万亿美元，占官方FDI存量的比重上升至37%。在1万亿美元返程投资中，VIE架构境外上市企业贡献了1677亿美元[①]，占返程投资总规模的16%。

从FDI中剔除估算的返程投资后，我国FDI存量约为1.8万亿美元。这表明，在现有统计制度下我国FDI头寸可能至少被高估了30%以上。相比之下，其他主要经济体并不存在明显的返程投资现象。

考虑上述两种目的后，来自离岸金融中心的FDI调减约1.1万亿美元，其中超过80%（0.9/1.1）是出于避税目的进行的返程投资。调减后，我国FDI的前20大对手方中，来自离岸金融中心的比重由70%大幅下降至27%。

（二）调整后，美国、日本、韩国、德国等全球产业链和价值链核心国家成为我国FDI的主要来源国

由于调整前后FDI总量不变，若从官方数据中调减来自离岸金融

① 考虑避税目的和VIE架构境外上市目的后的返程投资10326.04亿美元减去只考虑避税目的后的返程投资9023.24亿美元，再加上按比例估算的避税目的的返程投资中境外上市企业部分（374.31亿美元），可获得VIE架构境外上市企业贡献的部分1677.11亿美元。

中心的FDI，来自其他经济体的FDI会调增。如表1所示，来自我国香港地区、英属维尔京群岛、开曼群岛、新加坡的FDI在调整后均有所下降，而调整后上升较大的有美国、日本、韩国、德国等全球制造业强国，这些国家在全球产业链和价值链中处于核心地位，与当前全球产业链和价值链的格局相一致。

表1　估算前后2018年我国FDI存量（对手方，单位：亿美元）①

序号	对手方	居住地视角的FDI存量（官方数据）	考虑避税目的后的最终投资地FDI存量	排序	考虑境外上市后的最终投资地FDI存量	排序
返程投资	中国大陆	—	9023.2	—	10326.0	—
1	中国香港	13783.8	5560.4	1	4900.3	1
2	英属维尔京群岛	3025.5	1094.3	5	994.9	5
3	未分类地区	2313.8	2473.0	2	2473.0	2
4	日本	1668.2	2040.8	3	2040.8	3
5	新加坡	1150.4	844.0	7	756.1	8
6	德国	783.9	836.2	8	836.2	7
7	韩国	765.9	880.1	6	880.1	6
8	美国	740.0	1253.0	4	1253.0	4
9	开曼群岛	614.1	625.5	10	181.3	15
10	荷兰	346.9	140.4	16	140.4	16
11	中国台湾	328.1	680.6	9	680.6	9
12	毛里求斯	307.3	226.7	14	226.7	13
13	萨摩亚	297.6	254.9	12	254.9	14
14	法国	262.4	297.8	11	297.8	15
15	英国	228.4	225.3	15	225.3	16
16	瑞士	144.6	112.1	18	112.1	17

① 表中离岸金融中心包括中国香港、中国澳门、开曼群岛、英属维尔京群岛、新加坡、荷兰、萨摩亚、瑞士、毛里求斯和百慕大。

续表

序号	对手方	居住地视角的FDI存量（官方数据）	考虑避税目的后的最终投资地FDI存量	排序	考虑境外上市后的最终投资地FDI存量	排序
17	百慕大	107.7	102.7	19	91.4	18
18	加拿大	100.1	117.3	17	117.3	19
19	瑞典	95.9	88.3	23	88.3	20
20	中国澳门	89.6	95.7	21	95.7	21
中国大陆FDI头寸		28140.6				

资料来源：作者测算。

三、调整后，最终投向英属维尔京群岛的ODI头寸上升

外汇局、商务部公布的我国ODI存量数据约为2万亿美元。以其他国家或地区吸收来自我国的FDI为基础统计的我国ODI头寸约为1.2万亿美元①，以此为基础调整后的ODI存量约为1.4万亿美元，较调整前提高了17%。前20大对手方中，离岸金融中心的ODI占比由调整前的80%大幅下降至55%，但最终投向英属维尔京群岛的ODI头寸不降反升，约占前20大对手方的1/4，主要因为该地是自然人股东以离岸公司或离岸信托形式留存资本的最主要地区。

表2　估算前后2018年我国ODI存量（对手方，单位：亿美元）

序号	对手方	居住地视角的ODI存量（官方数据）	其他国家吸收来自中国的FDI存量	排序	调整后ODI最终存量	排序
1	中国香港	11003.9	4665.3	2	3279.7	2
2	开曼群岛	2592.2	2372.6	10	211.0	10
3	英属维尔京群岛	1305.0	1196.6	1	3553.9	1

①各国或地区对吸收和使用FDI的统计相对ODI而言更为谨慎、数据质量更高，因此从FDI的角度进行测算。

续表

序号	对手方	居住地视角的ODI存量（官方数据）	其他国家吸收来自中国的FDI存量	排序	调整后ODI最终存量	排序
4	美国	755.1	394.7	4	607.8	4
5	新加坡	500.9	485.9	6	295.6	6
6	澳大利亚	383.8	283.1	3	819.8	3
7	英国	198.8	45.8	20	141.8	20
8	荷兰	194.3	289.5	29	74.0	29
9	卢森堡	153.9	71.1	73	11.3	73
10	俄罗斯联邦	142.1	26.6	23	116.3	23
11	德国	136.9	27.8	31	80.7	28
12	印度尼西亚	128.1	62.0	19	237.4	8
13	加拿大	125.2	124.3	8	346.4	5
14	中国澳门	88.7	62.4	18	161.6	15
15	马来西亚	83.9	41.2	27	152.2	17
16	百慕大群岛	83.2	83.1	10	174.6	13
17	老挝	83.1	55.6	20	66.5	31
18	哈萨克斯坦	73.4	82.7	11	203.9	11
19	瑞典	69.0	84.2	9	84.3	27
20	韩国	67.1	81.5	12	271.0	7
中国大陆ODI头寸		19822.7	11717.4	—	14066.0	—

资料来源：作者测算。

四、政策建议

上述结论印证了我国部分企业出于避税、寻租、境外融资等目的，存在借道“避税天堂”进行返程投资或向境外转移资产的现象。结合研究发现，相关政策启示如下：

第一，加强对返程投资的合理监管和引导。现阶段，我国未单独统计并公开返程投资规模。我们发现，现有的FDI存量中返程投资占比接近40%，且主要通过离岸金融中心作为中转，容易成为企业进行短期资本跨境套利的“外衣”。因此，应进一步规范涉外企业返程投资的申报和监管，合理引导返程投资企业的跨境资金运作。

第二，加强对境外上市企业的合理监管。我们估算的VIE架构境外上市企业的返程投资占总返程投资的比重约为16%，这部分企业大多通过境外上市实现快速造富，利用境内外税收差异重新分配税基，一定程度上加剧了财富不平等问题。2021年7月，二十国集团（G20）财长和央行行长会议达成协议，将大型跨国企业部分征税权从企业注册地重新分配至企业经营与盈利地。我国有必要在此基础上，完善子公司层面的涉外企业登记制度，加强该类境外上市企业跨境资本的转移路径追踪和高净值人群离岸信托业务监管，避免本国资产大规模顺周期外流。

第三，加强对我国企业ODI投向的合理引导。研究表明，估算后我国最终投向英属维尔京群岛的ODI头寸不降反升，且规模最大。该地是高净值自然人股东以离岸公司或离岸信托形式留存资本的最主要地区，具有明显的资本属性。因此，应积极引导我国ODI企业投向实体经济领域，避免对外直接投资“脱实向虚”。

贸易成本与中国制造 *

郭凯明　陈　昊　颜　色

制造业是立国之本、强国之基，是大国经济的压舱石，更高水平、更有竞争力的制造业是高质量发展的基础。中国正在经历经济发展模式的深刻转变，建设社会主义现代化强国、发展壮大实体经济，都离不开制造业。促进制造业高质量发展已经成为中央推动中国经济高质量发展的重中之重。改革开放后中国快速发展的制造业得益于对外开放不断扩大。尽管当今国际环境不稳定性不确定性明显增加，经济全球化遭遇逆流，但从长远看，经济全球化仍是历史潮流，各国分工合作、互利共赢是长期趋势。中国仍会继续稳步提高对外开放水平，推动建设开放型世界经济，推动构建人类命运共同体。高水平对外开放会对中国制造业发展和全球福利水平产生什么影响，如何依靠改革开放继续推动产业结构转型升级，是新发展阶段贯彻新发展理念、构建新发展格局与推动制造业高质量发展的重要课题。

本文结合理论模型和定量分析，从宏观层面上研究了贸易成本对中国制造发展和全球福利提升的影响，为回答这一问题提供了理论参考和经验证据。本文拓展了从宏观层面量化国际贸易影响结构转型的研究领域。尽管大量文献利用微观数据或产业数据实证研究了贸易对中国制造业就业、工资和生产率的影响，但是，这些研究并没有专门在宏观层面

* 原文刊载于《金融研究》2022 年第 3 期。
作者简介：郭凯明，经济学博士，副教授，中山大学岭南学院；陈昊，博士研究生，北京大学光华管理学院；颜色，经济学博士，副教授，北京大学光华管理学院。

量化贸易成本对中国制造业整体产出和比重变化的长期影响。最近一段时间，在结构转型研究领域形成了较为规范的研究范式，在此基础上一些研究开始重视国际贸易对结构转型的影响。但是，这些研究没有在一个结合中国经济重要特征的理论框架下直接定量分析贸易成本的影响，本文从宏观层面直接量化分析了贸易成本对中国制造比重和外国福利的影响，为此提供了新的定量结论。

本文建立了一个具有完整投入产出结构、内生消费与投资结构、内生国际贸易份额的两国多部门结构转型模型，其中结合了中国宏观经济三个重要特征。第一，考虑到中国经济和收入快速增长，本文使用非位似常替代弹性偏好来刻画消费需求，能够更好地捕捉收入效应的长期影响。第二，考虑到中国长期保持了较高投资率，本文引入以常替代弹性技术进行生产的投资品部门内生了投资结构，能够较好地刻画投资结构的变化趋势。第三，考虑到中国在较长一段时期保持了快速的贸易增长与顺差扩大，本文通过引入EK模型的国际贸易模式来内生化国际贸易份额，同时允许存在产业层面的贸易差额。从理论上看，出口贸易成本下降使中国制造产品在国际市场的价格更低，这既会扩大国际市场对中国制造产品的相对需求，进而提高中国制造业在整体经济中的比重；又会降低外国市场的消费品价格，进而提升外国购买力和福利水平。

本文把理论模型用于量化1995—2010年中国对外开放和制造业发展过程。本文基于世界投入产出数据库、佩恩表、World KLEMS数据库、格罗宁根大学增长和发展中心十行业数据库等多个数据库，结合模型结构化方程，采用校准方法确定了模型参数和外生变量，由此确定了基准模型模拟环境。结果表明，基准模型较好拟合了现实数据中制造业总产出与比重的变化趋势。现实数据中，1995—2010年中国制造业实际总产出增加了3.68倍，而基准模型中增加了2.68倍，解释了现实数据73%的增幅。现实数据中，中国制造业就业比重下降了9.80个百分点，基准模型中下降了8.00个百分点，解释了现实数据82%的降幅。现实数据中，中国制造业增加值比重下降了10.53个百分点，基准模型中下降了9.22个百分点，解释了现实数据88%的降幅。

在反事实模拟环境中，把出口或进口贸易成本固定在特定年份取值，其他外生变量保持和基准模型一致，重新进行数值模拟，对比基准模型可以量化贸易成本变化的影响。一系列反事实模拟的结果表明，1995—2010年中国贸易成本下降增强了中国制造的比较优势，使中国制造业产出增长了29%，分别提高了其就业比重和产出比重4.7个和5.1个百分点，对同期外国福利提升的贡献率也接近15%，其中约80%的影响产生于加入世界贸易组织以后。对中国制造产品加征关税提高中国出口贸易成本，不但会抑制中国制造业发展，而且会显著降低外国福利水平。如果2010年中国制造业出口贸易成本上升一个单位，那么制造业总产出将下降5.37%，就业比重将下降3.32个百分点，外国福利水平也会降低0.89%。

当今全球化正遭遇逆流，面对保护主义上升、世界经济低迷、全球市场萎缩的外部环境变化，中国仍需加快建设制造强国推动形成新发展格局，实现更高水平的自立自强。本文研究为此提供了两点政策启示。首先，本文结论表明，中国是经济全球化的受益者，更是贡献者，以全球化促使各国分工合作、互利共赢仍是历史潮流。中国应以更高水平的开放继续促进中国制造业转型和全球经济发展。一方面，建议积极加入新的区域贸易协定和倡导新的多边贸易体制，加强关于中国制造和中国市场的外宣工作，以制造业高质量发展推动建设开放型经济，为全球市场提供更多发展机遇。另一方面，建议继续鼓励生产性服务业贸易，打造数字贸易示范区，加快形成更高水平的双循环，从而为中国制造业科技创新和转型升级赋能，增强中国制造在全球市场竞争力，实现从制造大国向制造强国的转变。

其次，本文发现，贸易成本下降对中国制造业发展贡献显著，有力促进了制造业转型升级，而贸易成本变化既源于贸易政策和外部风险，也来自国内市场流通和贸易成本变化。中国应更好发挥政府作用深化改革，提高要素配置效率，保障资源生产与供应。一方面，建议以加快生产要素市场化改革为重点优化生产要素配置效率，降低国内贸易成本畅通国内大循环，形成国内统一大市场，从而增强中国制造业产业链供应链韧性，构建经济新安全格局；另一方面，建议发挥举国体制优势加快新型基础设施建设，稳定初级产品生产，保障能源储备和供应，有效降低制造业面临的生产与贸易成本波动等风险。

外资进入与国内价值链地位提升*

郭娟娟　冼国明　徐邦栋

近年来，国际经济形势日趋复杂严峻，全球价值链纵向分工趋于缩短或转移至新地点，构建以国内大循环为主体、国内国际双循环相互促进的新发展格局是我国经济可持续发展的关键。其中，国内价值链（NVC）作为构建国内大循环的物质基础，是基于国内市场需求发育而成的，由本国企业掌握产品价值链的核心环节（刘志彪和张少军，2008；黎峰，2016），在本国市场获得品牌和销售渠道及自主研发创新能力的产品链高端竞争力，然后进入区域或全球市场的价值链分工生产体系。位于价值链上游的地区以供给者的身份参与到国内价值链分工体系中，在价值链中主要承担产品设计、品牌创新及关键零部件生产等高附加值环节，具有较强的产品附加值俘获能力，进而有助于实现当地产业结构升级。通过向国内价值链高附加值环节攀升，还可以将劳动密集型的加工组装环节转移至其他地区，延长国内价值链的链条，同时将自身先进技术传递至国内价值链下游参与地区，在带动其经济增长的基础上实现区域经济的协调发展。因此，如何充分发挥国内各地区比较优势，构建基于内生增长能力的国内价值链，形成以国内大循环为主体、国内国际双循环相互促进的新发展格局显得尤为重要。

---

* 原文刊载于《金融研究》2022年第5期。

作者简介： 郭娟娟，经济学博士，助理研究员，上海社会科学院世界经济研究所；冼国明，经济学博士，教授，南开大学经济学院；徐邦栋，经济学博士，讲师，潍坊学院经济管理学院。

跨国公司投资作为发展国内价值链，促使国内循环与国际循环对接的重要纽带，对我国形成双循环相互促进的新发展格局具有重要作用。沈剑飞（2018）发现，跨国公司进入可以打破国内市场壁垒和市场分割，促使劳动、资本、信息等要素在区域之间充分流动，各地区参与国内价值链的程度得以提升。虽然目前我国的工业化体系发展较为完整，但根据赶超工业化理论，我国仍需吸引高技术外资深度嵌入国内高技术领域分工网络，凭借技术溢出和技术创新等途径促使我国工业化水平不断跃升。另外，外资企业还可以通过参与到本地分工网络中的高附加值环节，促使我国由进口替代向高质量发展转变，进而推动国内价值链升级（Fernandes 和 Paunov，2012）。然而就目前研究来看，尽管学术界对国内价值链问题的研究取得一定进展，但关于外资进入这一开放性因素对国内价值链所起作用的结论并不统一，且现有文献采用的传统估计方法可能会导致有偏的估计结果。

本文可能的贡献体现为以下几点：第一，在研究视角方面，本文将以外资进入为出发点，考察其对我国国内价值链地位提升的影响及其空间溢出和空间关联效应，对我国形成国内国际双循环新发展格局具有一定启示意义。第二，在研究方法方面，由于 NVC 在空间上具有较强的相关性，如果将此空间关联性忽略，会导致有偏的估计结果或错误参数出现（Anselin，1988）。鉴于此，本文主要通过构建空间计量模型进行实证检验，不仅可以测度相邻地区对本地区的空间关联和溢出效应，而且能降低相反因果关系存在的可能性，使实证结果更为可信。第三，在研究内容方面，考虑到国内价值链地位提升对地区产业结构升级具有较大的推动作用，而吸引外资又是发展国内价值链、构建国内一体化市场的重要抓手。因此，本文进一步分析外资进入通过国内价值链这一渠道对当地产业结构升级的空间效应，对如何促进我国工业化水平不断跃升具有一定启示作用。

为验证理论分析的准确性，本文首先使用不考虑空间效应的省份—行业普通面板模型进行回归，分别选取1995年外资开放程度及国家经济发展水平（人均国内生产总值）与1995年外资开放程度的乘积作为工具变量，采用2SLS估计方法进行检验，发现外资进入对我国国内价值链地位提升具有显著的促进作用。进一步地，考虑到NVC链式循环过程本质上属于价值增值过程，知识、技术和信息等要素会被隐含在增加值中随其在各地区之间扩散。因此，本文重点利用我国区域间投入产出表（2002年、2007年、2010年和2012年共4年数据），结合空间数据分析方法和静态、动态多种空间权重矩阵，实证检验外资进入对我国国内价值链地位提升的空间溢出和空间关联效应，并探究外资进入通过国内价值链对产业结构升级的相关作用。主要结论如下：

各地区国内价值链地位之间存在显著的正相关关系，且外资进入对各地区国内价值链地位提升具有显著的促进作用；FDI进入地区不仅可以获得直接的技术溢出，而且对相邻地区产生“非自愿”的溢出效应，其中地区内FDI溢出效应更为显著。在改变计量模型、变量形式后上述结论仍然成立。其中，在技术水平和外资进入程度较高的地区，外资进入对国内价值链地位提升的促进作用更强；相较于内陆地区，沿海地区外资进入更有利于其国内价值链升级。此外，市场化程度越高的地区，外资进入对其国内价值链地位提升的促进作用越大，且市场化程度对地区内FDI溢出效应的强化作用更强。在采用市场分割程度作为市场化程度的反向替代性指标重新检验后结论依然稳健。最后，外资进入通过提高国内价值链地位对当地产业结构升级具有显著的促进作用，其中直接效应较间接效应更为显著。在使用中介效应模型、空间滞后模型进行稳健性检验后，该结论仍然成立。

本文主要有以下启示：第一，当前吸引外资对国内价值链升级具有促进作用，应继续深化“放管服”改革，进一步减少外资准入限制，探索将“准入前国民待遇”和“负面清单”管理制度由自贸区向更大范围推行。第二，地区市场化程度可以强化外资进入对国内价值链的积极影响，应进一步营造更加公平竞争的营商环境，以完善的制度环境助力国内价值链升级，确保我国生产链和供应链的安全。第三，应加强地区间经济联系，形成合力完善国内价值链分工网络，促使本土企业可以更好地发挥国内市场规模经济效应。第四，鼓励本土企业提高其自身的技术创新水平和生产能力，促使其向国内价值链上游环节延伸，推动产业结构升级。

全球投资者国别风险情绪对跨境股票资本流动的影响*

谭小芬　李兴申　苟　琴

《中华人民共和国国民经济和社会发展第十四个五年规划和 2035 年远景目标纲要》（以下简称“十四五”规划）明确提出，要稳妥推进金融领域开放，深化境内外资本市场互联互通。我国资本市场对外开放步伐正不断加快，广度、深度、便利度不断提升。资本市场对外开放能够吸引外资流入，扩大融资渠道，提高资本市场效率，加快构建国内国际双循环相互促进的新发展格局。但是，也必须警惕跨境资本流动剧烈波动产生的金融风险问题。因此，深入分析跨境资本流动的驱动因素，准确判断、及时监测驱动因素的变化及其影响，对完善跨境资本流动管理框架、提高开放条件下风险防控和应对能力至关重要。

自 2008 年国际金融危机以来，全球不确定性事件显著增加，由此引发全球投资者对外国尤其对新兴经济体的股权投资国别风险情绪上升。随着中国跨境股票资本流动规模不断扩大，探究全球投资者的国别风险情绪对跨境股票资本流动的影响及其应对政策，对完善我国资本流动管理框架、应对全球不确定事件冲击，具有重要的政策意义。

基于此，本文深入探究全球投资者国别风险情绪对新兴经济体跨境

* 原文刊载于《金融研究》2022 年第 6 期。

作者简介： 谭小芬，经济学博士，教授，中央财经大学金融学院；李兴申，金融学博士，讲师，首都经济贸易大学经济学院；苟琴，金融学博士，副教授，中央财经大学金融学院。

股票资本流动的影响。首先，本文构造了一般均衡跨期选择模型，刻画投资者国别风险情绪负向影响跨境股票净资本流入的理论机理及投资者风险厌恶程度的调节作用。由理论模型可知，净资本流入大小受本国和外国之间风险调整收益变动差的影响。根据经典的资本资产定价模型，投资的风险溢价水平为市场组合的期望收益率与无风险利率之差，风险溢价水平取决于投资者对投资的风险预期。将其推广至国别层面，在跨境投资中，全球投资者国别风险情绪上升会推升一国整体的风险溢价水平，导致本国风险调整收益下降，引起本国和外国之间风险调整收益变动差下降，进而降低本国的跨境资本流入水平。

进一步地，本文基于 Emerging Portfolio Fund Research（EPFR）全球股票型基金微观数据和由大数据文本分析技术构造的全球投资者国别层面风险情绪指标进行实证检验。本文的跨境股票型基金净资本流入数据为 EPFR 数据库中主要关注某一国市场的月度股票型基金数据。样本包括阿根廷、西班牙等 17 个国家 1996 年 2 月至 2019 年 10 月的数据，共计 49356 个基金月度观测值。本文使用的全球投资者国别风险情绪指标来自 Huang 等（2019）。该指标使用了 1980—2019 年超过 300 万条的《金融时报》日度新闻文本数据，通过文本分析方法和机器学习方法构建情绪指标。

本文实证结果表明：第一，全球投资者对一国国别风险情绪上升会推升该国的整体风险溢价水平，导致全球投资者减少对该国股票市场的资产配置，造成该国跨境股票型基金净资本流入下降。第二，被动型基金、开放式基金和 ETF 基金的风险厌恶度更高，对风险情绪的反应更强烈。第三，一国金融市场成熟度越低、汇率弹性越低、资本账户开放程度越高、政治稳定度越低，跨境股票型基金净资本流入受全球投资者国别风险情绪的影响越强。第四，当全球风险情绪处于极高时期，跨境股票型基金净资本流入主要受全球风险情绪的影响。当全球风险情绪处于极低时期，跨境股票型基金净资本流入受全球投资者国别风险情绪的显著影响。全球投资者国别风险情绪在各国跨境股票型基金净资本流入水平处于极高时期影响更为显著。因此，各国需要格外关注资本涌入时期全球投资者国别风险情绪的作用。

本文的边际贡献有以下三点：第一，为全球投资者国别风险情绪对跨境股票净资本流入的影响提供了理论依据。本文通过构建一般跨期均衡选择模型，刻画投资者国别风险情绪影响跨境股票净资本流入的理论机理。第二，为全球投资者国别风险情绪对跨境股票净资本流入的影响提供了稳健的微观证据。本文结合由大数据文本分析技术构造的全球投资者国别风险情绪指标及EPFR数据库提供的全球股票型基金层面微观数据，更好地捕捉全球投资者对各国整体金融和经济风险感知情绪，细致地考察了全球投资者国别风险情绪如何影响全球股票型基金的跨境资本配置。第三，为包括中国在内的新兴经济体完善跨境资本流动管理提供具体的政策建议，包括从基金层面、国别层面、是否处于极端风险时期等维度深入探讨了全球投资者国别风险情绪对跨境股票净资本流入的异质性影响，并据此对资本流动管理提出针对性的政策建议。

当前，全球金融市场中的国际金融风险日益复杂、跨境资本流动波动更加剧烈。在资本流动管理中，应关注全球投资者国别风险情绪在短期内对跨境资本流动的影响，防范其对我国经济金融平稳运行造成的冲击。在吸引境外投资者进入我国股票市场的同时，也要注意监测境外投资者结构特征，警惕高风险厌恶投资者引起的国别风险情绪变化进而导致的资金流出问题。此外，在推进资本账户开放时，进一步增强汇率弹性，完善跨境资本流动管理框架和宏观审慎调控机制，综合利用货币政策和宏观审慎监管政策，加强政策协调，更好地防范和化解跨境资本流动带来的金融风险。

06　绿色金融

绿色PPP项目组合的最优契约：经济与环境效应的福利视角*

魏晓云　韩立岩

近年来，我国绿色金融体系建设取得了重要进展，发展绿色金融已经成为金融供给侧结构性改革的实质性举措。我国“十四五”规划纲要中提出未来将推动经济社会发展全面绿色转型，绿色金融也被提到了历史新高度，“十四五”规划和2035年远景目标纲要提出将大力发展绿色金融，助推经济高质量发展。

实践中，发展绿色金融、推动生态环境保护的资金需求量巨大，单纯依靠政府的资金支持难以为继，因此公私兼顾的公私合作制（PPP）成为解决该问题的重要模式。然而，污染防治与绿色低碳类PPP项目一般存在投资门槛高、竞争趋于同质化及市场风险大等问题，导致企业参与积极性不高。

为激发社会资本的主观能动性，2016年8月，经国务院同意，人民银行等七部委共同发布了《关于构建绿色金融体系的指导意见》，提出“支持在绿色产业中引入PPP模式，鼓励将节能减排降碳、环保和其他绿色项目与各种相关高收益项目打捆”的激励新举措。随后各省针对自身特点和需要相继出台了意见推行这种“绿色PPP+高收益”项目组合的激励

* 原文刊载于《金融研究》2022年第3期。
作者简介：魏晓云，管理学博士，副教授，首都经济贸易大学统计学院；韩立岩，管理学博士，教授，北京航空航天大学经济管理学院。

方式。例如，广东省2016年鼓励将水环境综合整治、农村环境综合整治等公益性项目与各种相关高收益项目打捆；北京市2017年提出将节能减排降碳、环保和其他绿色项目与相关高收益项目打捆；江苏省2018年提出将黑臭水治理、污染场地修复等项目和休闲度假、旅游观光、健康养老等有稳定收益的项目打捆；吉林省2019年提出鼓励将城市绿地建设等生态类项目与符合要求的高收益项目打捆包装，通过产业项目收入补贴生态环保项目。我们称上述搭配所形成的组合为绿色PPP项目组合，这种新型激励方式不仅能够节约财政成本，也能有效引导社会投资参与环境保护。

尽管绿色PPP项目组合的激励思路和方向非常明确，但仅仅依靠传统的PPP契约框架却不足以应对项目组合实践中的复杂问题。例如，纳入高收益商业项目会直接影响绿色PPP项目是否能够实施；又如，普通商业PPP项目主要考虑经济产出的收益分配和风险分担，而绿色PPP项目的核心产出是环境效益，但企业又不参与环境产出分配，这使契约设计更加复杂。这意味着，无法直接采用传统单一商业PPP项目的契约模型，需要将经济产出、 环境产出、消费者剩余乃至社会福利等目标同时纳入以构建新的契约设计框架。

鉴于此，本文使用净现值方法，基于经济与环境效益双赢目标，针对绿色PPP搭配高收益项目的创新激励方式，提出最优特许期决策模型。主要创新体现在：第一，引入环境效益，将单一PPP项目最优特许期模型扩展到绿色和高收益项目组合情形，实现社会福利、环境效益、消费者剩余、企业及政府经济利润的共赢目标。第二，比较政府方与企业方不同博弈模式，论证了均衡存在性，揭示最优特许期形成的内在逻辑及关键决定因素，从而为绿色PPP项目组合提供契约设计的基础框架。第三，通过新模型的全方位情景分析，论证了绿色PPP搭配高收益项目激励方式相对于传统政府直接补贴激励方式的优势，为以该种激励方式促进生态环境保护提供了理论支撑。

本文主要研究结论如下：第一，绿色PPP搭配高收益项目的激励方式能够提高企业利润净现值，吸引社会资本参与绿色PPP项目建设，实现环境保护目标。第二，政企契约能否顺利签订取决于双方博弈决策模式，如果两者独立决策并将对方决策作为外生结果，尽管使企业利润最大的特许期也能实现最高的环境效益，但此时博弈结果展现为“刀刃上的均衡”，双方难以达成一致的最优特许期，也就难以吸引企业参与竞标绿色PPP项目，环境效益无法达成。如果政企能够协调合作进行决策，通过引入约束机制将单独决策时的多目标优化转化为单目标优化问题，则双方达成一致的最优特许期，契约得以订立，政府通过向企业方让渡经济利润收获环境效益，最终实现经济与环境福利的双赢，全社会福利得以改进。当然，企业的谈判能力、贴现率、商业投资项目的预期收益率和政府的环保偏好权重等均对绿色PPP项目最优特许期的选择乃至社会福利具有影响。第三，与以往政府直接补贴的激励方式相比较，激励成本相同时，收获同样的环境效益，绿色PPP搭配高收益项目激励方式下的消费者剩余和社会福利均得到提升。

上述结论对我国当前加强绿色金融体系建设、引导资金流向生态环境保护领域实现绿色发展具有一定的政策启示。首先，研究促成政府与企业协调合作的行为约束机制。在绿色PPP搭配高收益项目时，相应契约需要构建一个合理的规则约束或者推行第三方评价制度来约束政府和企业均站在全局最优视角进行谈判和决策，如本文提出的纳入了政企双方利益考量的损失函数最小化的目标约束，对不遵守规则的一方予以惩罚，促使双方协同形成合力，既相互补充，又相互制约，推动绿色PPP项目组合契约关系的建立。其次，加强绿色PPP搭配高收益项目激励方式的推广。我们的研究结论证实，与政府直接补贴相比，绿色PPP搭配高收益项目既能够提升消费者剩余改进社会福利，又较好地应对了财政负担加重的挑战。因此，可以将此种激励方式纳入具体措施体系，加强政策倾斜与指导，引导将关联性较强、上下游联动项目或邻近子项目合理捆绑打包，逐步替代或减少政府直接补贴，用多元化的资金持续地支持环保产业，使其成为实现碳达峰和碳中和战略目标的有力工具，更好地服务于绿色经济与高质量发展。

绿色金融促进了中国出口贸易发展吗？*

金祥义　张文菲　施炳展

过去几十年，中国经济高速发展的同时造成了环境资源的恶化，生态环境破坏引发的经济发展约束日趋明显。一味追求经济增长的“量”，而忽视经济增长的“质”，将造成生态环境恢复的长期成本大于当下经济增长的短期利益，最终导致经济增长难以为继。为贯彻落实党中央、国务院决策部署，解决绿色生态建设和经济长远增长的发展目标，实现经济增长和环境治理的双重效益，银监会在 2012 年对外发布了《绿色信贷指引》政策，以期借助金融市场资源，降低企业生产经营产生的环境污染，改善信贷资源配给的结构，使得信贷服务向环境友好型企业进行倾斜。一个值得注意的举动是，中国在 2016 年首次将绿色金融这一理念纳入 G20 峰会的议程讨论中，在更高层次上强调了绿色金融对全球经济发展的重要性。进一步地，绿色金融这一融资形式为企业出口发展提供了新的机遇，成为出口方获取外部融资的新渠道，并进一步作用中国出口贸易增长，中国绿色经济概念下的新出口发展格局逐渐形成。本文从绿色信贷政策的实施切入，通过研究绿色金融发展对中国出口贸易增长的影响，剖析绿色金融潜在的贸易效应，以期为中国实现出口增长和双碳目标提供启示。

* 原文刊载于《金融研究》2022 年第 5 期。

作者简介：金祥义，经济学博士，副教授，兰州大学经济学院；张文菲，经济学博士，讲师，兰州大学经济学院；施炳展，经济学博士，教授，南开大学经济学院。

本文边际贡献包括以下几方面：一是从绿色金融这一视角入手，首次系统分析了绿色金融对中国出口贸易发展的影响，探究以改善生态环境为目标的绿色金融政策的贸易效应，以及出口贸易的新动力源泉，并剖析绿色金融对中国出口增长的具体作用机制，这不仅丰富了金融发展与贸易增长、环境管制与国际贸易领域相关的研究，而且为探寻中国出口贸易新增长点提供了一个新的维度。二是以《绿色信贷指引》政策的颁布作为外生的政策冲击，在一个准自然实验的研究框架下，采用双重差分法研究绿色金融与中国出口贸易之间的因果关系。已有文献大多以跨国面板数据或企业面板数据来研究金融发展对出口贸易的作用，但传统计量回归的实证方法往往难以有效解决内生性的问题，本文采取的研究方法能够更为精确地评估金融发展对出口贸易的客观作用，可以为这类文献结论的稳健性提供科学检验。三是采用综合指标的构建方法，构建了我国各行业污染排放程度的综合指标，该综合指标涵盖工业废气排放、工业废水排放、工业固体废物排放三个维度，弥补了以往研究以单一维度评估行业污染排放程度的不足。该方法提高了各行业污染排放程度衡量的精确性，降低了回归结果因行业指标错估导致的结果偏差。

理论上，绿色金融发展可以通过融资约束缓解对出口方的出口产生影响。绿色信贷政策的发展为受传统金融排斥的出口方提供了新的融资途径。绿色信贷政策的发展为出口方获取融资提供了一个新的“信号显示”机制，提高了信息摩擦环境下弱势出口方群体的外部融资，由于绿色信贷政策要求银行发放一定规模的绿色信贷资源，并以出口方对生态环境的污染水平作为直接的信贷信号，并不以出口方“硬信息”为主，这使资产“硬信息”较差但生产较为环保的出口方也能获得融资，并且大量中小企业出口方具有更低生产规模和污染程度，因此在绿色信贷上具有更为明显的信号优势，这将为受传统信贷排斥的出口方提供了新的外部融资，进而缓解了出口方面临的融资约束水平，最终提高了出口方的出口规模。

实证上，本文基于银监会在2012年对外发布了《绿色信贷指引》政策，并结合CEPII数据库中2009—2016年中国产品层面的双边出口数据，采用双重差分估计法就绿色金融发展对中国出口增长的作用进行分析，系统识别两者之间的因果关系，发现绿色金融发展显著促进了中国的出口扩张，改善了出口的二元边际，优化了出口的量价结构，并且这一作用存在明显的异质性作用。具体而言，相对于向发达国家出口、中间品出口、同质化产品出口、高产品耗能行业出口而言，绿色金融发展对向发展中国家出口、最终品出口、差异化产品出口、低产品耗能行业出口的促进作用更大。渠道检验表明，融资约束缓解是绿色金融发展促进出口增长的核心所在。此外，本文通过一系列稳健性检验后，绿色金融发展产生的出口促进作用稳健存在。本文研究证实了绿色金融是影响中国出口增长的重要因素，绿色金融政策能够带来生态环境改善和出口贸易发展的双赢局面，这为中国近年来大力推进绿色金融体系构建提供了来自现实层面的有效证据。

政策建议如下：首先，加快发展绿色金融体系，完善现有绿色金融供给结构的不足。虽然中国绿色金融政策实施已有一段时间，但绿色金融发展总量还有较大增长空间，绿色信贷占比仍处于较低水平，绿色金融发展具有政策操作空间。其次，大力推进绿色金融发展产生的贸易促进效应，将绿色金融发展作为中国对外贸易的新增长点。绿色金融作为中国对外经济高质量增长的国际标识，可成为中国国际合作的新助力，以此推动中国对外贸易的新阶段发展。最后，发挥绿色金融在改善生态环境和缓解企业融资约束方面的重要作用。绿色信贷政策不仅符合“绿水青山就是金山银山”经济增长理念，而且能够有效降低环境友好型企业面临的融资约束水平，有助于优化现有产业结构，提高经济增长过程中的生态环保意识，助力实现经济可持续发展。

绿色债券促进企业绿色创新研究*

王　营　冯佳浩

绿色创新通过差异化的产品供给提升企业市场竞争力，进而解决环境治理过程中正外部性无法得到补偿的问题，最终实现物质财务增长和生态环境保护共赢。然而，由于绿色低碳技术研发具有周期长、复杂度高、风险高等问题，并且叠加后疫情时代全球经济复苏存在不确定性，绿色创新所需的巨量资金难以得到满足。满足该领域巨量资金需求的关键在于，以市场化的方式引导金融体系提供所需要的投融资支持。相关经验证据发现绿色金融政策能够通过激励约束机制强化企业的绿色创新动机。相比于绿色金融政策，绿色金融产品本身能否促进企业绿色创新？以人民银行制定的绿色债券支持项目的系列政策文件为基础，本文将从绿色债券的角度给出回答。首先，虽然绿色信贷在我国绿色金融体系中占主导地位，但受到微观数据可得性的限制，从企业角度探究绿色信贷效能存在较大难度。其次，相比于绿色保险和绿色基金等产品，绿色债券发展尤为迅速。2021年境内绿色债券发行量超过6000亿元，同比增长180%，余额达1.1万亿元。最后，绿色债券发行所具有的环境信息强制披露特点也为通过完善公司治理促进绿色创新提供激励约束。综上所述，在限定投资用途和金融监管强化的背景下，企业在发行绿色债券并从事绿色项目投资的过程中能否提高绿色创新的积极性，增加绿色

* 原文刊载于《金融研究》2022年第6期。
作者简介： 王营，经济学博士，副教授，山东财经大学金融学院；冯佳浩，硕士研究生，山东财经大学金融学院。

专利申请数量？本文借助双重差分模型对这一问题进行回答，同时利用中介效应模型进行机制分析。

有关绿色金融和绿色创新的理论研究相对较少，仅有部分文献从绿色信贷角度论证了构建绿色金融体系对绿色创新的作用。绿色债券是构建绿色金融体系的重要支柱，“债券”和“绿色”的双重属性使之对绿色创新具有重要意义。作为一种直接融资方式，债券融资具有更强的风险分散功能，因而是科技型中小企业等创新主体的首选融资方案。作为一种绿色金融产品，绿色债券能够通过环境管理优化利益相关者管理，缓解融资约束。我们梳理了绿色债券相关研究，现有文献主要围绕绿色债券发行能否提升环境绩效或财务绩效展开，较少关注绿色债券发行与企业可持续性发展的关系。

本文贡献主要体现在以下方面：首先，绿色债券是现阶段我国绿色金融体系的重要工具，绿色创新是后疫情时代绿色复苏和供给侧结构性改革的重要驱动，但鲜有文献研究绿色债券与绿色创新的关系。本文运用 DID 模型分析绿色债券对绿色创新的支持效应，拓宽了绿色债券和企业绿色创新的研究视角，从微观角度对绿色金融如何服务好碳达峰碳中和目标给出了尝试性回答。其次，本文利用中介效应模型发现，发行绿色债券具有资源效应与监督效应，厘清了绿色债券促进企业绿色创新“质量”和“数量”的作用机制，为经济发展新阶段企业治理如何适应生态文明建设提供参考。最后，为优化绿色金融体系和实施分层次、分重点的绿色金融监管与环境治理提供理论支持。

理论上，绿色债券能够通过资源效应和监督效应促进企业绿色创新。资源效应表现在绿色债券的融资成本优势对研发投入的支持作用。在本文样本中，绿色债券发行人发行的 21 只绿色债券平均收益率差为 1.52%，而同一发行人发行的 93 只普通债券平均收益率差为 1.73%。因此，企业通过绿色债券融资能够降低融资成本、减轻债务压力，进而提升研发支出意愿。监督效应表现在绿色债券对经理人短期机会主义行为的限制。绿色债券对募集资金的使用和未来现金流的偿还有着更为严格的要求，因此基于自由现金流假说，绿色债券能够有效防止经理人滥用职权。

为验证前文的理论假设，本文分别进行基准回归检验和中介机制检验。我们对2012—2019年的中国金融信息网绿色债券数据库与CSMAR绿色债券数据库进行交叉对比，共有277家企业存在绿色债券发行记录，其中上市企业为46家。经过一系列剔除和清洗后，共获得13家上市企业作为处理组样本。根据证监会2012年的行业分类标准，这13家企业主要分布在制造业，采矿业，电力、热力、燃气及水的生产和供应业，建筑业，批发和零售业，水利、环境和公共设施管理业。为缓解样本选择偏误带来的内生性问题，我们从上述6个行业中选取在样本期间内没有绿色债券发行记录的非金融企业进入对照组，共获得803家企业。基准回归中，被解释变量分别为绿色发明专利申请量和绿色实用新型专利申请量；机制检验中，我们以研发投入的自然对数衡量企业通过绿色债券获得的资源支持效应，以代理成本衡量经理人在绿色债券使用过程中受到的监督力度。

上述实证分析得出两个基本结论：第一，绿色债券能够显著提升发行主体的绿色创新水平，主要体现在绿色发明专利和绿色实用新型专利两个方面，并且发行绿色债券对二者的促进作用均具有动态持续性。第二，绿色债券发行能够促使企业增加研发投入并且降低代理成本，表明发行绿色债券对企业绿色创新的促进作用源于资源效应和监督效应两个机制。

作为绿色金融体系的重要组成部分，绿色债券能够很好地促进企业绿色创新，为绿色复苏和产品供给侧结构性改革提供有力驱动。为强化这种驱动作用，未来可从以下方面形成合力。从绿色债券制度来看，完善相关激励机制和风险防范机制，加大对通过绿色债券融资进行绿色创新行为的扶持和补贴。从绿色创新制度来看，推动绿色产品和工艺创新绩效作为绿色债券使用情况披露内容，建立绿色债券发行认证和绿色创新奖惩的双重考核体系，防止“漂绿”行为的发生。从企业融资来看，企业应转变发展思维和融资方式，积极借助绿色金融体系实现可持续发展。增加绿色融资的比重，特别是使用绿色债券融资，积极配合环保部门的环境审查，充分利用绿色债券的优势实现产品供给的绿色化。从企业治理制度来看，完善企业绿色治理过程中的经理人激励制度。结合本文实证结果，绿色债券带来的监督机制虽然能够降低代理成本，但更具绿色意义的绿色发明专利并没有对经理人产生更大激励。因此，企业决策层应完善绿色治理激励机制，引导和鼓励管理层加强环境治理，充分发挥绿色债券发行带来的资源效应。

07　普惠金融、家庭金融与社会发展

数字普惠金融与未预期风险应对：理论与实证*

李 政 李 鑫

平滑风险是金融体系的重要功能，增强居民抵抗风险韧性，提高消费者金融健康水平是普惠金融体系高质量稳定运行的关键支撑。长期以来，发展中国家居民一直面临诸多不确定性，如自然灾害、突发疾病、失业风险及价格波动等难以预期的负面冲击，这类突发风险轻则导致居民收入消费下滑，重则长期深陷贫困。而造成这些高昂代价的重要原因之一是个体缺乏风险应对机制，韧性不足。为此，建设普惠金融体系对扩大弱势群体正规信贷可得性和提高预防性储蓄，增强其应对不确定性冲击的能力至关重要。当前，我国数字金融发展已走在世界前列，促进数字金融健康可持续发展也已成为重要共识，但学者对于消费者金融健康问题却未给予足够重视。数字金融发展过程中往往存在平台交叉授信、个体过度借贷等问题。因此，研究数字普惠金融对居民未预期风险平滑的影响，并基于金融健康视角对该命题展开探究对我国推动数字普惠金融高质量发展具有重要的现实意义。

本文的主要贡献在于以下几个方面。第一，基于理论和实证研究揭示数字普惠金融对未预期风险应对的影响及其作用机理，发现包容性金

* 原文刊载于《金融研究》2022年第6期。

作者简介：李政，金融学博士研究生，南开大学金融发展研究院；李鑫，金融学博士研究生，南开大学金融发展研究院。

融体系为居民缓冲突发风险提供了有力保障。迄今为止，文献主要研究数字普惠金融与信贷需求、消费、创业创新、不平等及包容性增长的关系，既有研究就数字普惠金融对居民风险应对的影响缺乏足够关注，本文对该领域作了较好的拓展和补充。第二，本文基于金融健康视角探讨了多重借贷行为后果，发现居民过度借贷会弱化数字普惠金融的风险平滑效应。鉴于消费者金融健康对构建高质量普惠金融体系举足轻重，这一结果有助于为数字普惠金融发展提供新的研究视角和有益的政策参考。第三，本文还给出数字普惠金融有助于遭受负面冲击的居民平稳消费的微观证据，这为扩大金融可得性对实现消费平稳增长提供新的经验见解。

本文构建理论模型刻画数字普惠金融对居民未预期风险应对的影响，并基于世界银行2014年和2017年中国普惠金融微观数据进行实证检验。结果表明，第一，数字普惠金融能够有效增强居民应对风险冲击的抵抗韧性，各类群体均能享有数字金融发展的红利回报，尤其是贫困人口能够从数字普惠金融中获益更多。第二，进一步从过度借贷视角展开分析，考虑数字普惠金融对不同借贷水平群体风险应对的影响，发现数字普惠金融惠及广大居民的重要前提是理性借贷，适度借贷有益于提高居民风险应对能力，而过度借贷会导致居民承担较高风险，从而降低其应对风险冲击的能力，这一结果表明数字普惠金融增强居民风险应对能力是建立在理性借贷基础之上的。基于中国家庭金融调查、中国家庭追踪调查及一系列实证检验结果证明了上述结论的稳健性。第三，从作用机制来看，数字普惠金融能够通过促进转账汇款、增进信任水平、提升存取款频率和降低交易成本四个渠道来提升居民的风险应对能力。这一发现意味着数字技术变革在扩大风险分担网络、增强信任机制、培养金融习惯及提升服务效率等方面能够产生积极影响。第四，尽管收入风险和健康风险冲击会显著降低居民消费支出，但数字普惠金融发展能够帮助遭受风险冲击的家庭平稳消费，这种影响主要来源于对非耐用品支出的促进作用。

本文的结论为我国推进数字技术与普惠金融融合创新，营造健康数字普惠金融生态圈提供了一定启示。一方面，数字普惠金融发展能够帮助居民融入主流金融市场，为其提供安全、便捷的储蓄渠道，并在其需要时及时供给信贷，从而更好地管理突发风险，保证家庭平稳度过危机时期。为此，我国应加快数字技术创新，推进数字普惠金融全面落地。包括在金融服务中加大区块链、大数据、云计算及机器学习等前沿数字技术的建设投入，打造普惠金融的技术平台，建立坚实的数字基础设施。另一方面，考虑到数字普惠金融发展过程中的过度借贷行为，建立高质量包容性金融体系应着重寻求三个方面的突破。一是消费者金融素养提升，研究表明，消费者的非理性借贷行为主要缘于自我控制意识薄弱、高估偿债能力等问题，尤其是新进入者，应对这一问题亟须从消费者金融素养和金融意识的强化展开，包括开展数字技术新形势下的在线金融教育，加大网络借贷知识普及力度，提高居民金融防范能力，重视金融消费者权益保护。二是完善数字金融平台监管机制，推进管控技术创新。包括规范数字金融平台以明确、通俗易懂的语言向消费者披露相关风险，尤其是借款利率、违约惩罚和争议处理等重要信息。三是加强数字金融平台间的大数据共享，杜绝平台出现交叉授信、过度授信等现象，同时提高信用评分更新频率，防范消费者出现多重借贷、过度负债等问题。以此推进数字技术与普惠金融深度融合，打造健康良好的数字普惠金融生态环境，从而更好地支持和服务实体经济。

债务杠杆、财务脆弱性与家庭异质性消费行为*

李 波 朱太辉

在新发展阶段和新发展格局下，我国居民消费对经济发展的基础性作用更加凸显，激发国内消费潜力、促进消费增长成为畅通国内大循环的重要引擎。已有研究认为，在债务规模适度的前提下，消费信贷及更大范围的家庭负债对消费具有“跨期平滑效应”和“财富效应”，可让居民消费水平保持在持久性收入假说下的跨期最优消费路径上，还可通过发挥杠杆功能来促进居民消费增长。然而，如果消费信贷过快增长，债务杠杆率持续攀升所引致的透支效应和偿债风险将增加家庭发生财务困境的可能，导致债务对消费增长的杠杆效应“失效”。

从现实情况看，近年来中国家庭债务杠杆对消费的促进作用出现了边际效应递减。从2010年开始，居民部门杠杆率持续攀升，消费增长却在放缓，呈现出“债务杠杆水平上升”与“消费增长相对乏力”共存的现象。在此背景下，从家庭潜在财务困境的视角来进一步审视债务杠杆率上升对家庭消费的影响效应，对有效防范居民部门杠杆率可能导致的金融风险，合理引导信贷资金配置以拉动居民部门消费，具有重要的理论和现实意义。

* 原文刊载于《金融研究》2022年第3期。

作者简介： 李波，经济学博士，副教授，北京工商大学经济学院；朱太辉，经济学博士，副研究员，国家金融与发展实验室／中国人民大学国际货币研究所。

为探究这一问题，首先，本文在异质性主体假说的理论框架下将财务脆弱性引入家庭跨期最优消费决策，考察家庭负债引致的财务脆弱性如何影响家庭跨期最优消费决策，在理论层面识别出“家庭债务杠杆水平上升—家庭财务脆弱性—消费行为差异化”的因果机制。作为衡量家庭财务状况的指标，家庭财务脆弱性（Financial Fragility）通常指代家庭在未来陷入财务困境的可能性，描述了家庭面临无法及时或完全履行其所承担偿债义务而发生财务困境的可能。一方面，较高的债务杠杆加重了家庭利息偿付的负担，降低了家庭财务自由度，对家庭流动性资产的持有产生挤出效应，导致家庭流动性准备不足以应对收支不确定性冲击而发生财务脆弱性。另一方面，对于债务杠杆率较高的家庭来说，财务脆弱性将减少获得额外消费信贷的机会，降低再融资实现跨期消费平滑的能力，导致消费脱离最优路径。

随后，本文以中国家庭金融调查数据CHFS2015和CHFS2017数据为样本，使用“财务保证金”这一反映家庭财务流动性的指标来测度家庭财务脆弱性，实证检验债务杠杆对家庭异质性消费行为的影响及作用机制。研究发现，较高债务杠杆会增加家庭出现财务脆弱的可能性，通过不同的传导渠道导致家庭消费偏离跨期最优，导致家庭承担债务过程中的消费行为出现差异化，从而造成高债务负担家庭落入“高边际消费倾向，低消费支出水平”较低层次的消费路径上。具体而言，一方面，在承受较高债务负担的情况下，家庭财务脆弱性推高了当期消费的相对成本，弱化家庭借贷融资平滑跨期消费的能力，导致边际消费倾向增加；另一方面，家庭债务杠杆率上升导致的财务脆弱性将强化消费的预算约束，从而加剧债务负担对家庭消费的挤占，尤其是在平滑跨期消费能力被削弱的情形下，进一步压缩家庭消费支出水平。在考虑内生性和稳健性检验以后，上述研究结论依然成立。

进一步地，基于家庭负债结构、消费结构和城乡地区差异进行异质性拓展分析。研究发现，基于不同的负债结构和消费结构，债务杠杆对家庭财务脆弱性及消费的影响存在明显差异。具体地，对于通过负债投资多套房的家庭而言，高债务杠杆会明显增加不确定性冲击下的财务脆弱性，进而对消费产生更大的抑制效应。亲友民间借贷弱化了债务杠杆通过财务脆弱性对家庭消费支出产生的抑制影响。此外，债务杠杆上升导致的家庭财务脆弱性对耐用品消费支出产生的抑制效应更大，且负债及财务脆弱性对家庭消费支出的挤占在农村居民家庭中更显著。

本研究的边际贡献在于：第一，在研究范畴上，强调家庭潜在财务困境是理解家庭债务杠杆与消费支出决策之间关系的关键因素，识别出债务杠杆通过财务脆弱性影响家庭消费行为的强化预算约束路径和弱化跨期消费平滑能力路径，厘清了居民部门债务杠杆对异质性消费行为的影响机制，从而解释了资产负债表膨胀过程中家庭“高边际消费倾向、低消费支出水平”这一低层次消费路径的形成逻辑，对评价家庭债务积累影响消费支出的相关研究进行了有益的补充。第二，在实证方面，以不确定性冲击下不可预期支出的“财务保证金”来测度家庭财务脆弱性，分别估计边际消费倾向方程和对数消费支出方程，检验了在家庭债务杠杆上升过程中财务脆弱性对消费影响的传导路径，可以较为全面地获得居民部门债务杠杆积累对异质性消费行为动态影响的经验证据。第三，在政策价值层面，本文的理论机制和实证分析，从家庭金融脆弱性视角解释了居民部门杠杆快速上升与居民消费支出缓慢增长的共生问题，明晰了金融支持消费增长需要综合权衡居民部门债务规模扩张所引致的消费促进效应和金融风险之间的利弊，对协同推进金融供给侧结构性改革、服务实体经济和防控金融风险具有明确的政策启示。

本文的研究结论解释了近年来我国居民部门债务增加，但居民消费支出低迷且信贷政策支持消费增长乏力的现实问题，也为我国“不宜依赖消费金融扩大消费”“规范发展消费信贷”等政策提供了理论解释。由于债务负担加重引致家庭出现财务脆弱性，债务融资平滑消费的能力下降导致家庭消费变动随信贷变动的敏感性减弱，造成信贷政策刺激消费增长的效果有限。本文结论意味着，金融支持消费发展不宜过度依靠消费信贷支持。具体而言，金融机构在创新消费金融业务模式和拓展服务领域的同时，需要加强对消费真实性的审查，重点关注住户部门负债增速过快和家庭债务负担过重问题，控制多套房贷款杠杆率，监控家庭非正规渠道借款规模和借款利率，从而减少家庭财务脆弱性发生的概率，削弱债务对消费的制约效应，避免家庭落入低层次的消费路径中。

购房借贷约束与缴存家庭消费*

——基于公积金运营流动性视角的分析

康书隆　王晓婷　余海跃

住房公积金是保障国民安居的重要制度安排，公积金制度的高效运行对落实党中央“房住不炒”战略定位、提高居民住房保障水平、增进国民获得感具有积极的作用。然而，由于公积金融资渠道较为单一，资金仅来自当地职工及其单位的缴存。随着公积金贷存比的不断上升，公积金运营的流动性压力日益加剧。2020年，全国住房公积金的贷存比超过了85%的警戒线。江苏省、浙江省、安徽省、重庆市、贵州省等多地的公积金贷存比已经超过了95%。甚至早在2009年，南京市、上海市等部分城市公积金已经“入不敷出”(陈杰，2010)。越发严重的流动性压力制约了公积金满足缴存家庭购房信贷需求的能力，使得缴存家庭在申请公积金贷款时，面临比申请商业贷款更高的门槛。

首先，部分重点城市建立了公积金流动性风险防控机制，规定公积金贷款申请额度取决于公积金运营的流动性状况，公积金运营流动性下降将减少贷款额度，直至流动性恶化导致拒贷。其次，很多一、二线城市公积金管理机构对首套存量住房的首付比例要求超过四成，显著高于同期的商业贷款。再次，公积金贷款额度并不是依据房屋市场交易价

* 原文刊载于《金融研究》2022年第3期。
作者简介： 康书隆，经济学博士，教授，东北财经大学金融学院；王晓婷，博士研究生，东北财经大学金融学院；余海跃，经济学博士，副教授，东北财经大学金融学院。

格，而是以公积金管理机构的评估值与交易价格两者孰低确定。最后，与商业贷款相比，公积金贷款的期限更短，增加了购房家庭的月供负担。上述规定降低了公积金贷款的额度，直接或间接提高了公积金贷款的实际首付比例。基于全国性微观家庭调查数据的典型事实分析表明，公积金贷款的实际首付比例随各地公积金贷存比的提高而增加。

管理机构为应对流动性压力而作出的各种举措，是否会通过提高公积金贷款的门槛，降低受借贷约束家庭使用公积金贷款的能力？影响受借贷约束家庭使用公积金贷款的具体作用机制是什么？缴存家庭的消费是否会因不能使用公积金贷款而受损？回答这些问题，有助于揭示制约公积金制度运行效率的因素及机理，对改革公积金制度、保障国民安居、推动经济高质量发展，具有重要的现实意义。

本文首先构建理论模型，阐述了流动性压力下，公积金对缴存家庭贷款决策与消费的影响及作用机制。理论研究表明，各地公积金管理机构能够根据自身的流动性压力调整公积金贷款政策，提高公积金贷款的首付款比例要求，降低贷款支出压力，但这也会增加受借贷约束家庭的贷款难度，降低该类家庭获得公积金贷款的可能性，并导致该类家庭因购房支出增加，消费下降。

接下来，本文使用CHFS 2013年和CHFS 2017年数据构建混合截面数据回归模型，对理论假说进行实证检验。为了控制遗漏变量带来的估计偏误，我们控制了观测年份、贷款年份与地区虚拟变量，并使用PSM模型和两阶段最小二乘法处理内生性问题，识别借贷约束对缴存家庭购房贷款类型、贷款类型对首付款比例及贷款类型对缴存家庭消费的影响。

实证研究发现：第一，借贷约束显著降低了缴存家庭使用公积金贷款的概率，下降幅度约33.85%。而本文样本中近50%的缴存家庭在购房时没有使用公积金贷款，这说明借贷约束是造成缴存家庭无法使用公积金贷款的最重要原因。第二，公积金贷款合约的首付款比例显著高于商业贷款。其中，纯公积金贷款比商业贷款首付款比例平均高出约7.73%，包括组合贷款在内的公积金贷款比商业贷款首付款比例高出5.01%。第三，公积金贷款的首付款比例随着当地公积金运营贷存比的提高而显著增加，且增加幅度远高于单纯由公积金合约本身造成的首付款比例提升。这表明流动性压力是公积金管理机构提高贷款门槛，从而降低受借贷约束家庭使用公积金贷款概率的重要原因。第四，没有获得公积金贷款的家庭因购房负担增加，非耐用品消费受到显著的抑制。公积金贷款家庭的非耐用品消费比商业贷款家庭的非耐用品消费高出10.83%，纯公积金贷款家庭消费更是超过商贷家庭消费13.77%。这说明，公积金贷款提升了缴存家庭非耐用品消费水平，而被迫使用商业贷款的缴存家庭，因购房成本增加，消费水平下降。

同现有文献相比，本文的创新之处在于：首先，从住房公积金制度设计的层面，探讨造成公积金制度效率不足的原因；其次，运用微观家庭层面的贷款合约数据，识别流动性压力对受借贷约束家庭贷款决策影响；最后，重点关注公积金制度内，流动性压力对不同特征缴存家庭的贷款决策与消费影响的差异，能够避免因缴存家庭与非缴存家庭间的系统性差异对政策评估造成的偏误，从而更好地评估公积金制度的实施效率。

根据上述结论和分析，建议允许公积金管理机构合规适度地通过盘活存量信贷资产补充流动性，从而降低受借贷约束家庭使用公积金贷款的难度。由于公积金的缴存者大部分都为政府部门事业单位、国有企业、私营企业等其他企业的职工，他们有稳定的收入来源，违约风险较低，是优质的借款者。为此，本文提出以下改革设想：住房公积金管理机构可以将部分住房公积金贷款作为抵押品，向商业银行贷款或通过发行债券向金融市场融资，以降低融资成本，缓解资金不足压力；进一步地，适时开展资产证券化业务，扩大资金池，加速资金的回笼，以提高资金的流动性和运营效率。

公积金的融资模式改革不仅有助于降低公积金贷款的门槛，提高缴存家庭获得公积金的可能性，从而达到促进公平，降低缴存家庭负担，提振消费的目的，还能为资本市场提供高信用等级的投资品，缓解因市场优质资产不足而导致的资产荒。此外，改革还能够为企业减费降负提供流动性支持，有助于企业减费降负的政策落到实地，避免因减费降负导致公积金收入下降，造成公积金运营收支失衡。同时，在“房住不炒”的定位下，改革还有利于保障中低收入家庭的住房需求，发挥公积金制度在完善住房保障体系、促进房地产市场平稳运行方面的作用。

房价预期与城镇居民家庭股市参与*

——理论探讨与微观经验证据

易行健　苏　欣　周　聪　杨碧云

近年来，中国居民家庭的“股票市场有限参与”问题较为突出，而与之相反，居民家庭资产配置中住房资产占比却非常高。目前，关于房价预期影响家庭经济行为的文献主要研究了房价预期对房产投资的促进作用及对家庭消费或创业的挤出作用，但是将房价预期纳入居民家庭的资产组合决策的文献相对较少，仅有 Corradin 等（2014）利用美国数据进行数值模拟，发现当预期房价高增长时，家庭将减少对风险金融资产的持有并将资金用于购买住房。在坚持“房住不炒”定位的总基调下，基于房价预期视角探讨中国居民家庭的“股票市场有限参与”问题，具有十分重要的理论和现实意义。

为此，本文以房价预期与家庭股市参与之间的关系为研究主线，主要回答如下问题：居民房价预期影响股市参与的微观机制是什么？微观机制是否可以被数据所验证？行为偏差是否显著影响房价预期与股市参与之间的关系？对于不同背景风险、社会网络和户主特征的家庭，房价预期对股市参与的影响是否存在异质性？本文基于中国家庭金融调

* 原文刊载于《金融研究》2022 年第 4 期。

作者简介：易行健，经济学博士，教授，广东金融学院金融与投资学院，广东外语外贸大学金融学院；苏欣，经济学硕士研究生，广东外语外贸大学金融学院；周聪，经济学博士研究生，复旦大学经济学院；杨碧云，经济学博士，教授，广东外语外贸大学金融学院，广东外语外贸大学华南财富管理中心研究基地。

查（CHFS）数据，通过构建理论模型和实证检验分析了房价预期与家庭股市参与的关系。在理论模型方面，本文通过构建一个两期模型分析发现，房价预期会通过改变股票收益率预期和调整住房资产投资两种机制影响股市参与。在实证分析方面，本文采用 Probit 模型和 Tobit 模型分析房价上涨预期对股票参与和占比的影响，并使用直接和间接两种方式实证检验两种机制的存在。在直接方法中，通过构建股票收益率预期和住房资产投资的代理变量，分析家庭预期房价上涨是否会影响该类变量，在间接方法中，本文引入阻碍住房资产投资调整机制的住房限购政策这一外生冲击，来间接识别影响机制，实证结果进一步验证了房价上涨预期通过股票收益率预期改变机制和住房资产调整机制降低了居民家庭对股市的参与概率和参与程度。同时，本文结合行为金融学，实证分析了家庭行为偏差对房价预期与股市参与关系的影响，研究发现，“心理账户”和“有限关注”等行为偏差的存在，会阻碍家庭对资产组合的调整，并弱化了房价预期对居民家庭股市参与的抑制作用。本文进一步根据背景风险、社会网络、户主受教育程度对样本家庭进行了异质性分析，研究结论表明，房价上涨预期对背景风险较高、社会网络水平较低及受教育程度较低家庭的股市参与抑制作用更大。此外，本文选择“城市是否发布房地产政策调控文件”作为房价预期的工具变量，使用有限信息最大似然法（LIML）进行估计的结论依然稳健，另外考虑不同的金融环境及更换解释变量与被解释变量衡量方法、更换估计方法后，结论依然稳健。

与以往研究相比，本文的创新主要体现在：第一，通过构建理论模型和实证检验，全面分析了房价预期对股市参与的影响效应和影响机制，为“股市有限参与”之谜提供了新的解释。第二，结合行为金融学理论，以心理账户、有限关注为切入点，研究了非理性行为偏差对房价预期与股市参与关系的影响，扩展了家庭资产配置领域的研究视角。第三，本文选择“城市是否发布房地产政策调控文件”作为房价预期的工具变量，较好地克服了可能存在的内生性问题。

鉴于房价上涨预期会通过股票收益率改变机制和住房资产调整机制降低家庭的股市参与，因此，在坚持“房住不炒”的总基调下，更需要注重引导和稳定房价预期，从而在促进房地产市场平稳健康发展的同时，提高居民家庭的股票市场参与度，从需求视角为资本市场的健康发展提供持续动力。同时，“心理账户”和“有限关注”等行为偏差的存在，会阻碍家庭依据价格预期变化调整资产组合。因此，宏观经济管理与金融监管部门在进行政策设计时，以及金融机构在进行金融产品设计与财富管理服务时，需要考虑居民家庭的行为偏差。此外，考虑到房价上涨预期对背景风险较高家庭、受教育程度较低家庭的股市参与抑制作用更大，政府需要继续完善多层次的社会保障体系，满足不同人群社会保障的多元化与个性化需求，降低居民家庭面临的不确定性，继续提高人均受教育水平和金融素养。

投资者亲社会偏好与风险投资*

唐　棣　金星晔

已有研究通常认为投资者是基于收益与风险的考量，从“经济人”的角度出发来进行金融资产配置。这样的理论框架虽然在行为经济学、行为金融学的视角下有了新的扩展和改进，但总体来说，其基本核心仍然没有离开理性经济人理念。从标准金融学到第一代、第二代行为金融学，主流金融理论仍都把投资者定义并理解为是自利的，其出发点仍然在于是否对个人有利，而不是出于利他或亲社会目的。在很长的时间内，主流金融理论排斥了道德和伦理在考量投资决策中的意义，由此产生的最大问题是无法帮助人们理解社会的演进。

实际上，社会规范的变化是一个需要社会成员参与推动落实的渐进过程。在这个过程中，社会成员的关注、参与，以及社会成员之间的互动是必需的，个体的亲社会偏好是至关重要的。自21世纪以来，在理论经济学领域产生了一系列不同于新古典经济学的经济理论，新兴经济学在批判西方主流经济学的基础上，逐步形成了一些具有建构性质的理论共识，这些建构性共识的基本关注点是：人类的亲社会行为与社会偏好。

所谓的亲社会偏好，其核心是指人不仅关心自身的物质收益，也会关心他人的利益，泛指一切符合社会期望，对他人、群体及社会有益的行为（Eisenberg等，2007）。通过对已有文献进行归纳总结，亲社会偏

* 原文刊载于《金融研究》2022年第5期。

作者简介： 唐棣，公共政策分析硕士，博士生，清华大学五道口金融学院；金星晔，经济学博士，副教授，中央财经大学经济学院。

好可以用社会关注、社会信任和社会互动三个维度来概括。本文基于这三个维度选取了家庭的社会捐赠支出和人情礼支出作为衡量其亲社会偏好水平的代理变量。人情礼支出体现我国居民人情往来的社会关系，具备社会互动的特性，而社会捐赠是社会经济活动的重要组成部分。家庭的社会捐赠支出和人情礼支出越多，则户主的亲社会偏好水平越高。本文主要讨论亲社会偏好投资者的风险承担意愿。

就家庭风险投资的影响因素而言，已有研究分别从经济收入水平、人口学特征、健康状况、风险态度、职业风险和房产比例等角度证明了个体因素是影响我国家庭风险资产配置的重要因素。此外，较少研究从亲社会偏好的角度探讨了股票投资的影响因素，包括人口统计学特征、财富水平、主观心理特点因素。遗憾的是，已有研究较少从亲社会偏好角度，讨论其对家庭风险投资的影响。

本文使用2012年和2014年中国家庭追踪调查（CFPS）数据，实证分析了户主的亲社会偏好对家庭风险投资行为的影响。本文首先构造了一系列相关被解释变量，包括家庭是否持有股票、股票现值占家庭金融产品比重等；本文的主要解释变量是户主的亲社会偏好，具体而言，由于2012年的调查问卷没有人情礼支出这一问题，本文使用2012年数据进行回归分析时，仅使用社会捐赠加1的对数值作为亲社会偏好的代理变量，使用2014年的数据进行回归分析时，以人情礼支出和社会捐赠两个代理变量作为亲社会偏好的代理变量；本文的控制变量包括人口统计学特征（性别、年龄、身体健康状况等）、家庭特征（收入水平、家庭人口结构等）变量，同时还控制了省份和时间固定效应。

在实证研究中，本文首先讨论了户主的亲社会偏好对其家庭风险投资的影响。综合考虑样本及被解释变量的特征，本文采用面板数据二值离散变量回归的Probit模型进行实证分析。在控制了人口统计学特征、家庭特征、时间和省份固定效应后，基准回归结果显示，户主的亲社会偏好会显著提高所在家庭持有股票或基金的概率，因此本文认为，户主越具有亲社会偏好，其家庭越偏好于进行风险投资。根据社会互动效应理论，我们从亲社会偏好的社会互动、社会关注和社会信任三个维度进行了分析，证明了人们的亲社会偏好会促进其家庭进行风险投资。

基准回归之后，我们针对可能存在的遗漏变量问题和反向因果问题进行了有关内生性问题的检验。本文尝试用工具变量方法，选取居民所在地区亲社会偏好的平均水平作为亲社会偏好的工具变量，进行两阶段最小二乘法回归（2SLS）。在证实了我们使用的工具变量满足相关性假设后，结果显示，使用工具变量的回归结果与基准回归结果一致，表明户主家庭的亲社会偏好水平越高，其家庭越偏好于进行风险投资。此外，本文将主要解释变量替换为滞后一期的亲社会偏好，回归结果仍然显著。

随后，本文进行了三个稳健性分析。由于不同年份人们的亲社会偏好水平是有所改变的，本文将2014年亲社会偏好水平与2012年的亲社会偏好水平进行比较，结果显示，与亲社会偏好水平不变的群体相比，亲社会偏好水平增加的样本中，户主的亲社会偏好提高了其所在家庭进行风险投资的可能性；接着，本文构造了更多能反映家庭风险投资的变量，例如是否持有期货和期权、是否持有偏股型的基金和信托产品，使用不同指标的回归结果均与基准回归一致。此外，本文考察了户主亲社会偏好对其家庭风险投资绝对量和相对量的影响，回归结果显示，户主的亲社会偏好会显著提高其家庭的风险投资绝对量和相对量。可以看出，户主的亲社会偏好会显著促进其家庭进行风险投资，这一结果是稳健的。

本文进一步研究对不同的群体而言，亲社会偏好对家庭风险投资的影响是否会存在差异。进行分组回归后发现，在非农户口群体、使用互联网群体和风险规避群体中，户主的亲社会偏好对家庭风险投资的影响更加显著。

本文的创新之处在于：（1）突破了传统的“经济人”假设，基于个体在响应、推动新的社会规范过程中自然展现出的亲社会偏好的视角展开家庭风险投资研究。（2）本文通过社会关注、社会信任和社会互动三个维度来刻画亲社会偏好，并分析了人们的亲社会偏好对其家庭风险投资行为的影响，间接证明刻画出的亲社会偏好是有意义的。

本文的贡献主要在于为理解投资者的投资行为提供了新切入点。虽然本文限于数据，只讨论了投资者亲社会偏好对于家庭风险投资的影响，但其实投资者亲社会偏好有着更重要的意义。目前，学术界在讨论投资者为什么会进行社会责任投资时，普遍认为其内在的基础为投资者具有亲社会偏好。因此，相关部门在制定投资的相关政策时，应充分考虑如何发挥投资者亲社会偏好对政策效力的影响。

政府失业目标调整与就业质量*

——来自微观企业层面的证据

曹春方　邓松林

充分就业是经济社会稳定的基础，也是国家宏观经济政策的优先目标。世界各国政府都重视充分就业工作，如欧盟2020战略的三大优先领域中就包括提高就业率。我国高度重视保障就业工作，颁布了一系列政策促进就业，如2022年政府工作报告提出，强化就业优先政策，各地都要千方百计稳定和扩大就业。

现有文献对如何促进就业做了较多探讨。除了经济增长、技术进步以外，现有研究还关注了诸多政策对就业的影响，如信贷供给、补贴、税收优惠等均能有效促进就业。一方面，这些措施更多出现在应对失业时的刺激政策，即被动防止失业增加；另一方面，这些措施是防止失业的手段而非指导。与这些研究不同，本文直接关注地方政府的失业目标调整对地方就业情况的影响。

政府失业目标是我国政府工作报告的重要内容之一，地方政府在政府工作报告中均会公布上一年的失业率完成情况和当年的失业目标。这意味着政府设定失业目标，并按此目标主动管理辖区失业率。失业目标作为一种可置信的政府目标，成为影响地方行为的重要因素。一方面，

* 原文刊载于《金融研究》2022年第6期。
作者简介：曹春方，管理学博士，教授，中山大学管理学院/现代会计与财务研究中心；邓松林，会计学硕士，中山大学管理学院。

失业目标具有横向监督问责特征。地方政府在工作报告中提出失业目标后，失业目标被政府正式提上日程，且政府对失业目标进行承诺，具有可追责性质。另一方面，失业目标也具有纵向考核特征。如不少地级市在政府工作报告中均会明确提出“将城镇登记失业率控制在省下达的目标之内”。本文通过统计数据发现，超过98%的地方政府均完成了失业目标。

一般情况下，地方政府完成失业目标的前提是控制地区的失业水平，而控制失业水平需要通过企业完成雇员就业的对接，即政府控制的失业目标在微观层面体现为公司员工雇佣策略的集合，这使失业目标调整必然会影响微观企业雇员策略。

一般而言，政府能通过政府导向和资源配置来影响企业行为。政府导向影响下，政府通过向市场传递信号的方式来影响辖区企业，企业往往会主动调整自己的行为。政府行为具有权威性，其更多是通过市场指导、政策信号等方式影响企业雇员决策，企业会根据政府设定的失业目标主动调整冗员。由于公司价值最大化导向，相比失业目标的调低，企业更倾向响应失业目标的调高信号。在资源配置影响下，企业更多被动调整冗员。地方政府可以通过资源配置等多维途径直接影响企业雇员决策，具体到失业目标管理上，政府会在失业目标下调时候积极引导，以资源配置等多种途径影响企业承担更多雇员，这种雇员的承担会增加企业成本，此时企业更多是被动调整。在政府失业目标管理下，受政府导向和资源配置影响，企业可能主动或被动调整雇员政策，影响就业质量。

高质量就业可以被视为员工资源配置的最优化，即人尽其才。而现实中往往存在隐性失业，Robinson（1936）认为，经济一旦从以自给自足为主转向以专业化和分工为主，一些工人由于失业而不得不从事较差的工作。从劳动产出率角度看，工人从事较差工作的生产率将低于他们从事所失去工作的生产率，产生隐性失业。冗员可以被视为企业和雇员双方资源的浪费，导致员工配置的低效率。因此，本文以地方政府工作报告中计划失业率测量政府失业目标，以企业冗员反向测量就业质量。

通过手工收集 2007—2016 年我国 31 个省级行政区域的 287 个城市的 2870 份政府工作报告中公布的失业率数据。本文采用 Change Model 进行实证分析，采用 Change Model 的原因在于：该模型不仅可以动态测量失业目标对企业冗员的影响，即失业目标动态调整将如何影响企业的冗员水平，还可以消除一些不随时间变化的遗漏变量带来的内生性问题。

研究结果表明：更宽松的失业目标调整会降低冗员，提升就业质量；这种调整影响存在非对称性，企业对失业目标的上调更为敏感，会显著降低企业冗员，但下调的影响并不显著，这说明，调整影响更多来自政府导向下的企业主动行为。本文也发现失业目标调整的影响在民企、补贴较少的公司和市场化程度高的地区更强。同时，更宽松的失业目标调整会提高企业全要素生产率和公司价值。

相比现有文献，本文主要贡献如下：第一，直接探讨政府失业目标管理对就业质量的影响，拓展和补充了政府行为影响就业的相关文献。现有研究主要关注信贷供给、补贴、税收优惠等促进就业的行为。但这些措施更多出现在应对失业时的刺激政策，即被动防止失业增加。同时，这些措施是防止失业的手段而非指导措施。本文从政府失业目标调整角度对此进行拓展。

第二，拓展和补充了政府目标管理相关文献。政府目标管理研究，除传统的货币政策目标管理外，地方经济增长目标后果也被广泛讨论，本文重点关注了地方政府的失业目标调整问题。

第三，拓展和补充了政府影响企业资源配置的相关文献。政府对企业资源配置的影响在近十几年备受关注，现有文献主要从政府动机和压力下的企业被动行为进行探讨，其结论也主要体现在受政府资源配置影响较强的企业中。本文从政府导向角度，发现政府失业目标调整后企业会主动调整冗员，并且结论主要存在于主动调整动机强的企业中。

我国政府对就业高度重视。党的十九大报告提出要坚持就业优先战略和积极就业政策，实现更高质量和更充分就业。本文结论有一定的参考价值：地方政府在失业目标管理中，除考虑就业率外，还应关注就业质量，通过引导企业创造新的更合适的就业岗位来实现更高质量和更充分的就业目标。

08　公司治理与公司金融

会计信息可比性与劳动收入份额*

江轩宇　林　莉

中央财经委员会第十次会议将“扎实促进共同富裕问题”作为重要讨论议题，指出要扩大中等收入群体比重，形成中间大、两头小的橄榄型分配结构，在高质量发展中促进共同富裕。初次分配对居民收入的影响占据主导地位，决定了一个社会最终收入分配的基本格局。在我国实行按劳分配为主体的基本分配制度下，劳动报酬是居民获取收入的主要来源。故提高劳动收入份额是保证全体人民共享经济发展成果、推动更多人群迈入中等收入行列、实现共同富裕的重要机制。在此背景下，探讨如何提高劳动收入份额具有理论与现实意义。

资本市场配置效率是决定企业劳动收入份额的重要因素。会计信息作为国际通用的商业语言，在缓解信息不对称方面发挥着至关重要的作用。会计信息质量的高低直接决定了资本市场的有效程度和资源配置效率。在会计信息的众多质量特征中，可比性有助于帮助报表使用者识别和理解不同公司之间的相似和不同之处，因此一直被视为是提高会计信息决策有用性的首要质量特征。那么，会计信息可比性是否会对企业劳动收入份额产生影响呢？

从理论上看，会计信息可比性对企业劳动收入份额的影响具有一定

* 原文刊载于《金融研究》2022年第4期。

作者简介： 江轩宇，管理学博士，副教授，中央财经大学会计学院/广东外语外贸大学粤港澳大湾区会计与经济发展研究中心；林莉，软件工程硕士，业务经理，中国建设银行运营数据中心。

的不确定性。一方面，会计信息可比性可能通过如下渠道提高劳动收入份额：(1) 会计信息可比性的增强能够降低信息不对称、减少投资者要求的必要报酬率，进而缓解融资约束造成的劳动收入份额下降；(2) 会计信息可比性的增强可以通过缓解融资约束、降低代理成本及强化学习效应等方式提高企业的自主研发强度，促使企业更加注重对高技能的人力资本的投入。另一方面，会计信息可比性也存在降低劳动收入份额的可能。因为较强的会计信息可比性更容易使企业采用相对会计业绩比较法对管理层进行考核。与同行的业绩比较可能加剧管理层面临的业绩压力，企业为了提高短期利润会增加与生产率增长关系更为直接的实物资本投资，减少对劳动投入的需求。可见，会计信息可比性是否及如何对企业劳动收入份额产生影响，值得深入研究。

本文以2006—2019年沪深A股上市公司为样本，基于23883个公司—年度观测值，研究发现会计信息可比性的增强显著提高了企业的劳动收入份额，表明会计信息质量的提高有助于员工更好地分享企业的发展成果。进一步的研究结果表明：(1) 降低资本成本及增大自主研发强度是会计信息可比性提高企业劳动收入份额的两大作用路径；(2) 会计信息可比性的增强主要提高了普通雇员的劳动收入份额，对高管劳动收入份额的影响并不显著；(3) 会计信息可比性对劳动收入份额的影响存在一定的异质性，当企业自身的融资约束程度较高、信息透明度较低，或可比公司的会计盈余质量较强时，会计信息可比性与劳动收入份额的正相关关系更强；(4) 会计信息可比性通过提高劳动收入份额，提升了企业的价值创造能力。

本文的主要贡献如下。第一，拓展了劳动收入份额影响因素的研究视角。现有文献在劳动收入份额的决定因素领域取得了丰硕的研究成果，发现技术偏向、产业结构调整、产业升级、劳动力议价能力、外商直接投资、融资约束、企业规模分化及企业债券融资等均会对劳动收入份额产生显著的影响。但这一领域的研究忽视了资本市场在改变劳动收入份额中扮演的角色。考虑到会计信息质量是决定资本市场有效性和资源配置效率的重要因素，本文检验了会计信息可比性与劳动收入份额的关系，这对理解资本市场如何影响劳动收入份额具有重要启示，从而丰富了劳动收入份额影响因素领域的相关文献。

第二，丰富了会计信息可比性经济后果领域的相关研究。现有文献主要从企业融资成本、创新投资、并购效率、盈余管理、股价崩盘风险、税收规避及高管激励等维度探讨了会计信息可比性对企业决策的影响。可以发现，此类文献更多关注了会计信息可比性与企业融资决策、投资决策、信息披露决策和高管激励决策的关系，但并未考虑可比性在企业收入分配决策中发挥的作用。因此，本文从劳动收入份额的视角展开研究，为会计信息可比性的实际经济后果提供了补充经验证据。

第三，本文揭示了会计信息可比性影响劳动收入份额的两大路径。会计信息可比性既能通过降低企业的权益和债务资本成本，缓解融资约束下企业用资本替代劳动的倾向；又能提升企业的自主研发强度，促使企业增加对高技能的人力资本的投入强度，进而提高企业劳动收入份额。这有助于更为全面地认识会计信息可比性影响劳动收入份额的作用机理。

在政策含义上，本文的研究表明，监管部门有必要采取积极措施，不断促进会计信息可比性的提高，增强会计信息的决策有用性；同时，要注意到提升会计信息质量是一项系统工程，要充分发挥好会计信息质量不同特征在支持金融、经济发展方面的互动互补作用力。这将有助于破解长期困扰我国企业发展的“融资难、融资贵”问题，并提高企业的自主创新水平，从而增大企业对劳动要素的重视程度，减少资本要素对劳动要素的替代，促进共同富裕。

非处罚性监管与公司税收规避*

——基于财务报告问询函的证据

邓祎璐　陈运森　戴　馨

自党的十九大报告提出“完善市场监管体制”以来，强监管已经成为资本市场的新常态，是健全监管体系及守住不发生系统性金融风险底线的重要手段。我国第十四个五年规划也指出要完善现代金融监管体系，补齐监管制度“短板”，在审慎监管前提下有序推进金融创新，健全风险全覆盖监管框架，提高金融监管透明度和法治化水平。在这种强监管及预防性监管背景下，问询函监管成为两大交易所一线监管的重要方式，具有时效性强的特点，对公司风险的监管可以切实做到早识别、早预警及早处理，且主要针对公司信息披露存在的不足，要求上市公司通过回函进行补充说明，是典型的“刨根问底”式的非处罚性监管。随着问询函监管频率的逐步提高，也引发了媒体、市场中介和投资者的广泛关注。同时，税收是激发市场活力、促进经济发展的重要源泉，企业税收行为一直受到监管机构和投资者的重点关注。事实上，我国证券交易所已越来越重视对公司税收规避行为如会计利润与所得税费用调整过程的算法是否准确、综合所得税税率偏低的原因及合理性、所得税费用与利润的匹配程度等的监管。因此，探讨问询函性质的非处罚性监管能否

* 原文刊载于《金融研究》2022年第1期。

作者简介：邓祎璐，管理学博士，讲师，华北电力大学经济与管理学院；陈运森，管理学博士，教授，中央财经大学会计学院；戴馨，博士研究生，中央财经大学会计学院。

抑制公司税收规避行为，将有助于深化金融供给侧结构性改革，完善现代金融监管体系，提高上市公司质量。与实务界的高度关注不同，学术界鲜有研究探讨中国交易所非处罚性监管对公司税收规避行为的影响，因此厘清两者之间的关系不仅可以丰富非处罚性监管的有效性研究，还可以丰富税收规避影响因素的研究。

本文的主要贡献如下：首先，本文丰富了我国非处罚性监管经济后果的相关文献。目前，针对问询函的研究大多围绕资本市场、外部审计师、盈余管理、管理层业绩预告等展开，而本文基于税收规避视角对问询函这一非处罚性监管的有效性进行研究，也为国际上非处罚性监管的相关研究提供了来自中国制度背景下的证据。其次，本文结论丰富了税收规避影响因素的研究。目前从监管角度出发的文献主要研究税务机关及税收征管对公司税收规避行为的影响，鲜有文献研究证券监管对公司税收规避行为的影响。

理论上，问询函对公司税收规避行为可能存在正反两方面的影响：一方面，公司收到问询函后监管压力变大，信息披露数量增加且信息披露质量提高，公司更难隐藏避税行为；且问询函会促使市场参与者和监管者发挥外部治理功能，缓解代理问题，最终抑制管理层的税收规避行为，降低税收规避程度。另一方面，公司收到问询函后融资成本上升，边际税收规避收益增加，而问询函这一非处罚性监管的严重程度低于处罚性监管，边际税收规避成本可能不变；且外部监管压力上升可能使得管理层进行更多的税收规避活动以提高税后盈余，实现短期目标，而“弹坑效应”的存在也为避税行为提供了条件，最终提高税收规避程度。

为了探究非处罚性监管的影响究竟如何，本文以2013—2017年信息披露直通车实施后的中国A股上市公司为研究样本，使用实际所得税税率和节税水平两个指标衡量公司税收规避程度，使用公司是否收到财报问询函、财务报告问询函总数、针对同一财务报告的问询次数、财务报告问询函包含的问题数量衡量公司面临的非处罚性监管，检验了问询函监管对公司税收规避行为的影响。与此同时，本文从财务报告问询函是否涉及税收或研究开发相关内容两个方面检验了问询函细分特征对公司税收规避行为的影响，并进一步从融资约束程度和税收征管强度两个方面展开了横截面分析。此外，本文还进行了一系列稳健性检验以保证研究结论的可靠性。

本文研究结论如下：上市公司收到沪深两大证券交易所发放的财务报告问询函后，公司的税收规避程度有所降低，当财务报告问询函总数越多、针对同一财务报告问询次数越多、财务报告问询函问题数量越多时，意味着问询函监管强度越高，公司的税收规避行为越能得到抑制。进一步考虑财务报告问询函的细分特征，本文发现当问询函涉及税收或研究开发相关内容时，更能抑制公司的税收规避行为。此外，横截面分析表明，融资约束程度越低、税收征管强度越高，财务报告问询函越能抑制公司税收规避行为。整体而言，以财务报告问询函为代表的非处罚性监管具有一定的监管效果。

本文的研究结论具有一定的政策启示：首先，要健全信息共享机制，充分发挥证券交易所的非处罚性监管职能，切实推进科学监管。其次，可提高对具体问题或事项问询的频率，帮助上市公司优化披露内容，增强信息披露的针对性和有效性，切实推进精准监管、专业监管。再次，在上市公司回函后，要持续监管其实质性行为，从而区分上市公司是真正规范自身行为还是“多言寡行”，强化监管效果，切实推进持续监管。最后，财务报告问询函在融资约束程度较高、税收征管强度较低的公司中发挥的监管作用相对有限，证券交易所在实施非处罚性监管时应高度关注这两类公司，配套现场检查等监管措施，完善违法违规行为认定规则，增加其违法违规成本，切实推进分类监管。

证券投资基金规模适度性研究*

——基于中国市场的证据

张琳琳　沈红波　范剑青

随着社保、养老金等中长期资金的大规模入市，中国公募基金规模面临更快扩张。由于这些流入资金还肩负支撑多层次社会保障体系的重责，这要求公募基金必须兼顾投资的安全性和收益性。证监会在2022年5月发布的《公开募集证券投资基金管理人监督管理办法》中明确强调应当关注基金长期投资业绩、公司合规和风险管理等保护基金份额持有人利益的情况，不得以短期的基金管理规模、盈利增长等作为主要考核标准。那么，公募基金管理规模究竟是可以无限扩张还是存在制约？此外，目前对基金规模的研究还存在如下局限：一是给出的基金管理最优规模大多是投资者最优规模，但这并不符合基金经理利益。二是仅有的少数有关基金经理最优规模的研究，也都没有考虑基金规模的不断扩张会因为边际规模报酬递减而引发投资者大规模赎回，进而使基金经理最优规模在现实市场中无法实现的问题。三是本文分析表明，委托—代理冲突、边际报酬递减和大规模净赎回等现象在基金市场中客观存在，并对基金管理规模同时起着或正向推动或负向牵制的作用，但到目前为止，在确定基金管理最优规模时，尚未见有文献考察过上述“推动或

* 原文刊载于《金融研究》2022年第3期。

作者简介： 张琳琳，金融学博士，青年副研究员，复旦大学社会发展与公共政策学院；沈红波，会计学博士，教授，复旦大学经济学院；范剑青，统计学博士，普林斯顿大学运筹与金融工程系。

牵制”的影响。

针对上述问题和已有研究的局限性，本文发现，由于基金市场边际规模报酬递减效应的存在使得基金规模并不能无限扩张，进而提出了基金管理适度规模和规模适度区间的概念，论证了当基金经理将基金管理规模保持在该适度区间时，可使得委托—代理冲突、边际报酬递减及基金投资者大规模净赎回的“推动或牵制”作用实现相对平衡，从而既可以兼顾基金公司和基金投资者的基本利益诉求，又可以有效避免可能的大规模净赎回对基金经理和投资者双方利益的损害，这是本文最重要的创新。之后，借鉴 Berk 和 Green（2004）中经典的 BG 模型，本文构建了基金管理规模适度区间计量模型和规模适度性评判公式。与 Yin（2016）、Zhu（2018）给出的仅具有唯一性的基金管理最优规模相比，运用本文方法确定的基金管理规模适度区间在现实市场中更具有操作性；同时，本文构建的基金管理规模适度性评判指标也可以对基金规模不足、规模适度和规模扩张过度三类情况进行有效辨识和判断。

借助于上述模型和公式，本文选取 2011 年 1 月至 2019 年 12 月中国股票型和混合型主动管理基金作为研究样本，对样本期内中国基金市场管理规模的适度性、基金经理能力进行计量和评判，主要结论如下：

第一，中国公募基金市场具有以下特征，中国公募基金的平均管理规模在 2015 年之前过大，在 2016 年之后逐渐趋向规模适度，2019 年出现管理规模过小现象。第二，中国基金市场规模适度区间上、下限皆呈现逐年减小的趋势，但二者的差值，即适度性区间的宽度却逐年增加。这主要是由于规模适度区间的上、下限受基金经理能力正向和市场冲击成本负向的共同作用，而适度性区间的宽度则仅受市场冲击成本的负面影响所致。第三，在样本期内，规模适度基金的平均净超额收益率皆为正，远高于规模不足基金和规模过大基金，而且规模过大基金的平均净超额收益率一直为负。第四，相对于基金经理能力而言，管理规模不足基金占比一直最大，管理规模过大基金占比次之，而管理规模适度基金占比则一直最小，但总体呈现逐年递增趋势，这主要由于初创基金数量增长太快而规模适度基金数量增长相对较缓慢所致。

本文的研究表明，与规模过大和规模过小的基金相比，规模适度基金的市场表现最好。本文提出的适度规模及其评判指标，不仅能作为基金规模确定的理论依据，还反映了基金经理能力和基金规模的契合程度，可以作为考核基金经理长期稳健管理的重要标准。此外，本文提出的管理规模适度的基金不仅契合社保、养老金等中长期资金的投资理念，而且投资收益还相对更高。因此，应大力提高规模适度基金的市场占比，并引导社保、养老金等中长期资金投入管理规模适度的基金。对基金管理方来说，应不断挖潜基金经理潜力，提高基金经理能力，同时加强基金经理职业操守、信守承诺教育，加大基金公司内部对基金经理失信的监督检查与处罚力度；对监管者而言，应尽快完善对基金行业的评价体系，除了关注基金投资者利益、基金长期业绩表现外，也应对基金管理规模的适度性，以及与基金经理能力是否匹配等加以考察，从而形成一套完整、科学的基金行业综合评价体系。

中国机构投资者的学习机制研究*

——理性贝叶斯还是简单强化式学习

邵新建　王慧强　王兴春　覃家琦

金融经济学的经典理论文献通常假设投资者的偏好和信念结构是相对稳定的，理性投资者采用贝叶斯学习方式（Bayesian Learning）来更新其关于资产收益率的信念，如果投资者本身的盈亏经历或体验不含有新的信息，则其无法影响理性投资者的信念更新过程。专业机构投资者通常被视为理性投资者的代表，那么专业机构在投资决策时是否真的完全遵循理性贝叶斯学习方式？机构自身的前期盈亏经历能否显著影响其后期的投资决策行为？对该问题的解答有助于深入理解机构在真实金融市场中的行为机制，但是已有文献对此还缺乏充分的探索，尤其缺乏来自实验室之外的真实世界的经验证据。

Anagol等（2021）认为，通过实证方法检验经验与行为之间的因果关系面临的最大挑战是投资者经验的内生性问题。因为经验或经历本身通常并不是外生的，虽然在计量方程中可以控制很多同时影响经验与行为的因素，但是理论上无法完整控制全部的相关变量。更为重要的是，诸如投资者风险偏好、先验信念等重要变量是无法直接观测的。因此，

* 原文刊载于《金融研究》2022年第4期。

作者简介：邵新建，经济学博士，教授，对外经济贸易大学国际经济贸易学院；王慧强，博士研究生，对外经济贸易大学国际经济贸易学院；王兴春，金融数学博士，副教授，对外经济贸易大学国际经济贸易学院；覃家琦，管理学博士，教授，南开大学金融学院。

一般实证方程将面临较为明显的变量遗漏问题。解决经验的内生性问题比较理想的一种方式是，要求投资者盈亏经验分布的相对随机化，而经验的随机化在实验室之外实际很难做到。中国新股发行中的抽签制度提供了投资者盈亏经验的随机分配实验。在此背景下，有效报价机构通过随机抽签方式来决定能否以发行价格在一级市场获得新股分配，在新股上市后，如果二级市场股价超过发行价，则中签机构相对于未中签机构能够获得随机的盈利经验。

本文借助中国新股发行中的随机抽签分配制度，并且要求新股定价的相对市场化。选择2010年11月至2012年12月的深交所IPO作为样本，此阶段共计产生410个IPO。利用随机试验系统研究了机构的经验（经历、体验）对其后续投资决策行为的影响，得到了以下结论。

首先，机构并非完全遵循理性贝叶斯学习方式，而是显著受制于幼稚强化式学习方式（Native Reinforcement Learning）的影响。前期通过中签获配的机构相对于未获配机构在参与后续新股申购上的倾向显著更高，并且前期获配新股的收益率越高，获配体验与后续参与之间的正向关系越强。由于新股收益率本身是可供全体投资者观测到的公共信号，获配新股并不会给获配机构带来任何新的私人信息，这意味着收益体验确实有助于推动机构简单重复带来该体验的申购行为，这符合强化式学习机制的预测。

其次，机构投资者的收益体验能够推动其更新信念，产生相对更加乐观的估值信念。具体而言，前期新股收益率越高，通过抽签获配的机构在参与后续新股的估值报价时，所给出报价上调相对未中签机构显著更高。这意味着亲身体验到的收益相对观测到的收益能够更加有效推动机构更新信念。

最后，经验对机构行为产生影响的可能途径之一是通过机构内部负责投资决策的经理人。如果投资经理人的信念、决策与行为受制于短期经验的影响，则这种影响可能传导至机构本身，由此投资经理人的某些特征也可能缓解经验对于机构行为的影响。本文以基金为样本，分析了基金经理的人数、长期从业经验、教育水平、性别等因素对基金学习机制的影响，结果显示：竞争性基金经理的存在、丰富的长期从业经历、高学历、女性基金经理人的参与都能够在一定程度上缓解短期经验对于基金决策行为的影响。

本文的主要贡献如下。第一，在投资者的学习机制领域，已有文献主要关注的是经验对个人投资者心理与行为的研究（Kaustia和Knupfer，2008；Strahievite等，2011），而本文主要关注的是经验对于通常被视作理性投资者代表的专业机构投资者的影响，并发现机构的行为显著受制于幼稚的强化式学习过程的影响。好的结果会强化机构重复带来该结果的行为，甚至会改变其估值信念，推动其估值信念变得相对更为乐观。这意味着传统资产定价理论对机构理性贝叶斯学习方式的假设并不符合市场现实。第二，关于经验与行为的实证研究通常面临着投资者经验内生性问题（Choi等，2009；Chiang等，2011），本文借助于中国新股分配中的抽签制度所提供的随机实验机会，能够比较有效地缓解经验的内生性问题，获得相对更加可信的关于因果关系的推断。第三，在首次公开发行领域，主流文献通常关注的是询价制和拍卖制的发行、定价效率问题，无论是理论文献还是实证文献通常都忽略了机构投资者的学习机制对定价效率的影响。本文基于中国IPO拍卖背景的研究发现，机构经验对其未来新股申购倾向、报价水平都有显著的影响，这对重新审视理论文献所担心的“IPO拍卖制度下的投资者参与不确定性问题”、过度报价问题（Sherman，2005；Jagannathan等，2015）提供了新的视角。

媒体记者与公司管理层沟通提高了新闻报道质量吗？*

——基于公司调研活动的实证研究

汝　毅　冈昊婧　薛　健

媒体在资本市场上的信息传递和监督职能受到了学术界的广泛关注。但越来越多的研究表明：媒体客观独立性的缺失影响了媒体职能的正常发挥。不难发现，以往研究更多聚焦于媒体报道的经济后果和制约性因素，一个同样重要的问题——新闻报道的生产过程却被忽视了。媒体的新闻报道内容是由媒体记者采编和生产的。一篇高质量新闻报道产生的先决条件在于媒体记者是否能够获取充足的新闻线索，并就这些新闻线索予以准确及时的分析和解读。因此，媒体报道的信息来源渠道和有效性是值得深入探讨的问题。

媒体与管理层的沟通理应是财经记者最重要的信息来源之一。然而，媒体记者与管理层沟通是否必然能够提高其新闻报道质量实则是不明晰的。首先，Call 等（2021）的问卷调查显示：如果媒体发布负面报道会遭到管理层的强烈反对，出于维持良好合作关系的考虑，媒体记者需要在新闻线索的持续可得性和报道质量之间作出抉择。特别是当公司负面新闻缠身时，媒体更容易陷入进退两难的道德困境。其次，相较于

* 原文载于《金融研究》2022 年第 2 期。

作者简介： 汝毅，博士，讲师，中国人民大学商学院；冈昊婧，博士，讲师，北京工商大学商学院；薛健，博士，长聘教授，清华大学经济管理学院。

分析师和机构投资者，新闻记者受上市公司误导的可能性也较大。考虑到上述因素，媒体记者究竟能否将沟通过程中所获得的信息有效地转化为有价值的新闻报道，以更好地满足投资者需求呢?

针对媒体记者与管理层直接沟通的经济后果，存在两种可能的影响机制。第一，媒体记者可能通过和高管的直接沟通获得更多信息，从而发布更多的报道，其内容更加客观、信息含量更高，本文称为“信息发现说”。第二，媒体会改变新闻报道的语气来迎合管理层的需求，导致报道语气更加乐观，信息含量更低，本文称为“报道偏差说”。那么，媒体记者与管理层沟通后其新闻报道质量会受到怎样的影响?在沟通过程中“信息发现说”和“报道偏差说”究竟谁占主导?或者，主导性影响机制的适用范围和边界性条件是否会有所不同?这无疑是非常重要的实证研究问题。

中国特殊的制度背景为本研究提供了一个绝佳情境。深圳证券交易所规定，上市公司可以通过投资者关系活动加强与投资者、分析师、媒体等对象的沟通交流。本文聚焦于2007—2019年一线主流财经媒体参与的上市公司调研活动事件，采用双重差分的计量分析方法，探讨了媒体记者同管理层的直接沟通能否影响其新闻报道的质量。本文将样本媒体限定为《中国证券报》《上海证券报》《证券时报》《证券日报》《第一财经日报》《21世纪经济报道》《中国经营报》《经济观察报》8家财经媒体。本文所使用的新闻数据来自数行者科技公司（Datago）开发的报刊新闻量化舆情数据库（CNAD）。其他控制变量均来自CSMAR国泰安数据库。

本文从媒体报道语气及信息含量两个方面对新闻报道质量进行研究。首先，本文构建了情感倾向得分指标。以往研究指出，新闻报道越负面，越具有价值。其次，本文使用媒体发布新闻日附近［0，1］窗口期的累计超额收益率与新闻报道情感的相关性作为测度新闻报道信息含量的指标。更有价值的情感应当与窗口期内的市场收益更加紧密相关。最后，本文考察新闻报道情感与净利润增长率的相关性。如果新闻报道具有更高的信息含量，其新闻报道情感更能充分地反映公司经营业绩的变化。

实证结果表明，调研媒体的报道语气整体更加乐观，并集中体现在公司公布坏消息的情形下。此外，仅当公司公布好消息时调研媒体的报道信息含量更高，而当公司公布坏消息时调研媒体的报道信息含量与非调研媒体没有显著差别。以上结果表明，媒体记者同管理层沟通后信息的阐述方式视调研所获取信息的性质而有所不同。进一步研究发现，分析师、机构投资者或者记者同行的共同参与，以及良好的公司信息环境能够帮助调研媒体改善新闻报道质量。参与公司调研是媒体维持和拓展经济业务的重要途径。在使用处理效应模型纠正变量自选择偏差及一系列其他稳健性检验之后，研究结论仍然成立。

本文的主要贡献如下。第一，本文补充了关于媒体报道职能发挥影响因素的相关研究。以往研究大都从记者、读者、广告商、政府等角度探讨媒体报道质量的影响因素，对媒体获取信息的过程和渠道缺乏研究。作为媒体最为重要的信息获取方式之一，公司调研活动的过程和经济后果仍然是一个“黑箱”。本文首次通过实证方法验证了管理层沟通这一媒体信息获取渠道的有效性。

第二，本文丰富了资本市场参与主体同管理层沟通的相关文献。以往研究多数发现市场参与方可以从公司调研中获得价值性信息，从而作出更好的决策。目前，鲜有文献关注媒体参与调研的收益和成本问题。我们注意到当前关于媒体在投资者关系活动中报道质量及所承担职责的规范不够明确具体，本文的研究结论可以在一定程度上为监管者和投资者提供启示。

中小股东一致行动改善了公司治理水平吗？*

郑志刚　李　邈　雍红艳　黄继承

在中国资本市场推行注册制改革的背景下，维护中小股东利益成为保障注册制改革效果、助力资本市场平稳运行的关键。而2015年前后我国资本市场股权进一步分散的趋势意味着，中小股东有望利用提案权和表决权形成对大股东的监督和制衡。我们注意到，一些上市公司的中小股东开始通过形成一致行动关系主动参与公司治理。

一致行动人是指两个及以上的自然人、法人或者其他组织通过协议、合作、关联方关系等，在行使上市公司表决权时采取相同意思表示，本质上是投票表决权的集中配置。按照年报中披露的信息，2008—2018年，至少在773家上市公司中存在过中小股东一致行动。这意味着一致行动逐渐成为分散股权时代下，中小股东参与公司治理、维护自身利益可资利用的股权安排。

本文从经济后果、治理机制及作用效果的异质性三个方面，实证考察了持股比例较低的中小股东如何在现有法律和公司章程框架下，利用一致行动关系积极参与公司治理，旨在为中小股东如何利用公司治理制度维护自身利益提供借鉴。本文选取A股上市公司2008—2018年的面板

* 原文刊载于《金融研究》2022年第5期。

作者简介： 郑志刚，经济学博士，教授，中国人民大学财政金融学院；李邈，经济学博士，讲师，首都经济贸易大学会计学院；雍红艳，经济学博士，讲师，首都经济贸易大学金融学院；黄继承，管理学博士，副教授，中国人民大学财政金融学院。

数据作为初始研究样本（数据来自CSMAR数据库和RESSET数据库），采用双重差分倾向得分匹配法构建模型。按照以往研究一贯的做法，剔除具有缺失值、ST年份、金融行业等样本后，本文最终得到2934个上市公司10年间的面板数据。本文为每一个采用一致行动关系的公司匹配一个无该关系的公司，通过对比二者之间在形成关系前后的治理效果等差异，得到排除内生性干扰的结论。

本文首先考察中小股东一致行动的最终经济后果。中小股东通过引入一致行动人，或与其他小股东形成一致行动联盟，集中了投票表决权，直接表达自身意愿、有效制衡实际控制人。本文的研究表明，中小股东一致行动能集中表决权，制衡大股东和经理人，最终改善公司绩效。

本文从股东大会和董事会两个层面考察一致行动的作用机制。一方面，一致行动关系帮助中小股东达到提出股东大会议案和提名董事的持股比例，使其在公司治理和经营管理中获得更大的话语权。另一方面，一致行动带来的表决权集中有利于形成监督的规模效应，鼓励中小股东搜集经营管理信息，通过提案或提名董事，帮助上市公司形成兼顾各方利益和诉求的合理决策。本文的研究表明，在股东大会层面提出更多议案和董事会层面委派更多的董事是中小股东一致行动改善公司绩效的两方面机制。

本文随后考察一致行动关系能否减少实际控制人和管理层对中小股东的利益损害。研究表明，中小股东一致行动对绩效的改善缘于其帮助中小股东加强对实际控制人的制衡和对经理人的监督，表现为实际控制人“隧道挖掘”行为的减少，以及实际控制人委派的不称职首席执行官（CEO）更可能被替代。

在研究经济后果和治理机制的基础上，本文进一步考察中小股东一致行动改善公司绩效作用的异质性。研究发现，一致行动对中小股东利益的保护受到一致行动人持股比例、一致行动形成动机及公司表决制度等因素的影响。研究表明,在一致行动人持股比例适中、具有参与治理动机而非控制权争夺动机的条件下,中小股东一致行动改善公司绩效的效果更好。而累积投票制等中小股东利益保护制度与一致行动是一种相互补充的关系。

本文的讨论为揭示中小股东一致行动的治理效果、治理机制和异质性提供了经验证据。一方面,不同于以往文献从中小股东网络投票等视角揭示其如何参与公司治理,本文考察了中小股东如何通过形成一致行动保护自身权益,以及相应的机制和路径。本文因而构成以往投资者权益保护相关文献的扩展。另一方面,以往研究多集中于创业团队的一致行动,考察创业团队控制权的获取。本文则从中小股东角度开展研究,强调中小股东之间形成的一致行动关系可以用于制衡实际控制人和经理人,改善公司的绩效表现。因而本文有助于理论和实务界对一致行动人的治理角色形成更为全面的认识。

本文为公司治理实践中如何保护中小股东利益带来了积极的政策含义。第一,中小股东可以利用一致行动作为制衡实际控制人、维护自身利益的工具。因而,应当加强投资者教育,提高投资者的权利意识和专业能力,在防范风险的基础上,鼓励中小股东充分利用表决权集中的信息优势和成本优势,采用一致行动关系等维护自身利益的新形式,积极参与公司治理。

第二,中小投资者能够通过一致行动,创新性地利用表决权等固有的公司治理机制,主动参与上市公司的治理。因而,资本市场法律环境建设应当为中小股东利用法律和公司章程框架维护自身利益提供支持。

第三,累积投票制有利于中小股东行使权利,从而更好地发挥一致行动改善公司治理的效果。上市公司应采用累积投票制等与中小股东一致行动互为补充的表决制度。相关部门应当加快推进证券纠纷代表人诉讼的配套制度建设,为中小股东维护自身利益提供外部救济和补充。

第四，投资者应当辩证看待股东间的一致行动关系，注意识别中小股东一致行动的动机，对比大股东与中小股东各自一致行动团体的持股比例，从而防范股东频繁形成一致行动这一现象下可能掩盖的控制权争夺和经营效率损失。

线上销售与未来股票收益*

张 然 平 帆 汪荣飞

随着中国经济步入新常态，数字经济已经成为中国经济发展的重要组成和动力。2003 年，电子商务平台的崛起，标志着我国线上销售业务开启了高速发展的 20 年。线上销售作为互联网经济的代表，展现出极大的发展潜能。以家电市场为例，2019 年我国家电行业线上市场零售额约 3108 亿元，同比增长 4.20%，市场份额达到 38.70%。线上市场在中国消费市场中占据越来越重要的地位。

本文立足于数字经济蓬勃发展的时代背景，利用上市公司的电商平台销售数据研究线上销售信息的投资价值。线上销售信息如果能够预测未来股票收益，需同时满足两个条件：一是线上销售数据具有增量信息；二是投资者并未充分理解线上销售数据的信息含量。

首先，相比于传统财务报表，线上销售数据具有增量信息。一方面，由于互联网技术高速发展，线上销售成为日益重要的商业模式，公司不断增长的线上销售比例使得线上销售与公司整体营收的相关性越来越高；另一方面，由于线上销售信息即时可得，与传统财务报表数据相比，线上销售数据可以提供更为及时并且“颗粒度”更细的公司经营业绩信息。例如，在本文采用的数据库中，投资者可以在每月初获取上月的月度线上销售数据，但定期财报中财务数据的披露滞后 1~6 个月。

---

* 原文刊载于《金融研究》2022 年第 6 期。

作者简介：张然，会计学与计量经济学博士，教授，中国人民大学商学院；平帆，会计学博士生，中国人民大学商学院；汪荣飞，会计学博士，中国投资有限责任公司。

其次，投资者并未充分理解线上销售信息的信息含量。根据有限关注理论，投资者的时间和精力有限，无法及时获取并充分理解市场信息。一方面，投资者只会对其关注的信息进行分析判断，从而产生了暂时性的定价偏差。A股市场个人投资者占比较大、投机性氛围较强，对反映公司特质信息的非财务信息的收集不足。另一方面，由于电子商务在中国的发展时间仅20年，线上销售信息作为非财务信息，具有获取难度大、成本高的特点，数据可得性的限制使投资者难以充分理解线上销售的信息含量。此外，市场不仅要求投资者具有一定的信息获取能力，还要求投资者具有足够的经验和专业知识利用相关信息进行投资。因此，A股市场投资者可能尚未充分获取和理解线上销售信息。基于信息获取成本和投资者有限关注，线上销售信息会缓慢地体现在股价中。基于以上分析，A股市场线上销售信息能够预测未来股票收益。

利用2015年1月至2020年4月275家公司的线上销售数据，本文展示了线上销售数据的投资价值。为了检验线上销售指标对未来股票收益的预测效果，本文以线上销售同比增长率度量线上销售指标，具体度量方式为当月销售额减去上年同月销售额除以上年同月销售额。在投资组合检验中，我们根据每月月初线上销售增长率排序并等分为三组，买入线上销售增长率最高的1/3股票，卖空线上销售增长率最低的1/3股票构建的多空投资组合月均收益率为1.27%，经三因子、五因子模型调整后收益率分别为1.40%和1.35%。考虑卖空限制后，仅利用多头端投资仍可获得显著的超额收益。横截面回归结果显示，线上销售增长与未来股票收益显著正相关，在控制其他因素后，结果仍然显著。

为进一步说明线上销售指标的投资价值，我们考察线上销售指标在较长期间的预测效果。结果表明，线上销售指标可以有效预测未来两个月的股票收益。异质性分析发现，线上销售数据的预测能力在投资者关注有限、线上销售占比高及套利成本高的股票中更显著。投资价值来源分析表明，线上销售信息的投资价值来源于对公司未来基本面的预测。

进一步分析指出，同时利用线上销售信息和营业收入信息进行投资可以最大程度获得超额收益。由于线上销售增长的及时性优势和低投资者关注，预测股票收益的能力高于整体营收增长。当营业收入增长水平相同时，高线上销售增长的投资组合收益大于低线上销售增长，此时投资者可以利用线上销售指标进行选股。

除线上销售信息外，投资者还可能从业绩预告和业绩快报中获得较为及时的公司业绩信息。本文在稳健性检验中考察控制业绩预告和业绩快报影响后，线上销售指标对股票收益的预测能力。结果表明，线上销售指标依然可以有效预测股票收益率。

本文具有以下边际贡献：首先，本文以线上销售为切入点，揭示了非财务数据的信息含量及其对传统财务报表信息的补充作用。本文通过分析线上销售数据，对非财务信息的投资价值文献进行了补充。本文研究表明，线上销售信息作为非财务信息，与传统财务信息具有相关性，且由于及时性优势和投资者的有限关注，线上销售数据可以有效预测股票收益。

其次，本文丰富了线上销售信息与证券投资策略的研究。本文研究表明，投资者根据线上销售指标构建投资组合，可以在未来获取超额收益。从理论的角度，基于线上销售信息的“市场异象”挑战了有效市场理论。相比国外，我国的线上销售业务发展迅速，积累了较为丰富的样本，更早发现了该“市场异象”；从实践角度，我国证券市场起步较晚、成熟度较低，本文的研究结论对于提高资本市场效率、保护投资者利益等方面具有一定现实意义。

本文结论表明，线上销售信息具有价值相关性和及时性，投资者需要充分意识到线上销售信息的价值，并以实际行动促进该信息在市场中传播，以达到提升市场效率的目的。

《金融研究》

Journal of Financial Research

Brief Edition

（Volume Ⅰ · 2022）

01 Macroeconomics & Monetary Policy

New Structural Monetary Policy Mandate with Carbon Neutrality Goals

ZHU Min PENG Daoju

(National Institute of Financial Research, Tsinghua University;
International School of Economics and Management, Capital University of Economics and Business)

Climate change is becoming an important threat to the world. Should monetary policy take a more proactive stance and promote the transition to carbon neutrality? Controversy remains in academic and policy circles on this issue. In this paper, we propose that it is necessary to include carbon neutrality goals in normalized structural monetary for three reasons. First, the transition to carbon neutrality affects existing monetary policy frameworks. Second, carbon emissions have negative externalities. Third, a single fiscal policy cannot effectively promote the transition to carbon neutrality.

The central bank can correct market failures through macro and structural monetary policies, and can facilitate financial markets to allocate more resources to green sectors. When there is a huge difference between the private and social benefits of commercial bank lending, restricting the flow of credit has social benefits. In practice, using structural monetary policy to facilitate the transition to carbon neutrality may have advantages over using fiscal policy. Structural monetary policy mainly acts between the central bank and financial institutions,changes the incentive compatibility condition of financial institutions and promotes the credit allocation to specific industries; it also utilizes the professional advantages of financial institutions in information collection, monitoring, and risk diversification and avoids the potential for bias in some fiscal policies. However, there are still three major challenges to construct a structural monetary policy consistent with carbon neutrality.

The first challenge is determining the theoretical framework for an active structural monetary policy consistent with carbon neutrality. The second challenge is establishing the goals, mediating variables, and transmission mechanisms for an active structural monetary policy that is consistent with carbon neutrality. The final challenge is balancing carbon neutrality goals and other central bank goals. Carbon neutrality goals may conflict with other policy objectives such as maintaining financial stability.

We propose three policy recommendations to build a structural monetary policy that is consistent with the transition to carbon neutrality. First, central banks can establish a structural monetary policy model that is compatible with the transition to carbon neutrality. Central banks can strengthen the monitoring of energy (oil, coal, new energy, etc.), agricultural products, and carbon prices, and can study the impact of changes in energy supply and prices on overall prices. Structural output and consumption changes can be added to these models. Joint research can also be conducted on the macroeconomic impact of monetary policy and carbon-neutral transition policies such as carbon tax, carbon subsidy, and carbon price in a structural monetary policy model. Second, central banks can study the transmission mechanism of monetary policy in the presence of the transition to carbon neutrality. The People's Bank of China has established a short-term interest rate corridor with the standing lending facility (SLF) interest rate as the upper limit, the excess reserve interest rate as the lower limit, and the medium-term lending facility (MLF) interest rate as the medium-term policy interest rate, and has established a loan market from the MLF interest rate to the loan market. It is necessary to study the impact of the carbon price and carbon risk on interest rate transmission upon obtaining the necessary information on the carbon price and carbon risk. The mediating variables and goals of the carbon-neutral structural monetary policy are established. Third, central banks can establish and extend structural quantitative policy tools, including a green quantitative monetary policy framework covering the deposit reserve ratio, liquidity adjustment tools, and non-financial sector credit tools to fully support the low-carbon transition, improve the collateral framework management in the re-lending policy, expand the green collateral framework, create new re-lending facilities, and use the "window guidelines" to provide financing support for carbon-neutral emerging industries.

The People's Bank of China has always been a practitioner of structural monetary policy, and it already leads the research on structural monetary policy consistent with carbon neutrality. It is necessary to continue to focus on these important issues, such as how to optimally structure the central bank's monetary policy, how to balance the relationship between structured policy objectives and conventional objectives, how to balance the relationship between structured monetary policy and government-related functions, and to determine the roles of and relationship between structural monetary policy and markets. Based on the rich practices and continuing theoretical discussions, the People's Bank of China is expected to be at the forefront of the world in innovating structural monetary policy in accordance with the transition to carbon neutrality.

The Coordination of Monetary, Fiscal and Macroprudential Policies

MA Yong LYU Lin

(School of Finance/China Financial Policy Research Center, Renmin University of China; School of Finance, Renmin University of China)

The 2008 global financial crisis showed that financial stability has a crucial impact on economic stability, which gives birth to macroprudential policy. Additionally, the European debt crisis has demonstrated that fiscal imbalance contributes to financial and economic instability, which ultimately leads to systemic financial and economic risks. It is necessary to enhance the coordination of monetary, fiscal, and macroprudential policies from a theoretical and practical perspective. This necessity stems from the highly endogenous relationships among the banking sector, public finance, and the real economy under the modern economic system, and the endogeneity of policy targets indicates the need for policy coordination and consolidation.

The implementation of policy coordination, although straightforward from a theoretical perspective, is challenging in practice. For example, problems that present an extreme challenge to the China include (1) how policy rules should be set in the case of policy coordination, (2) whether the coordination mode should be changed when facing different shocks and fluctuations, and (3) under what circumstances policy conflicts or overlaps may arise and how these can be resolved.

As the Chinese economy enters the “new normal”, the country’s economic and financial systems face a transitionary period of structural reform, and there is an urgent need to consider how to better coordinate monetary, macroprudential, and fiscal policies. Therefore, this paper builds a DSGE model incorporating multiple sectors and multiple policies from a theoretical perspective and conducts a preliminary analysis of the optimal rules and coordination of monetary, fiscal, and macroprudential policies, which clarifies some basic theoretical problems and provides ideas for further research.

The results show the following: (1) To achieve welfare maximization, monetary policy should target output growth and the inflation gap, government expenditure policy and tax policy should aim for output stability and government debt stability, respectively, and macroprudential policy should focus on key financial variables such as credit spread and social financing; (2) the appropriate combination of monetary, fiscal, and macroprudential policies has a more positive effect on economic and financial stability than any one of these three policies, and policy discordance weakens policy effectiveness and exacerbates economic and financial volatility, resulting in significant welfare loss; (3) through the mechanism of policy coordination leading to policy synergy, fiscal policy enhances the stability of output, inflation, employment, and government debt, which contributes to the positive effects of monetary policy (with government expenditure policy being more effective than tax policy), whereas macroprudential policy promotes financial stability and reduces financial risk, which strengthens the effects of monetary policy.

The policy implications of this paper are that it is necessary to further strengthen the coordination of fiscal policy and the "two pillars" framework of monetary policy and macroprudential policy, and that a prerequisite of this strengthening is policy synergy that enhances the coordination and cooperation among multiple policy departments based on policy rules that are in line with China's conditions in the case of the coexistence of multiple economic and financial policies. Meanwhile, in the context of policy combination, due to the endogenous effects and interactions between different policies, policymakers should pay attention to the overlap between policy objectives. They should also focus on the conflict between policy objectives and policy tools when using a combination of multiple policy tools, which requires continuous in-depth follow-up investigation of the transmission mechanism and path in the context of multiple policies in practice. Furthermore, with economic development and financial deepening, various exogenous shocks have occurred in China and differences have appeared between the cooperative effects under different exogenous shocks. As a result, we should clarify the source and nature of shocks that trigger economic and financial fluctuations under a certain policy combination so that cooperative modes and policy rules can be targeted to achieve policy coordination.

Macro-control Policy Choices for the Dual Objectives of Steady Growth and Risk Prevention

CHEN Chuanglian GAO Xirong LIU Xiaobin

(College of Economics and Southern China Institute of Finance, Jinan University; School of Economics and Academy of Financial Research, Zhejiang University)

High leverage has helped China to pursue economic growth for a long time, but it has begun restricting sustainable development. Therefore, determining how to balance macro leverage and economic growth is extremely important. This article constructs a macro-control model that dynamically balances the dual policy objectives of risk prevention and steady growth and uses a latent threshold-time varying parameter-vector autoregressive (LT-TVP-VAR) model to evaluate the time-varying impulse response function of China's monetary and fiscal policy effects on household, corporate, and government leverage and economic growth in various periods from 1996 to 2019. Then, a counterfactual method is used to evaluate the optimal fiscal and monetary policy combination of steady growth and risk prevention.

This article's contributions are mainly the following: First, in theory, risk prevention and steady growth are mutually complementary opposites. Therefore, this article constructs a macro-control theoretical model to measure the dynamic balance between the two. The model can also test the effects of fiscal and monetary policy in achieving the goals of risk prevention and steady growth. Second, the traditional constant coefficient model cannot identify the time-varying relationship between variables, and the TVP-VAR model is limited by the subjectivity of setting time-varying parameters. Therefore, this paper uses the LT-TVP-VAR model. The advantage of this model is that there is only a time-varying relationship between variables when the relationship between the variables exceeds the latent threshold. Otherwise, there is a constant coefficient relationship between the variables, which is more in line with reality. The LT-TVP-VAR model accounts for the time-varying and structural mutations of the economic structure. In addition, the setting of latent thresholds can eliminate the instability between variables and characterize the dynamic and static relationship between the dual goals of macro-control. Third, this study assesses the time-varying effects of macro-control on the dual goals of steady growth and risk prevention by measuring and comparing the effects of fiscal and monetary policy combinations to find the combination with the desired policy effect. The results provide a theoretical basis and useful reference for policy formulation.

The results show that, using the 2008 international financial crisis as a demarcation line, there are stage differences in the effects of macroeconomic policies. Before 2008, the steady growth effect of price-based monetary and fiscal policy was obvious, and quantitative monetary policy significantly affected steady growth and risk prevention. Since 2008, the policy orientation has been to dynamically balance the goals of steady growth and risk prevention. Historically, the influence of fiscal policy on leverage in the three sectors has shown an increasing trend, the effect of quantitative monetary policy has stabilized, and the regulatory advantages of price-based monetary policy have gradually emerged. The results of the counterfactual simulation show that without monetary policy coordination, fiscal policy cannot achieve the objectives of steady growth and risk prevention. Moreover, without the influence of fiscal policy, the effect of price-based and quantitative monetary policy on leverage in the three sectors and economic growth is weaker. Therefore, the policy or policy combination that is effective in regulating the economy depends on the policy objectives. For example, a combination of fiscal and monetary policies is effective for deleveraging the three sectors. In terms of stable growth, the effective coordination of fiscal and monetary policies from 1996 to 2007 was conducive to achieving steady growth. However, after the international financial crisis, large-scale fiscal expansion may weaken the effect of monetary policy in maintaining stable economic growth.

A Model for China's Economic Growth: Analysis Based on Land Finance

WEN Zhu JIN Tao

(PBC School of Finance, Tsinghua University; Policy Research Department, China Banking and Insurance Regulatory Commission; Hang Lung Center for Real Estate, Tsinghua University)

Research on economic growth since China's reform and opening-up generally focuses on two aspects: market-oriented reform, which has greatly improved the efficiency of resource allocation; and competition between local governments, which strongly promotes resource aggregation and local economic growth. However, over the last two decades, China's economic growth has developed new features: GDP growth has continued to slow, total factor productivity (TFP) growth has shown a downward trend, the output efficiency of investment has decreased significantly, net exports as a share of GDP have fallen rapidly since peaking in 2007, and the proportion of the private sector has begun to stabilize after continuous improvement. This paper argues that the above problems are closely related to changes in China's growth model and that land finance has been underestimated before.

We develop a dynamic overlapping generations (OLG) model in which land finance and market-oriented reform play key roles to explain China's economic growth over the last two decades. Land finance links economic sectors as follows: households incorporate land value into their utility function; the local government obtains funds through land finance and mainly supports state-owned enterprises to carry out infrastructure construction; state-owned enterprises and private enterprises, which carry out heterogeneous production and operating activities, provide final products and distribute income to households; households deposit money in the bank and obtain down payments for housing through bank loans; and banks provide loans to enterprises to support their production and operations. Subsequently, we extend the two-period model to a multi-period OLG model and perform parameter calibration and model solution. We use MATLAB to simulate China's economic growth in an iterative way.

Our results show that land finance works as a pivot in the model, allowing the local government to collect capital from the household sector and invest in the infrastructure sector mostly owned by the state. This progress has accelerated along with urbanization in China, interacting with the development of private companies and forming China's unique growth pattern. Our model explains the features of China's economic growth over the last two decades well, including the slowdown of TFP growth, the growth of the private sector, and improved investment efficiency. The multi-period model is consistent with the trend of China's economic structural changes from 1998 to 2017, as well as macro indicators such as savings rate, investment rate, foreign investment and reserves.

The emergence of land finance and market-oriented reform to jointly drive economic growth has a certain historical inevitability as a result of the processes of urbanization and economic transition. Although land finance provides a large amount of funds and a powerful driving force for China's rapid economic growth, it also hinders improving the efficiency of resource allocation. With the further weakening of the role of land finance, continuously promoting technological progress, deepening the reform of state-owned enterprises, and deepening financial reform, among others, are key measures for China's long-term sustainable economic growth.

The marginal contribution of this paper is as follows. Following Song et al. (2011), the paper embeds the land finance mechanism in the process of economic growth, which explains the mechanism through which the proportions of the state-owned sector and the private sector tend to balance each other, thus establishing a new model of China's economic growth over the past two decades and providing a new perspective for the study of economic growth.

Open Market Operation and the Term Structure of Interest Rates: Evidence from Mixed-Frequency Data

SHANG Yuhuang LI Weiqi DONG Qingma

(Institute of Chinese Financial Studies, Southwestern University of Finance and Economics)

China has already established a relatively comprehensive market-oriented interest rate system. The central bank releases monetary policy signals in its short-term open market operations interest rate and medium-term lending facility interest rate to guide market benchmark interest rate the Treasury bond yield curve. Interest rate liberalization has improved the term structure of interest rate formation, which indirectly affects the transmission of central bank-set interest rates to the bond market. Under China's open market operation, bonds are the facility with which the market adjusts liquidity according to the macroeconomic situation, and thereby guides the expected changes in market interest rates. It is essential to study the effectiveness of the transmission of short-term open market operations interest rates to the medium-and long-term bond yield curve.

In this paper, we summarize data from the second half of 2009 to the end of 2019, and divides this sample into two stages:In the former stage(2009.7-2014.12), open market operations were dominated by an alternation between forward and reverse repurchases.The latter stage(2015.1-2019.12) was dominated by reverse repurchase operations as the open market operation model was being regularized;and the relationship of treasury bond yields and open market interest rates is affected by macro circumstance. The key to explaining the above facts lies in analyzing the transmission of open market policy interest rates to the yield curve, understanding the relationship between open market operation and the behavior of the interest rate term structure, and exploring whether the mechanism governing this relationship changes with the business cycle.

There are mang researches on the impact of monetary policy on the bond yield curve (and the term structure factor) but few research on the impact of open market operation policies on the term structure of interest rates. Overseas studies find that monetary policy is the key link between the term structure of interest rates and the macroeconomy. Domestic scholars have different opinion on whether monetary policy can effectively adjust the term structure of interest rates. Some call for a single policy tool for open market operation, as they argue that the open market acts on the Treasury bond yield curve via liquidity effects and expected effects, and transmits short-term interest rates to long-term interest rates. In addition, the term structure of interest rates is a forward-looking economic indicator and thus contains abundant monetary policy information. However, studies do not focus on the transmission of open market operating interest rates to the yield curve under the theoretical framework of the term structure of interest rates.Further more they do not discuss the scenario of mixed-frequency data. Most studies also ignore the impact of structural changes, such as the economic policy cycle, on the transmission of monetary policy.

The main research conclusions of this study are as follows. First, under the condition of mixed-frequency data, the introduction of open market interest rate information significantly improves the fitting of the interest rate term structure factor and of the yield curve in each period of Treasury bonds.

Second, the transmission efficiency of short-term open market policy interest rates to the yield curve is low, and there is an asymmetric relation between open market operation policies and the term structure of interest rates. On the one hand, during the immature period of China's bond market, market were unable to form sufficient policy expectations for open market operations, resulting in a lag response in the transmission of policy changes to the yield curve. On the other hand, the level factor and the slope factor have a positive impact on the open market operation policy. It indicates that the macroeconomic forward-looking information contained in the rate term structure (especially the slope factor) is an important reference for the central bank.

Third, with the gradual improvement of the monetary policy communication mechanism, the central bank's ability to guide and manage market expectations has been significantly improved. Moreover, the transmission channel from the open market interest rate to the yield curve has been effectively dredged, and the effect of open market interest rates on the term structure factors(especially the slope factor) has become increasingly prominent.

Distortion Factors, Prices of Imported Intermediate Inputs, and Total Factor Productivity: Ex Post Accounting Method Based on General Equilibrium Modelling of the Noncompetitive Input-Output Network Structure

NI Hongfu

(Institute of Economics/University of Chinese Academy of Social Sciences, Chinese Academy of Social Sciences)

China's economic development since the reform and opening-up in 1978 is remarkable. However, the growth of China's economic development shows slowing trends over the past decade because of the triple pressure of shrinking demand, supply shocks, and weakening expectations. Following the impact of the COVID-19 pandemic, changes have accelerated and China's external environment is now more complex, severe, and uncertain. How to interpret China's economic growth over the past 40 years and the changes in total factor productivity (TFP) and its driving factors? Answering these questions is of great practical significance. Many studies explore TFP. For example, macro-level studies are generally based on the classical Solow residual method to estimate TFP. In these studies, any unobservable factors affecting economic growth can be attributed to TFP; therefore, the classical Solow residual is like a "black box". It is impossible to accurately understand the determinants of TFP theoretically; thus, there are misunderstandings in the understanding of TFP, which also leads to differences in understanding changes in TFP. Studies of the decomposition of TFP in China lack a unified theoretical model and especially a general equilibrium model of the input-output network structure.

Based on the basic framework of Baqaee and Farhi (2020), this paper constructs a general equilibrium model of a noncompetitive input-output network structure with imported intermediate inputs and distortion factors suitable for China's characteristics. The paper then proposes a new method for calculating and decomposing total productivity, which empirically calculates and decomposes changes in TFP. This paper makes two marginal contributions to the literature. First, the theoretical model of the production network structure is expanded. The general Baqaee and Farhi (2020) model is based on the general equilibrium framework of a production network structure with markup. In addition to the markup caused by monopoly power, the structure of China's tax system with indirect tax as the main body obviously differs from that of the United States with direct tax as the main body. Therefore, building a general equilibrium model for a production network structure that considers the impact mechanism of indirect tax is more in line with China's reality. Second, this paper enriches methods for calculating and decomposing TFP. Under the general equilibrium framework, this paper derives a new unified measurement framework for economic growth accounting and TFP decomposition, considers the impact mechanism of terms of trade, and expands the decomposition method for TFP.

The results show that capital and TFP are the main sources of China's economic growth and that there is an obvious "see-saw" between the two, but the contribution of labor is relatively small and the rate of contribution shows a downward trend. The change to pure technical efficiency is the main contributor to changes in TFP; however, it shows a downward trend and 2007 is a watershed year. Following the gradual loss of the late development advantage of technology imitation, the speed of technological progress also shows a gradual decline since 2007. After 2012, however, China's pure technical efficiency improves gradually under the influence of the innovation-driven development strategy.

The contribution of the change in distortion factor allocation efficiency for TFP changes from positive to negative, while the contribution of the change in the terms of trade for imported intermediate products to TFP changes from negative to positive. Against the background of the establishment of a socialist market economic system and China's entry into the World Trade Organization, the change in resource allocation efficiency promotes TFP. From 2007 to 2012, however, following the global financial crisis and China's "four-trillion investment plan," distortion factor allocation efficiency deteriorated in the short term and pulled down TFP, but its negative impact decreased after 2012.

The following three conclusions are based on these results. First, TFP is not only the main source of improving China's economic growth in the future but also the key to achieving high-quality development. Following the decline in the return on capital caused by the decreasing scale of marginal returns and resource and environmental constraints, it will be difficult to sustain large-scale investments in the future and the contribution of capital to economic growth will decline. Second, the technological progress brought by independent innovation in the future is the main source of TFP improvement. Third, improving the efficiency of resource allocation is still an important source for improving TFP and achieving high-quality development. The practical experience of China's reform and opening-up confirms the important role of improving technical and factor allocation efficiency in rapid economic growth.

The Natural Interest Rate Puzzle in China and Bond Market Pricing: Insights from a Macro-finance Model

WANG Bo　CHEN Kaipu

(School of Finance, Nankai University)

The natural interest rate is an important concept in macroeconomics and finance, as it provides a benchmark for calibrating the stance of monetary policy. It also affects the price of financial assets and the allocation of large categories of assets by affecting the discount rate in the financial market. However, the natural interest rate is unobservable and is thus estimated in the macroeconomic literature and the financial literature using various methods. An implicit assumption of the finance-based approach is that the financial market is efficient . This implies that additional economic and financial information is needed to jointly predict future trends in interest rates and estimate the natural interest rate. Macro-based estimates of the natural interest rate are heavily dependent on the assumptions of the models used, which often omit important variables. The discrepancy between the natural interest rate estimated using financial methods and that estimated using macroeconomic methods is termed the "natural interest rate puzzle". This study finds key evidence for such a discrepancy in China and this discrepancy could lead to disturbances in the formulation of monetary policy, which requires a more accurate estimate of the natural interest rate than those that are currently used.

In this study, we estimate China's natural interest rate using a financial model and a macroeconomic semi-structural model, and confirm that China also faces the natural interest rate puzzle. We solve the puzzle by constructing a consistent macro-finance model that estimates the natural interest rate by utilizing both macroeconomic variables and yield curve information. The interest rate and the natural interest rate represent an important intersection of macroeconomics and finance research. Specifically, not only do the yield curve and other financial variables have an important impact on the estimation of the natural interest rate, but the accurate estimation of the natural interest rate has an important impact on asset pricing. Identifying the factors influencing bond yields and combining macroeconomics and finance factors are important trends in bond pricing research. Macro-finance theory shows that the trend of inflation and the natural interest rate are the basic determinants of the yield curve. Under the macro-finance framework, we further study the impact of the natural interest rate on bond pricing. We obtain yield data from the CCDC, and use the quarterly values of monthly year-on-year CPI data as the inflation rate. We take the first quarter of 2011 as the base period, and obtain the value of real GDP from the nominal GDP and GDP year-on-year growth rate and quarter-on-quarter growth rate, which are logarithmically processed and seasonally adjusted by X-13. The data are acquired from the Wind Economic Database and CEIC database.

The results lead to two conclusions. (1) The macro-finance model could solve China's natural interest rate puzzle, and estimates a lower natural interest rate than that estimated by the macroeconomic model. (2) The natural interest rate has a significant impact on bond yields. Adding the natural interest rate can improve the goodness-of-fit of bond yields to the yield curve across a range of maturities.

An important contribution we make in this study is to apply the framework of Brand et al. (2020) to solve a theoretical problem—the natural interest rate puzzle—and expand the application of this method by incorporating fundamental information on China's interest rate liberalization reform. We also empirically test the important role of the consistent natural interest rate that we estimate in describing the dynamics of the bond yield.

Aging Populations and Regional Entrepreneurship: A Study Using Entrepreneurship Data from Qixinbao

WANG Zhengwei　LI Mengyun　LIAO Li　SHI Yongbin

(PBC School of Finance, Tsinghua University)

Programmatic documents such as the "Report to the 19th National Congress of the Communist Party of China" contain important theses on entrepreneurship. However, the aging of China's population is becoming an increasingly serious economic issue. A national strategy for actively responding to this demographic trend is present in the 14th Five-Year Plan. Accordingly, exploring the impact of population aging on regional levels of entrepreneurship has academic value and policy significance.

City-level entrepreneurial data are obtained from Qixinbao and city-level population aging data are obtained from a population extrapolation model. Family planning policy is used as an instrumental variable to establish a causal identification between aging and entrepreneurship. The analysis shows that every 1% increase in the dependency ratio of the elderly population reduces the number of entrepreneurial enterprises by about 10%, which is an economically significant decrease. In addition, this paper introduces the use of registered capital to classify the size of enterprises and finds that population aging mainly affects mid-sized enterprises. The paper also conducts some in-depth mechanism tests and finds two mechanisms driving the relationship between an aging population and entrepreneurship: the pension pressure mechanism within the family and the rank effect mechanism outside the family.

The pension pressure mechanism occurs because an aging population increases the pressure on potential entrepreneurs to support elderly family members; as family members spend more time and energy taking care of the elderly, family economic pressure increases. In such scenarios, family members avoid engaging in high-risk activities such as entrepreneurship. This paper provides evidence of this mechanism at both the macro and micro levels. At the macro level, the paper shows that in cities with lower levels of medical care or worse insurance coverage, the impact of aging on the level of entrepreneurship is stronger. At the micro level, this paper uses the household finance survey data of CHIP 2013 to show that the pension pressure within a family can inhibit the entrepreneurial behavior of family members. Furthermore, if the elderly family members have insurance, the pension pressure within the family is to a certain extent alleviated.

The rank effect mechanism is related to the fact that entrepreneurship requires both youth and entrepreneurial resources. In areas with aging populations, more important positions are occupied by older individuals, and it is difficult for young people to obtain important positions and accumulate entrepreneurial resources, thus reducing the level of entrepreneurship. This paper provides evidence of this mechanism at both the macro and micro levels. At the macro level, the paper finds that in cities with higher proportions of state-owned units,the inhibiting effect of aging on the level of entrepreneurship is stronger. In addition, physical capital-intensive industries are more strongly affected by the rank effect, and aging has a greater impact on the level of entrepreneurship in these industries. At the micro level, after controlling for pension pressure within families, the paper shows that the overall age of a city's population has a significant inhibiting effect on the entrepreneurial behavior of family members, and we links this observation to the rank effect mechanism.

The innovations of this paper can be summarized as follows. First, a big data set is used to describe the entrepreneurial activities in all of the cities and the aging data are obtained using a population extrapolation model. This is therefore the first study to investigate the relationship between population aging and entrepreneurship at the city level in China. Second, this paper proposes and examines two new parallel mechanisms (the pension pressure mechanism within the family and the rank effect mechanism outside the family). Third, this paper uses family planning policy as an instrumental variable for population aging, overcoming the endogeneity problems that may exist in this study design.

The findings have certain policy implications. First, to release entrepreneurial energy and drive high-quality economic growth, China should continue to ease its population policies. Second, to mitigate the impact of an aging population on entrepreneurship, China needs to continuously improve access to medical services and insurance coverage.

Leverage Ratio, Fixed Assets Investment, and R&D Activities: Implications for How Finance Enables High-quality Development

MA Sichao SHEN Ji PENG Yuchao

(School of Finance, Capital University of Economics and Business; Guanghua School of Management, Peking University; School of Finance, Central University of Finance and Economics)

The literature mainly explores the independent effects of corporate leverage change on fixed asset investment and R&D investment. In reality, a firm will take an integrated perspective when allocating its limited resources to either of these investment types, as their risks and returns differ. Fixed asset investments generally indicate low risk and relatively certain returns, but the firm's level of technology will not increase. Conversely, the final outcomes of R&D activities are uncertain, which increases volatility in terms of market profitability and raises financing costs. Successful R&D investment leads to an increase in total factor productivity (TFP), and the firm can earn profit more efficiently. The core research questions raised in this study are: how does a firm's change in leverage affect its decision regarding allocating resources to these two types of investment? What characteristics lead firms to invest more in R&D activities?

We aim to address these questions through a unified framework, so we first construct a three-period corporate investment model to identify the nonlinear relationship between changes in corporate leverage and investment behavior. At the beginning of the first period, a firm's original fixed asset investment consists of internal and external capital. It also holds cash and cash equivalent in hand to deal with potential adverse shocks in the future. In the intermediate period, the firm may remain in two possible states. If the probability is that a bad state will occur, the firm experiences a liquidity shock. It must then resort to its cash reserve to ensure liquidity; otherwise, the firm is forced into bankruptcy and liquidation. If a good state occurs, the firm does not encounter a liquidity shock and therefore invests its cash reserve to increase its fixed asset level or to conduct R&D. The optimal investment can then be determined. When the leverage is low along with the original fixed investment level, the firm uses up all of its cash reserve to increase its fixed investment and does not invest in R&D. As the leverage increases, the firm will make the two types of investment simultaneously so that the expected marginal benefits are the same. When the leverage increases beyond a cutoff point, the benefit of innovating exceeds the benefit of increasing the fixed assets, so the firm invests all of its cash reserve in innovation.

Our model offers three main implications that can be empirically tested. First, the level of leverage can determine the investment behavior of the firm. An increase in leverage from a low level leads to an increase in a firm's fixed asset investment or R&D activities. However, with an increase in leverage from a high level, a firm will not increase its investment because the negative effect of leverage on firm value is dominant. Second, a firm's financial flexibility may affect its investment behavior. Such flexibility is captured in the model by a firm's cash reserve in the first period. Holding more cash in hand in advance offers two advantages. If the firm suffers from a liquidity shock, more cash enables it to hedge against the adverse effect over a wider range. When the firm is free of such a shock, more cash can be input to increase its fixed asset investment or engage in more innovation, both of which increase firm value. Our model shows that when a firm is more financially flexible, it allocates more cash to R&D. Third, a firm with better future prospects is likely to more intensively engage in innovation.

We obtain annual data from the financial reports of Chinese listed companies on the Shanghai and Shenzhen stock exchanges from 2007 to 2017. We first find that an increase in leverage from a low level can increase a firm's investment. As the leverage increases, this effect diminishes and eventually vanishes. This finding is consistent with our first hypothesis. Second, an increase in short-term leverage is likely to lead to more R&D investment, while an increase in long-term leverage is mainly transformed into more fixed asset investment. Third, the empirical evidence concerning corporate financial flexibility and prospects confirms our model predictions.

This study has important policy implications. A structural view of corporate leverage change can inform the debate. Commercial credit can lead to a leverage increase, which improves business activities because more external funds are available. This can be referred to as "good leverage". In contrast, increases in long-term leverage and bank leverage lead to an increase in the fixed assets of investment firms with overly high leverage and poor prospects, and particularly for "zombie" firms, which exacerbates the overcapacity problem. We provide clear policy recommendations on how to enable finance to better serve the real economy and promote high-quality development. Measures should be taken to allocate more financial resources to innovative firms and grant high-quality and promising firms more room and freedom to adjust their leverage ratios.

Interest Rate Marketization, Credit Allocation, and the Value of Growth Options in Non-SOEs: Evidence from the Removal of Upper and Lower Limits of the Loan Interest Rate

XUAN Yang JIN Qinglu LI Xiaoxue

(School of Accounting, Shanghai University of International Business and Economics; Institute of Accounting and Finance, Shanghai University of Finance and Economics; School of Political Science, Stockholm University)

Improving the formation and transmission mechanism of market-oriented interest rates can increase the efficiency of the financial market and capital allocation. China has adopted a gradual reform approach for interest rate marketization. The upper and lower limits of loan interest rates have been adjusted several times, were gradually relaxed, and were finally removed in October 2004 and July 2013 by the People's Bank of China. How does interest rate marketization affect the development of the real economy? The literature focuses on the removal of the upper and lower limits of loan interest rates and examines the impact of loan interest rate marketization on capital structure and investment efficiency (Chen et al., 2019). The influences of the upper and lower limits of the loan interest rate differ for firms because of heterogeneous risks, which further affects the investment flexibility of firms and the real option value. However, this effect is rarely examined in the literature.

Unlike other studies, we examine how the removal of the upper and lower limits of loan interest rates affects access to credit resources, investment flexibility, and the value of growth options in non-state-owned firms. Theoretically, banks should set specific loan interest rates depending on the level of risk. However, with upper and lower limits, banks are unable to fully adjust their loan interest rates to the level of firm risk. The upper limit (lower limit) restricts banks from charging high interest rates (low interest rates) to high-risk (low-risk) firms. Thus, these firms may abandon credit financing or some of their investment projects because of high interest rates or a lack of funds. Firms with medium levels of risk are not affected, as their corresponding interest rates are between the upper and lower limits. After the upper limit (lower limit) is removed, banks can charge high (low) loan interest rates to high-risk (low-risk) firms, and thus, these firms can obtain additional credit and therefore increase investments and realize the value of their growth options.

Based on a sample of A-share listed companies from 2001 to 2020, we calculate the Oscore variable and use this to constructs risk groups (Ohlson, 1980). The results from a differences-in-differences research design indicate that the removal of the upper (lower) limit of the loan interest rate enables high-risk (low-risk) firms to obtain more credit at higher (lower) costs than medium-risk firms, and it significantly improves investment flexibility and the value of growth options. The results of parallel trending, falsification, and changing the variable definition and samples confirm the robustness of our empirical findings.

Our academic contributions are as follows. First, we examine the differential impact of removing the upper and lower limits of loan interest rates on firms with heterogeneous risks, which has rarely been investigated in the literature. In addition, by applying a differences-in-differences research design, we largely alleviate concerns of endogeneity. Our research contributes to the literature on how interest rate marketization affects the allocation of credit resources. Second, we investigate the influence of interest rate marketization on financing and investment decisions and, finally, on value creation. Thus, our study increases the understanding of how interest rate marketization affects firm investment and the value of real options and informs the micro-transmission mechanism of interest rate marketization. The removal of the upper and lower limits of loan interest rates provides us with an opportunity to examine how exogenous changes in the financing environment affect the value of growth options, thus enriching research into the value of real options (Hao et al., 2011; Chen et al., 2015). Third, research identifies the mechanism through which stock price guides capital allocation and investments (Chen et al., 2003), whereas we examine how the removal of interest rate regulations affects credit allocation, firm investment, and value creation. Our findings reveal how interest rates can be used as price mechanisms for credit and guide the allocation of credit resources and the operation of the real economy, thus extending the literature.

Based on the above research findings, we offer the following policy recommendations. First, regulatory authorities should focus on improving the formation and transmission mechanism of market-oriented interest rates and credit allocation efficiency in their reforms. Second, any blocks on the transmission channels of loan interest rates should be removed to increase the convenience of enterprise financing so that finance can serve and support the real economy and promote the high-quality development of firms and the macro economy.

The Nexus between the USDT Stablecoin and the RMB Exchange Rate

Research Group of the Digital Currency Institute

(The Digital Currency Institute, the People's Bank of China; School of Banking & Finance, Vniversity of International Business and Economics)

USDT is a dominant stablecoin pegging the US dollar at parity and is issued entirely against reserves mainly deposited at banks. More than two thirds of global Bitcoin transactions use USDT, which has become the infrastructure and primary medium of exchange for the crypto-assets market. The core mechanism to stabilize the intrinsic value of USDT is having the necessary reserves in place to ensure that the token is readily redeemable at parity with the US dollar. Tether, a tech company domiciled in the US, promises to meet the market demand for redeeming USDT against USD at parity at any time. However, on February 24, 2021, Tether and affiliates (Bitfinex) settled a judicial investigation with the New York attorney general's office, paying a $18.5 million fine to end a judicial probe into the alleged fraudulent issuance of the stablecoin USDT, foreshadowing that USDT could have a serious liquidity impact on the $1.4 trillion crypto-assets market as reported by The Economist.

In China, using USDT has become a way to bypass government regulations, which channels its risks to the foreign exchange (FX) market through the nexus between USDT and the RMB exchange rate. Nowadays, most USDT trading activities in China are conducted through OTC online trade, which provides platforms priced in RMB for buyers to bid and sellers to ask. Some recent court verdicts have shown that Bitcoin and USDT share a decentralized, borderless and hard-to-trace nature, so both of these cryptocurrencies are used for cross-border fund transfers, forming a triangular RMB-USDT-Bitcoin trading mechanism.

Accordingly, the theoretical and empirical work of this paper is twofold. First, this paper establishes a theoretical model for the triangular trading mechanism. A salient feature of USDT is its ability to act as a bridge between a fiat currency and crypto-assets priced in USD, which could be seen as a de facto black market for USD. This model predicts the inherent correlations between the price of USDT and official exchange rates, such as of CNY, which can deepen the theoretical framework for stablecoin and further reveal the financial risks brought by. An empirical model for USDT price return and volatility correlated with those of CNY is then developed to test the hypothesis based on the theoretical model.

This paper is the first to find that (a) USDT (in RMB) return is negatively correlated with CNY return, and USDT (in RMB) volatility is positively correlated with CNY volatility; and (b) USDT (in RMB) volatility is a leading indicator of CNY volatility. Moreover, the results of similar empirical models show that the correlations between EUR and JPY return/volatility and USDT (in EUR and JPY) return/volatility are in sharp contrast to the correlations between CNY and USDT (in RMB). To narrow the explanatory gap of these empirical findings, the negative correlation between USDT (in RMB) and CNY can be explained by our theoretical model, which shows that increasing the probability of successful AML/CFT monitoring and capital outflow control would lower the equilibrium ratio of the USDT price to the official exchange rate, with the former price decreasing (RMB appreciation) and the latter price increasing (RMB devaluation) in tandem.

This paper also contributes to the theoretical framework for FX black markets in the digital era, as it finds that a weak currency exhibits different correlational relationships with a stablecoin (USDT) compared to strong currencies, which would present an insidious risk to the stability of the weak currency. Hence, it can be inferred that stablecoins should be under adequate and appropriate regulation, and that global stablecoins should not be rolled out before there is a consistent and holistic framework for regulation on this issue. We advocate that because of the possibility of using a stablecoin pegged to an international or domestic currency on FX black markets, the measures surrounding crypto-assets and stablecoins implemented by the government should be upheld.

Stable Land Property Rights and Agricultural Production

XU Shangkun WANG Lu YANG Rudai

(School of Philosophy, Renmin University of China; School of Economics, Peking University)

Clearly defined land property with complete rights has always been a necessary condition for agricultural and rural development and the effective allocation of resources. China's reform and opening up began with the rural land tenure reform. The implementation of household contract responsibility not only increased farmers' enthusiasm for agricultural production but also laid a solid foundation for subsequent reform while improving agricultural production efficiency. The unique design of the land tenure system has contributed greatly to China's rapid economic growth and structural transformation. Rural land is owned by collectives and the contracted management rights belong to farmers, and the Chinese government has adopted a series of reforms to stabilize farmers' land property rights in recent years, such as extending the contracting term, which ensures fairness and prompts incentives. These reforms have improved agricultural production efficiency and aided in stable macroeconomic development.

The land tenure system and household behaviors are the core issues of development economics, and the literature includes studies on farmers' investment and land transfer. As the largest developing country in the world, China's unique land tenure design and major reforms in recent years and the large-scale transfer of agricultural labor to non-agricultural sectors provide valuable opportunities to study land tenure and agricultural production. As a landmark event in China's rural land tenure reform, the promulgation of the Law of the People's Republic of China on Land Contract in Rural Areas gives farmers long-term and guaranteed land use rights and the right to legally transfer their land. This law effectively improves the stability of farmers' land property rights and promotes the effective allocation of land resources through active rural land transfer markets.

Accordingly, this paper takes the implementation of the Law of the People's Republic of China on Land Contract in Rural Areas at the provincial level as a policy shock and uses a difference-in-differences method to study the impacts of stable land property rights on household agricultural production and its' mechanisms. This research is mainly based on the National Fixed Point household dataset of the Ministry of Agriculture and Rural Affairs from 1995 to 2013. This dataset, which contains detailed agricultural input-output information, is the largest tracking sample survey in rural China. The quality of the data has been widely recognized. This paper first examines the impact of the policy shock on farmers' land transfer behaviors and agricultural total factor productivity. Next, this paper discusses the sources of agricultural efficiency improvement from the perspective of the direct incentive effects of stabilizing property rights and the reallocation of land resources. Finally, this paper discusses the heterogeneous effects of the policy shock with regard to population mobility, geographical endowments and transportation infrastructure.

The research conclusions of this paper are as follows. First, stable land property rights can greatly reduce uncertainty about the future, protect the legitimate rights and interests of market participants, and activate the land transfer market and improve agricultural efficiency. Second, the implementation of the Law of the People's Republic of China on Land Contract in Rural Areas mainly promotes land out rather than land in, and the efficiency improvement comes from direct incentive effects and the improvement of resource allocation efficiency. Stable land property rights can promote effective land transfer and optimize farmers' agricultural production and labor allocation decisions. Third, stable land property rights can effectively alleviate the loss of agricultural production efficiency caused by population outflow and congenital disadvantages, and can improve the overall income level of rural households. This paper shows that clear property rights and reasonable expectation management are necessary conditions for market-oriented resource allocation.

We contribute to the literature in several ways. First, this paper verifies the direct property right incentive effect brought by the reform of stable land property right tenure arrangements. Even if farmers do not transfer land, they can directly improve agricultural productivity under the incentives of stable land property rights. Second, this paper indicates that the policy stabilization of land rights and legalization of transfer rights can effectively optimize farmers' labor and land resource allocation, and can increase farmers' welfare. Third, this paper discusses the heterogeneous impacts of land reform in combination with population mobility, regional endowments and transportation infrastructure, which are crucial to transitional China.

Formal and Informal Finance: Institutions, Efficiency, and Empirical Challenges

GAO Ming HU Conghui

(School of Economics, Peking University; Business School, Beijing Normal University)

The relationship between formal and informal finance is not only an important academic issue but is also crucial for China's financial system reform. Formal finance has been extensively examined because of its primary role in financing, stabilizing markets, and promoting economic growth. The policies of many emerging economies are aimed at replacing informal with formal finance. However, although informal finance carries a potential risk, it is widespread and important to small and medium-sized enterprises, households, and developing countries, particularly when the financial market is incomplete or has stringent financing restrictions. Thus, clarifying the value of informal finance is important when formulating regulatory policies.

In this study, we discuss the relative efficiency of formal and informal finance and their determinants by establishing a theoretical framework from the perspective of institutions of information and enforcement. We also clarify their roles in the various stages of economic development, and note the contributions and challenges in the empirical literature. We then discuss how to improve the efficiency of formal and informal finance by considering China's unique features, and conclude with suggestions for future research. The institutional perspective reflects the financial attributes of formal and informal finance and provides a basic framework for studying related academic and policy issues.

We suggest that formal finance involves a relatively complete credit system and relies on the legal system as its enforcement institution. Informal finance generally does not have standardized procedural information and enforcement institutions, and it depends on reputation, relationships, and social networks. Formal and informal finance both have unique advantages because of these differences in information and enforcement institutions. Formal finance is easy to regulate and expand, but it is relatively slow to adjust. Informal finance can easily be adapted to economic changes but is difficult to regulate and limited to regional and interpersonal networks. The relative efficiency of formal and informal finance depends on the corresponding social network and the credit and legal systems at the various stages of economic development. The inconsistencies in the literature are mainly due to differences in classification methods, sample limitations, and identification.

Developed economies have high degrees of predictability, relatively effective credit systems, and highly efficient legal systems. Thus, formal finance plays a major role in supporting economic activity and development and thus substitutes for informal finance. Rapidly developing economies often have unpredictable shocks, and so informal finance can be more easily adapted to the changing market environment without persuading the legislature to amend laws. Historical social networks and business relationships are also important foundations of informal finance. Thus, informal finance is an important financing channel in rapidly developing economies and complements formal finance. In underdeveloped areas, formal financial systems and capital markets are typically undeveloped. Both formal and informal finance are therefore important for economic development and should be encouraged.

Finance and growth are subjects of debate in both academic research and policy discussions. The efficiencies of formal and informal finance are typically compared in terms of their contributions to enterprises and economic growth; few institutional analyses of formal and informal finance in the different stages of economic development have been conducted. Establishing institutional measurements for formal and informal finance can thus be of benefit to investigate the mechanisms that affect their relative efficiency in different stages of economic development.

02 Financial Stability & Risk Management

A Literature Review of Systemic Risk: Status, Development and Prospect

YANG Zihui CHEN Yutian LIN Shihan

(Lingnan College, Sun Yat-Sen University; Advanced Institute of Finance, Sun Yat-Sen University)

Risk prevention is the eternal theme for the financial sector, which also makes systemic risk a major issue worth investigating at this stage. This paper provides a comprehensive and in-depth review on 272 articles published on top journals based on the perspectives of measurements, contagions and spillovers, driving factors, forecasting, macro-finance linkages, risk control policies and their effectiveness, and the developments of regulatory principles.

First, we summarize the definitions of systemic risk proposed in related literature and find that preventing and controlling systemic risk is essential for maintaining financial stability. Section 2 evaluates the exiting systemic risk measurements which are grouped based on the perspectives of portfolio analysis, tail dependence, joint default probabilities, network analysis, and composite indicators. We further comment on the merits and drawbacks of each category. As shown in section 3, studies on systemic risk contagion and spillover suggest that changes and shocks experienced by a single financial institution or market will quickly spread to other institutions and other markets through inter-sectoral linkages, thus triggering systemic crisis. Aside from theoretical analyses, we also document empirical studies on the contagion of systemic risk from three perspectives. In section 4, we review a large collection of literature to identify driving factors of systemic risk. One strand of literature looks at micro-level sources of systemic risk. Another strand of literature ascribes systemic risk to macro-level factors like macroeconomic status. Two strands of literature concerning about systemic risk forecasting are discussed in section 5. A family of papers aim to promote early warning system against systemic risk by employing methods such as signal extraction and logit regression. Alternatively, other studies try to utilize information from systemic risk series to predict corporate financial distresses and macroeconomic recessions. Then, this paper surveys the literature on macro-finance linkage in section 6, showing that there are mutual interactions between real economy and financial system. With advances in the research of this field, the "curse-of-dimensionality" problem in traditional models was circumvented with mixed-frequency methods. Based on an overview of the literature focusing on monetary, micro-prudential, and macro-prudential policies in section 7, we analyze how these policies reduce or drive financial risks and investigate the effectiveness of risk control policies. Furthermore, section 8 also relates to regulatory principles such as "too-big-to-fail", "too-connected-to-fail", "too-central-to-fail", and so forth.

At last, with a coverage of the latest studies on climate finance, FinTech, and public emergencies, we look into the major research focuses which are derived from the risk characteristics of China during the transition to high-quality economy. This paper thereby provides references for constructing a comprehensive and multi-level financial risk prevention and control mechanism to firmly hold the bottom line of no systemic risk and enhance the high-quality economic and social development.

China's Financial Cycle and Horizontal Correlation: A Perspective Combining Time and Space

FANG Yi SHAO Zhiquan

(School of Finance, Central University of Finance and Economics)

This paper uses data from China's stock market, money market, real estate market, and credit market to measure the volatility and interactions of the horizontal correlation between China's financial cycles and financial submarkets from a temporal and spatial perspective. First, we combine the two dimensions of time and space upon which macroprudential policy is based, analyze the operation of China's financial submarkets in a comprehensive financial cycle and observe horizontal correlations therein. Second, when selecting indicators, in addition to the credit and real estate markets, which are widely used in financial cycle-related research, financial submarkets with significant horizontal spillover effects, such as the money market and stock market, are used to jointly measure the financial cycle and comprehensively reflect its volatility. Third, based on the generalized variance decomposition spectrum representation analysis framework proposed by Baruník and Křehlík (2018), this paper measures the short-term and long-term horizontal correlations between China's financial submarkets.

The results of this empirical analysis demonstrate that the financial cycle is consistent with horizontally correlated cyclical trends. The accumulation and outbreak of systemic risk in the temporal dimension is closely related to increases in the horizontal correlation in the spatial dimension; the release of systemic risk in the temporal dimension corresponds to a gradual decline in the correlation between financial submarkets in the spatial dimension. Changes in the horizontal correlation between financial submarkets are the microfoundation for the simultaneous expansion and decline of financial markets in the temporal dimension. The length of China's financial cycle is approximately 10.33 years and the length of the horizontal correlation cycle in the spatial dimension is about 10.58 years.The cyclical fluctuations in the horizontal correlations in China's financial markets are driven mainly by medium-term and long-term spillovers, and the duration of the spillover linkages is longer than 2 months.

After China's real estate cycle peaks, the real estate market shows significant spillovers to the stock and credit markets, which increase the correlation between the stock market, the credit market, and the real estate market and, in turn, transmit volatility to the stock and credit markets. After China's stock market accepts spillovers from the real estate market, the stock market cycle gradually peaks and then continues to make significant spillovers to the real estate and credit markets. After China's credit market receives spillovers from the stock and real estate markets, the credit cycle gradually peaks.

Based on the empirical results, this paper proposes the following policy implications from the perspective of macroprudential supervision.

First, major financial submarkets should be included in macroprudential management. The monitoring and evaluation of systemic financial risks should be strengthened in accordance with the laws of temporal and spatial transmission of financial cycles and horizontal correlations. When the financial submarket cycle peaks, attention should be paid to the enhancement of the spillover effect from this submarket on other markets. For financial submarkets that are susceptible to other submarkets, risk prevention and control measures should be taken before the financial cycle peaks to prevent them from accepting spillovers from other markets and triggering risk resonance.

Second, the duration of the policy impact could be better predicted based on the duration of the spillover relationships. When implementing macroprudential policy, the duration of the spillover relationship should be considered to better estimate the policy time lag and issue macroprudential policy guidelines in a timely manner. Monetary policy, credit policy, real estate financial prudential policy, and capital market regulatory policy coordination should be designed to reduce fluctuations in the financial system and negative externalities to the real economy.

Financial Product Participation and Bank Systemic Risk: The Effect of Equity Management Measures

ZHAO Jing GUO Ye

(School of Finance and Statistics, Hunan University; School of Economics/Wang Yanan Institute for Studies in Economics, Xiamen University)

Deficiencies in bank governance are considered to be one of the key factors behind the financial crisis of 2008. Since then, such deficiencies have attracted increasing attention in many countries around the world. China has emphasized the need to improve bank governance, clarify ownership relationships, and attach greater importance to proactively controlling and dissolving systemic risks. It has become increasingly common for institutional investors (especially insurance companies) to hold listed bank shares through financial products. Therefore, the impact of this practice on the systemic risk of listed banks cannot be ignored. Additionally, with the further relaxation of the insurance capital shareholdings of Chinese listed banks, the proportion of listed bank shares held by insurance companies has risen sharply since 2010. High shareholding ratios of financial products may induce self-interested behavior in institutional investors, leading to changes in the relationship between financial product shareholding and bank systemic risk. The phenomenon of institutional investors holding a disproportionate number of a bank's shares through financial products has drawn the attention of supervisory authorities. To standardize the management of banks' equity, the China Banking Regulatory Commission (CBRC) issued Interim Measures for Equity Management of Commercial Banks (henceforth "the Equity Management Measures") in January 2018. This publication indicates that financial products can be used to invest in the shares of listed banks but the total number of shares of the same bank held by a single investor through financial products should not exceed 5%. Therefore, it is worthwhile to investigate how the Equity Management Measures affect the behavior of institutional investors. This question is of great importance to improve banks' equity management and control and dissolve bank systemic risk in China and promote the high-quality development of the Chinese economy.

To address the above issues, this paper studies the influence of financial product shareholding on bank systemic risk and its heterogeneity using GMM and synthetic control methods and panel data from 16 listed banks in China during 2011-2019. We further discuss the policy effects of the restriction of institutional investors' shareholding of financial products of a listed bank imposed by the Equity Management Measures. The results show the following: (1) A higher total shareholding ratio of financial product shareholders helps to reduce bank systemic risk as the shareholders' professional advantages allow them to better supervise the bank if the shareholding ratio of a single institutional investor is less than 5%; (2) when the shareholding ratio of the largest shareholder of financial products is over 5%, the shareholder will use their power for personal gain, which will increase bank systemic risk and weaken the reducing effect of the shareholding of financial products on bank systemic risk; (3) as insurance product holdings dominate the total shareholding of financial products, the impact of such holdings on bank systemic risk is similar to the total impact of financial product holdings; (4) the total shareholding ratio of financial products other than insurance products can reduce bank systemic risk; and (5) the Equity Management Measures help to constrain the excessive risk-taking behavior of institutional investors whose shareholding ratio exceeds 5%, thereby reducing the systemic risk of the corresponding banks.

This research has important policy implications for improving banks' equity structures. First, it indicates that financial regulatory authorities should encourage institutional investors to invest in listed banks to better supervise bank behavior and improve the diversification of banks' equity structures. However, the shareholding ratio of institutional investors must be controlled as a high shareholding ratio may induce self-interested behavior and weaken their role in reducing bank systemic risk. Second, regulatory authorities should strengthen bank equity management. These authorities should strictly enforce shareholder admittance standards, strengthen shareholder qualification reviews, regulate shareholder behavior, and clarify shareholder responsibilities, thus preventing "shareholder chaos".

This study contributes to the literature in several ways. First, it focuses on recent changes to the equity structures of Chinese listed banks. It is increasingly common for insurance companies and other financial institutions to increase their shareholdings in listed banks through financial products. This paper analyzes the impact of the structure of financial product shareholdings on bank systemic risk. Second, as the shareholding ratio of financial products has increased significantly in China since 2013, we further discuss the impact of the heterogeneity of major financial product shareholders on bank systemic risk. As a high shareholding ratio of financial products may lead institutional investors to engage in self-interested behavior, it may change their relationship. Third, we use synthetic control methods to estimate the impact of the Equity Management Measures on bank systemic risk as they have diverse effects on listed banks with different shareholding ratios of financial products.

Deposit Insurance, Market Competition, and Bank Stability

XU Lu YE Guangliang

(School of Information Resource Management, Renmin University of China;
Hainan University/ China Center for Competition Policy)

China has accelerated its market-based legal reforms in recent years to prevent and defuse financial risks in its financial system. China's banking sector has established a relatively comprehensive market-based interest rate system using laws and regulations that have strengthened the decisive role of the market in controlling capital flow. Moreover, the China has relaxed restrictions on foreign investment and increased market competition in the banking sector. China has simultaneously improved banks' exit mechanism, canceled implicit government guarantees, and promoted the gradual establishment of a deposit insurance system (DIS) in building a legal risk-prevention mechanism for the banking sector. In 2015, China formally promulgated and implemented the "Regulations on Deposit Insurance". In 2016, the deposit insurance rate was transitioned gradually from a fixed rate to a differential rate based on bank risk, which is consistent with market principles and protects depositors' interests. Therefore, we analyze the role of market-based and legal reforms in the financial sector to prevent and defuse financial risks, in addition to exploring the coordination effects between different reform measures.

We use a spatial model to compare the welfare effect of the DIS implementation in cases with and without implicit government guarantees. We focus on the impact of market competition on bank stability under the DIS. The model explores depositors' savings choices when the bank's stability is its private information. We analyze the market equilibrium with interbank interest rate competition and venture capital games. We find that the DIS can reduce banks' risk-taking behavior and performs better than implicit government guarantees. However, implicit government guarantees generate an adverse-selection problem. Although the guarantees can protect depositors, they also reduce depositors' requirements for bank stability and encourage banks to pursue high-risk and high-yield assets, which reduces their stability. A risk-adjusted premium DIS can effectively increase bank stability by linking insurance premiums to the bank's risk. The positive effect of the risk-adjusted premium DIS on bank stability and social welfare becomes more significant with more intensive competition in the market. When the market allows for free entry under the risk-adjusted premium DIS, intensified competition may cause inefficient banks to pursue high-yield assets in the short run, which reduces their stability. In the long run, high-risk banks will exit the market and more-efficient banks with low risk will enter and enjoy a sizable market share. As a consequence, the risk-adjusted premium DIS helps increase the banking sector's stability by protecting depositors' interests when their banks exit the market. Therefore, China should combine well-designed risk-adjusted premium DIS with policies that strengthen market competition and protect depositors' interests. This would reduce the potential cost for the government of preventing and defusing bank risk, which increases social welfare.

We contribute to the literature in three ways. First, we analyze the risk and welfare effects of the implementation of the DIS considering implicit government guarantees. Second, in contrast to the literature on the implementation effect of the DIS, we focus on the coordination between the DIS and deposit market competition. Our approach supplements the literature on DIS and policy coordination. Third, we use a spatial model to describe interbank competition and apply it to the deposit market with asymmetric information. We simultaneously consider free-market entry in the long run and explore the effects of market competition in both the short and long run.

Our conclusions have significant policy implications for accelerating the market-based reform of China's banking sector and improving the current DIS. In the long run, the China should adhere to and improve the market-based DIS in addition to maintaining the currently high level of deposit insurance coverage. Moreover, the China should improve risk measurement techniques, accurately and reasonably determine risk-adjusted premiums, and increase information disclosure to reduce information asymmetry. Competition policies should be coordinated with the DIS to improve policies and exit mechanisms to enhance the banking sector's overall stability. While improving the efficiency of market competition, the China can also better protect depositors' interests and maintain social stability.

Differential Rate Mechanism of Deposit Insurance and Bank Risk-taking: Evidence from China's Rural Banks

MING Lei QIN Xiaoyu YANG Shenggang

(School of Finance and Statistics, Hunan University; School of Finance, Shanghai University of Finance and Economics;Business School, Hunan University)

Effectively identifying and preventing risks from problem banks and improving financial security and the emergency response mechanism are increasingly important practical problems. As an important part of the financial safety net, the deposit insurance system can play an early-warning role in dynamic supervision and in the disposal of financial risks.

Regarding the effectiveness of the deposit insurance system, the prevailing view is that a poorly designed system increases the risk of a bank crisis. However, an incentive compatible design can weaken the adverse impact of moral hazards. As an important part of the risk-minimization design of the deposit insurance system, a differential rate can effectively reduce moral hazards in banking.

China established its deposit insurance system in 2015. Domestic scholars discuss the positive and negative effects of deposit insurance on China's banking system, emphasizing how it can prevent risk exposure and the response of regional banks and how to coordinate it with other financial reform measures. Considering these practical problems and research backgrounds, this paper theoretically analyzes the inhibitory effect of the differential rate mechanism on bank risk before and after the implementation of the deposit insurance system. By expanding the model of Freixas and Rochet (2008), it is proved that a differential rate, compared with a fixed rate, can inhibit high-risk investment behavior by banks and alleviate moral hazards. Moreover, a differential rate based on risk makes early correction more effective. This paper selects 119 rural banks which have relatively greater potential risks and uses data from 2015 to 2019 to conduct an empirical test.

The main contributions of this paper are as follows. (1) A theoretical extension of the Freixas and Rochet (2008) model is used to deduce and prove the inhibitory effect of differential rates on bank risk-taking. (2) This paper discusses the impact and heterogeneity of the dynamic transition from a unified rate to a differential rate on bank risk-taking after the establishment of China's deposit insurance system, enriching the theoretical discussion. The differential rate mechanism significantly inhibits risk-taking by rural banks in China, and this inhibitory effect is more obvious for banks with less risk and more assets, whereas the effect on country banks is relatively insignificant. (3) This paper not only verifies the impact of a differential rate mechanism on bank risk-taking but also considers the effect of restructuring rural credit cooperatives on a selected sample of rural banks in a similar period. The results show that in the short term, the reform of rural credit cooperatives intensifies risk-taking of rural commercial banks, but the differential rate mechanism alleviates this negative effect to a certain extent.

According to the theoretical analysis and empirical results in this paper, the following policy implications are obtained: First, improving the design of the deposit insurance system can not only weaken the negative impact of the moral hazards inherent in the system but also increase its role in stabilizing the banking system. We should give full play to the Prompt Corrective Action of the deposit insurance system, which include monitoring and timely intervention, improve the effectiveness of the deposit insurance system in disposing of financial risks, reduce the cost of risk disposal and prevent the infection and diffusion of financial risks. Second, we should strengthen the risk early-warning mechanism and dynamic supervision of small and high-risk banks and require rectification when problems are found, to avoid the accumulation of risks.

Policy Continuity and Bank Systemic Risk

ZHANG Lin LIAN Yonghui FANG Yi

(School of Economics, Beijing Technology and Business University; School of Finance, Capital University of Economics and Business; School of Finance, Central University of Finance and Economics)

In the complex, volatile domestic and international economic situation in recent years, China has actively used various economic policies to establish macroeconomic control, with good results. As an important intermediary of macroeconomic policy transmission, the risk profile of commercial banks is highly sensitive to policy continuity. In this context, it is of great practical significance to study how policy continuity affects the systemic risk of commercial banks to forestall systemic financial risks.

Using unbalanced panel data from 32 listed banks in China from Q1 2007 to Q4 2019, we empirically test the impact of policy continuity on bank systemic risk. The results show that enhancing policy continuity significantly reduces bank systemic risk. To clarify the impact path, we decompose systemic risk into two dimensions: individual bank risk and individual bank-system correlation. The results show that an increase in policy continuity reduces both individual bank risk and individual bank-system correlation. On the one hand, further analyses show that while policy continuity increases banks' willingness to take risks, it reduces their actual risk level. On the other hand, while policy continuity has no significant impact on interbank business, which helps to strengthen the degree of direct interbank correlation, it can reduce the degree of banks' indirect correlation by reducing the similarity of their asset allocations. The effect of policy continuity on reducing bank systemic risk is greater when the real economy is down and monetary policy is accommodative. The systemic risk for commercial banks with higher insolvency risk and lower information transparency is more affected by policy continuity than banks with a lower insolvency risk and higher information transparency. In addition, by distinguishing between different types of economic policy continuity, we find that the policy continuity in monetary, fiscal, exchange rate, and capital accounts of banks significantly reduce bank systemic risk, while monetary policy continuity has the strongest impact on bank systemic risk.

The contributions of this paper are as follows. First, our results expand the literature on the financial risk consequences of policy continuity. While most scholars examine the impact of policy continuity on individual bank risk from a microprudential perspective, we examine the impact of policy continuity on bank systemic risk from a macroprudential perspective. Second, our findings enrich the literature on the factors influencing bank systemic risk. Most scholars focus on examining the influential factors for systemic risk at the micro bank level, while fewer scholars examine the relationship between the external macro environment and bank systemic risk. Third, we illuminate the paths and conditions under which policy continuity affects bank systemic risk through systemic risk decomposition, heterogeneity analysis, and differentiation between different types of policy continuity.

We draw the following policy insights. First, relevant departments should maintain the continuity, stability, and sustainability of their economic policies, especially major policy directions. Meanwhile, the policy interpretation and explanation mechanism should be improved further to enhance the transparency of economic policies. Second, commercial banks should track policies better to improve their forecasting, strengthen their prudent operations through sound development, seek differentiated and distinctive development paths, and improve their quality of information disclosure to enhance their overall ability to adapt to policy adjustments. Third, banking regulators should strengthen their prudential supervision of commercial banks during periods of frequent policy adjustments. On the one hand, banking regulators should prospectively guide commercial banks to make adjustments according to policy changes, with particular attention to banks with high financial risks and low information transparency. On the other hand, banking regulators should encourage commercial banks to differentiate their operations, promote the development of a multilevel, diversified banking service system, and increase the financial resilience of the banking sector.

How Do Foreign Exchange Transactions Affect Banks Risk-taking? A Bank Balance Sheet Perspective

LIU Mengru SHEN Ruomeng

(PBC School of Finance, Tsinghua University; DRC of Mengtougou District, Beijing)

In recent year, China's foreign exchange (FX) market has undergone a change: the current account surplus has narrowed, while the volatility of capital accounts has been intensifying. One consequence of this is that FX transactions between banks and customers and between the central bank and commercial banks affect the amount of currency and base money, respectively. We observe that the channels used by the central bank to input base money have also changed: the proportion of funds outstanding for FX transactions continues to decline, while the use of monetary policy tools to input base currency continues to rise. These structural changes will have an impact on banks' balance sheets, with far-reaching implications for bank loan behavior and the macro-economy. Thus, we explore whether the changes in FX transactions are related to banks' loan behavior.

We start from the financial supply side by adopting a local equilibrium analysis framework and using a combination of theoretical and empirical analyses. We first construct a three-phase model based on bank balance sheets and introduce liquidity administration cost. The model includes two banks, one large and one small. When FX flows in, both banks obtain deposits and base money via FX transactions. The large bank is more competitive than the small bank in obtaining deposits, and thus liquidity is distributed between the two banks in an unbalanced way. In the interbank market, the two banks borrow from each other to achieve a balance sheet equilibrium. The structural distribution of deposits results in a difference in loan behaviors between the two banks. By theoretical deduction, we find that (1) the risk-taking level of banks increases with net FX inflow, and that large banks are more sensitive to FX changes than small banks; (2) the greater the uncertainty caused by liquidity shocks, the weaker the relationship between risk-taking level and FX transactions; and (3) the more unbalanced the distribution of deposits, the greater the difference in the risk-taking level between the two banks.

Based on the above theoretical analysis, we conduct empirical tests using data on FX transaction reports from SAFE and the quarterly financial data of 10 banks, and macroeconomic data from 2011 to 2018. We select the proportion of risk-weighted assets and conditional value at risk (CoVaR) as dependent variables. To alleviate the endogeneity problems of FX transactions and bank risk-taking levels, we (1) qualitatively analyze the correlations between FX loans and FX transactions, to exclude the pro-cyclical effect of bank loan behavior and FX transactions; (2) introduce liabilities to the central bank as an instrumental variable for FX transactions; and (3) use CoVaR and ΔCoVaR as dependent variables in robustness testing. The results verify our theoretical deductions and show good robustness.

We draw the following conclusions and policy suggestions. (1) There is a significant correlation between FX transactions and the risk-taking level of banks. Therefore, it is recommended that relevant departments take timely measures to hedge the FX inflow gap caused by sluggish trade and thereby prevent the pro-cyclical loan behavior of banks from causing a severe contraction of social credit and aggravating economic fluctuations. (2) The structure of the deposit market plays a key role in encouraging banks to improve their risk-taking level, and too concentrated a deposit share will hinder the optimal allocation of loan resources. To effectively incentivize large banks to provide high-quality financial services for SMEs, the concentration of deposits in the market should be somewhat limited, and more liquidity support should be given to banks that actively serve the real economy than to those that do not. (3) Liquidity expectations have a significant impact on bank loan behavior. As the world is undergoing increasing umcertainty, FX transactions fluctuate more significantly; thus, multiple policy tools must be employed to ensure that adequate levels of liquidity are maintained and that to support the management of bank liquidity expectations.

We make the following contributions. First, we incorporate international financial factors into the study of banks' loan behavior, which represents an innovation in financial intermediary theory. Second, we establish the theoretical model that examines how FX transactions affect the risk-taking level of banks through money creation at the micro-level, and further explore the mechanism by which FX affects bank credit. Third, we use the data from FX transaction reports to conduct empirical study on the relationship between FX and the risk-taking level of banks.

ESG Investment and Bank Liquidity Creation: The Moderating Effect of Economic Policy Uncertainty

SONG Ke XU Lei LI Zhen WANG Fang

(School of Finance, Renmin University of China; School of Data Science, Fudan University)

In the current efforts to achieve “carbon peak” and “carbon neutral”, ESG investment is an increasingly important standard for measuring the sustainability of commercial banks. Thus, ESG investment can be considered a further extension of corporate social responsibility. Several studies on related topics enrich our understanding of the motives and economic consequences of corporate social responsibility; however, these studies still have several drawbacks. First, most studies are concerned with nonfinancial companies and direct studies of the banking sector are rare. Second, among the small number of bank-related studies, most explore the relationship between bank social responsibility and financial performance. However, as an important means of reputation management, ESG investment requires banks to integrate ESG principles into their daily business, which has multidimensional impacts on bank performance, especially bank liquidity creation.

Liquidity creation is one of the core functions of modern commercial banks. Moderate liquidity creation improves market financing conditions, which promotes high-quality development. First, banks can create liquidity on their balance sheets by converting their liquid liabilities into illiquid assets. Second, banks can create off-balance sheet liquidity by providing customers with credit commitments. Based on the liquidity creation measurement method proposed by Berger and Bouwman (2009), many studies explore the factors influencing liquidity creation, but no studies systematically analyze the relationship between ESG investment and bank liquidity creation. Theoretically, ESG investment may affect liquidity creation in two opposite ways. On the one hand, as a means of reputation management, ESG investment may promote liquidity creation through a reputation spillover effect. On the other hand, a reputation constraint effect associated with ESG investment may suppress liquidity creation.

Based on the panel data from 36 listed banks in China from 2009Q1 to 2020Q2, this paper constructs liquidity creation indicators according to Berger and Bouwman (2009), and uses ESG rating data from Sino-Securities Index to empirically examine the relationship between ESG investment and bank liquidity creation. Economic policy uncertainty is also introduced into our model to explore how it affects the relationship between ESG investment and liquidity creation. The main results of this paper are as follows. First, the reputation spillover effect of ESG investment is greater than the reputation constraint effect; therefore, ESG investment promotes overall liquidity creation, but its impact has certain structural differences. From the perspective of the liquidity creation structure, ESG investment can promote bank liquidity creation from the asset and liability sides while suppressing bank off-balance sheet liquidity creation. From the perspective of the ESG investment structure, corporate governance investment can promote liquidity creation, while environmental protection investment and social responsibility investment can suppress liquidity creation. Based on the heterogeneity analysis, the positive impact of ESG investment on liquidity creation is especially distinct in local banks and capital-deficient banks. Second, according to the intermediary effect analysis, the reputation spillover effect of ESG investment promotes liquidity creation through the "profit" channel, which improves banks' profitability and reduces income diversification, and through the "risk" channel, which increases banks' risk tolerance. Third, economic policy uncertainty can magnify the reputation spillover effect of ESG investment and strengthen its positive impact on bank liquidity creation. From the perspective of the ESG investment structure, economic policy uncertainty will strengthen the positive impact of corporate governance investment on liquidity creation and deepen the negative impact of environmental protection investment and social responsibility investment on bank liquidity creation. This paper provides important policy inspiration to promote the development of ESG Investment and realize high-quality economic development.

This paper makes three marginal contributions to the literature. First, this paper systematically examines the impact of ESG investment on bank liquidity creation, which enriches the relevant literature on the relationship between ESG investment and bank performance. Second, this paper reveals how ESG investment affects bank liquidity creation. Based on the intermediary effect test method proposed by Baron and Kenny (1986), this paper examines whether ESG investment promotes liquidity creation through the "profit" and "risk" channels. Third, against the current background of increasing economic policy uncertainty, this paper further introduces economic policy uncertainty into the model and examines its asymmetric impact on the relationship between ESG investment and bank liquidity creation, providing relevant empirical evidence.

Shadow Insurance in China: Evidence from a Natural Experiment in Regulation

WANG Yongqin DUAN Baige QIAN Jiahui

(School of Economics, Fudan University)

Despite the essential role of shadow insurance in financial stability, it has received much less attention than shadow banking. Shadow insurance is the transfer of insurance by insurers to unregulated or less-regulated affiliated insurers via reinsurance, effectively increasing leverage in the insurance sector and the fragility of the whole financial system. As the 2008 global financial crisis showed, excessive risk-taking by insurers can have destabilizing effects. However, due to the opacity of shadow insurance and the lack of appropriate natural experiments, the literature only presents some simple stylized facts or structural estimates based on limited data, while few studies seek to causally identify shadow insurance activities and their underlying risk-taking mechanisms.

China's strengthening of the regulation surrounding the disclosure of affiliated reinsurance by Chinese insurers (treatment group) constitutes an ideal natural experiment to address this open question, given that the regulation policy changes mainly apply to Chinese insurers. Foreign insurers in China are the natural control group. The paper uses the micro-data of insurance companies from 2010 to 2019 and a difference-in-differences (DID) methodology to identify shadow insurance activities in China, providing more convincing empirical evidence for the risk-taking behavior and operational stability of insurance companies. The results show that the regulation reduces the shadow insurance activities of Chinese insurers by reducing reinsurance. Chinese insurers' leverage and return on equity decrease significantly by 0.035 and 0.319 respectively, and their operational stability improves significantly. The parallel trend test ensures the validity of our DID identification strategy, and the placebo test with counterfactual analysis corroborates the results.

The paper further identifies how shadow insurance activities affect insurance companies' risk-taking behavior. First, due to the stark differences between the liability structures of life insurers and property insurers, life insurers carry out more shadow insurance activities motivated by capital management than property insurers. Therefore, strengthening the capital supervision of affiliated reinsurance has a significant impact on Chinese life insurers but not on Chinese property insurers. Second, shadow insurance increases life insurers' risk-taking behavior not only on the liability side by relaxing capital requirements but also on the asset side, amplifying the overall risk mismatch of the balance sheets. Strengthening the regulation of affiliated reinsurance can undermine this mechanism, improving the operational stability of the insurance industry and reducing the likelihood of systemic risk. Third, the heterogeneity analysis shows that the effects are greater for group insurers, meaning that strengthening the regulation of affiliated reinsurance has a greater impact on group insurers. The leverage of group insurers decreases and their operational stability improves more than those of non-group insurers, reducing the overall systemic risk of the financial market.

This paper has important policy implications. First, the results of the paper shed light on the insurance sector's systemic importance in the financial system. To reduce the likelihood of contagious systemic risk, regulators need to pay more attention to the increasingly systemically important insurance sector, promote its high-quality development, and reduce its operational risks. By deepening the reform of the financial system, China can effectively prevent the build-up of systemic financial risks. Second, the paper shows that financial innovation (including innovation in insurance) is a double-edged sword and must be balanced against prudential regulations. Therefore, financial regulators can pay attention to the extent and scope of financial innovation. Third, because financial institutions spread systemic financial risks through balance sheet expansion, the paper's findings and methodology can shed light on the identification and regulation of shadow financial activities by financial institutions through (less-regulated) subsidiaries, especially systemically important financial institutions and holding companies. Shadow financial activities have already blurred the boundaries of financial institutions through various financial innovations, and a macro-prudential regulatory framework for financial activities will be more efficient. The paper also provides a solid academic foundation for designing a more holistic macro-prudential regulatory system.

Is the Debt Default of Non-state-owned Firms Driven by Internal Factors? From the Perspective of Short-term Loans for Long-term Investment and Diversification

LIU Haiming BU Xiaoning

(School of Finance, Shandong University of Finance and Economics)

In China, private enterprises occupy an important position. The Chinese government attaches great importance to the development of private enterprises and has introduced a series of measures including financial policies to encourage and support the development of private enterprises. In recent years, this development has encountered some difficulties, including frequent debt defaults. Between 2014 and 2021, bond market defaults became more frequent, with 339 corporate bonds in default, 74.6% of which were issued by private enterprises. This paper seeks to determine whether the main causes of private enterprises' debt default are internal factors or the external economic environment. Investigating this question has implications for how the government supports and guides private enterprises to overcome their difficulties, boost the economy, and achieve high-quality economic development.

To test whether private firms' debt default is driven by internal or external factors, this paper analyzes the impact of two important corporate behaviors on private firms' debt default, i.e., short-term loans for long-term investment (abbreviated as "SFLI" hereafter) and diversification. These two perspectives are chosen for two reasons. First, SFLI and diversification are important corporate decision-making behaviors in China. Diversification and SFLI are prevalent among private firms and have an impact on their value and risk. Second,

SFLI and diversification can consistently influence firms' debt default from a theoretical perspective. On the one hand, the debt default of private enterprises may be mainly driven by internal factors. Internal factors refer to private entrepreneurs focusing on their face and enterprises blindly chasing expansion, causing private enterprises to default on their debts. Under this hypothesis, important decisions made by entrepreneurs such as SFLI and diversification are irrational and will increase their debt default. On the other hand, private enterprises' debt default may be mainly driven by external factors, i.e., the macroeconomic and institutional environment may be the main factor driving firms' debt default. Under this hypothesis, SFLI and diversification are the results of rational management decisions and will not increase firms' debt default.

Using a sample of Chinese listed private firms from 2003 to 2018, we find that both SFLI and diversification increase the likelihood of debt default for private firms, suggesting that internal factors or private entrepreneurs' own irrational decisions are the main cause of debt default. In terms of the transmission mechanism, SFLI and diversification lead to lower profitability, higher over-leverage, and higher agency costs, which in turn lead to debt default. In terms of heterogeneity, the credit crunch amplifies the effect of SFLI on private firms' debt default, while industrial support policies also increases this effect. Finally, diversification and SFLI by private enterprises do not always lead to default. This paper implies that in addition to guiding financial institutions to support private enterprises, given the cultural background and psychological characteristics of entrepreneurs, authorities should encourage private enterprises to implement high-quality development strategies to solve the debt default problem.

The marginal contributions of this paper are as follows. First, it extends research on private enterprises' debt problems. Most studies analyze private firms' debt problems from the perspective of banks (Brandt and Li, 2003), whereas this paper analyzes these problems from the perspective of firms' decision-making. Second, other studies focus on the liquidity risk and monitoring effects of SFLI (Diamond, 2004; Bharath et al., 2008), whereas this paper analyzes how SFLI affects private firms' debt default. Third, the paper adds evidence to firm diversification and supports the value discount of diversification (e.g. Rajan et al., 2000) by investigating private enterprises' debt default.

Preventive Regulations and Corporate Capacity Overhang: Evidence from Comment Letters

LI Xiaoxi RAO Pingui

(School of Management, Jinan University)

This study explores the role of stock exchange comment letters, as a preventive regulatory mechanism, in promoting the capacity utilization rate of Chinese listed firms, and its potential channel and economic consequences. The formation of corporate overcapacity in China is a complex process. It's difficult to completely rely on the market mechanism. Therefore,exploring a synergistic mechanism by which the government and the market could reduce capacity overhang is very important. However, the literature does not provide a unified framework for coordinating market and government actions to promote firms' reduction of capacity overhang. This study combines the specific background of China's overcapacity with an investigation of the preventive regulatory mechanism of stock exchange comment letters, and explores the synergy between the market and the government in reducing capacity overhang.

We analyze overcapacity-related annual report comment letters from 2014 to 2017. We find that firms are more likely to reduce capacity overhang after they receive an exchange comment letter related to overcapacity issues than when they do not receive such a letter. Moreover, we find that this effect is stronger in firms with more negative media coverage or with good governance. These results are consistent with the theoretical prediction that stock exchange comment letters play an important role in alleviating information asymmetry between the capital market (administrative agencies) and commented firms, therefore forcing firms to reduce capacity overhang. Furthermore, we find that overcapacity-related comment letters improve resource allocation and decrease the agency issues of commented firms, which is a potential channel by which comment letters reduce capacity overhang. As a result, commented firms are likely to exhibit higher operating efficiency and performance than uncommented firms.

The contributions of this study are as follows. First, this study innovatively explores an effective way to reduce corporate capacity overhang from the perspective of stock exchange comment letters. Although there is extensive and in-depth research in previous studies on the causes and economic consequences of capacity overhang, there is relatively little research on how to prevent capacity overhang. Thus, this study's exploration of market-government synergy in capacity overhang reduction provides important academic evidence.

Second, this study enriches the literature on preventive regulations in the Chinese capital market from the perspective of the observed effects of annual report comment letters. Although the preventive regulatory role of comment letters is increasingly the main mechanism of stock exchange regulation, few studies focus on these letters' effects, such as how annual report comment letters improve information disclosure, internal control quality, and capital market pricing efficiency. Unlike previous research, this study empirically examines the preventive regulatory effect of annual report comment letters from the perspective of de-capacity, and provides unique evidence on the Chinese capital market to supplement the international academic literature on regulatory comment letters.

This study has several policy implications. It provides a timely response to China's current de-capacity policies and the carbon peak plan.China's socialist market economic system has the potential to become an asset in international economic cooperation and competition, and this important issue requires further research.

Overall, this study explores a sustainable mechanism of overcapacity reduction that is based on collaborative governance involving the market and government. This exploration is performed from the perspective of the annual report comment letters, and thereby provides new understanding on the government-market relationship in a socialist market economy.

03 Financing & Innovation

The Effects of China's Minimum Wage Hikes on Firms' Capital-labor Ratio

WANG Wenchun YIN Hua GONG Rukai

(School of Finance, TaiLong Finance School, Zhejiang Gongshang University; Research Institute for the Development of Shanghai, Shanghai University of Finance and Economics; Glorious Sun School of Business and Management, Donghua University)

China's labor cost advantage is gradually weakening, and the population is aging rapidly. The minimum wage standard since 2004 has strengthened the rising labor cost trend. Theoretically, increasing capital input and the capital-labor ratio are important measures to help firms cope with rising labor costs and an important way to improve firms' productivity. However, rising labor costs also reduce corporate profits and free cash flow, squeezing investment incentives and curbing capital investment. Therefore, do rising labor costs force firms to increase their capital investment and capital-labor ratio? Do these activities mitigate the negative effects of rising labor costs? Answering these two questions requires a careful examination of both labor and investment inputs. In the face of rising labor costs, whether firms reduce employment and increase investment depends on their ability to transfer the increased wage costs. Thus, the direction of change in the capital-labor ratio depends on the respective directions of change in the labor and investment inputs. Therefore, the impact of rising labor costs on the capital-labor ratio is an open empirical question.

Using the annual surveys of industrial firms collected by the National Bureau of Statistics of China and manually collected urban minimum wage data from 2002 to 2011, this paper empirically examines the relationship between labor costs and the capital-labor ratio and the mechanism of this relationship. The results show that an increase in the minimum wage has a significant positive effect on the capital-labor ratio of manufacturing firms. For each 10% increase in the minimum wage, firms' capital-labor ratio increases by 2.0%, and this effect is more significant for firms with wage levels near the minimum wage. Second, inspired by the natural experiment of Card and Krueger (1994), this study exploits the minimum wage increase in Fujian province as a quasi-natural experiment, with firms affected by the increase as the treatment group and firms in geographically adjacent Guangdong province but unaffected by the increase as the control group. The robustness of the conclusions are verified using a difference-in-differences approach. The mechanism analysis shows that the minimum wage increase increases capital input and reduces labor input, providing strong evidence that firms replace labor with capital. Heterogeneity analysis shows that the impact of the minimum wage increase on the capital-labor ratio is concentrated in non-state-owned firms, low-wage firms and labor-intensive firms. Finally, this paper finds that with the minimum wage increase, the productivity and profit of firms also increase significantly. The reduction in production costs is the main factor in the increased profits, verifying the positive effect of replacing labor with capital.

This study makes several important contributions. First, it adds to the literature on the effects of minimum wage changes. Studies on the effects of minimum wage changes focus on firms' labor input and output, such as the number of employees, profit, export, productivity and innovation. From the factor substitution perspective, this paper differs from those studies by revealing that faced with rising labor costs, firms change their production and business activities. Second, by investigating firms' capital input, employment and performance, this paper provides strong evidence that enterprises replace labor with capital. This insight deepens understanding of firms' technological upgrades, innovation improvements and industrial structure transformation.

This paper also has important policy implications. First, although increasing labor costs decrease firms' employment and exports in the short term, they encourage firms to replace labor with capital, improving labor productivity. Hence, in the long run, increasing labor costs will eliminate Chinese firms' and industries' over reliance on cheap labor and improve firms' innovation ability and the upgrading of the industrial production structure. Second, the findings regarding the mechanism help clarify the trade-off between the minimum wage, capital-labor ratio and employment. The government should take relevant measures, such as reducing corporate taxes and fees, to alleviate firms' burdens, encouraging firms to increase capital input and realize technological upgrading.

Labor Protection and Firm Risk: Evidence from the New Labor Contract Law

GAO Wenjing SHI Xinzheng LU Yao WANG Jiaqi

(School of Economics, Zhejiang University; Institute for Fiscal Big-Data and Policy of Zhejiang University; School of Economics and Management, Tsinghua University; Research Institute of Finance and Banking, the People's Bank of China)

One of the most important tasks for the Chinese economy is to control economic and financial risks to achieve high-quality growth. Firms are the basic unit of economic activity and their risk levels not only affect their profitability but also the risk level of the whole economy. Therefore, it is important for both researchers and policymakers to understand the determinants of firms' risk level. Research shows that firms' risk level can be directly affected by their ownership structure, manager characteristics, and corporate governance, and can also be influenced by monetary policies, subsidies, leadership transitions, government connections, bank connections, and social networks. However, few studies investigate the role of labor protection in firms' risk level.

Labor protection can affect firms' risk level through multiple channels. First, according to risk mitigation theory, firms (especially more financially constrained firms) may make safer investments to sustain their ability to invest in potentially profitable projects in the future. However, according to risk-shifting theory, firms may shift from safer investments to riskier investments in the face of greater distress risk, which will result in a higher risk level. Thus, the net effect of labor protection on firms' risk is unclear.

We estimate the effect of labor protection on firms' risk using a dataset of

Chinese listed firms from 2003 to 2015. We study this effect by analyzing the impact of the adoption of the Labor Contract Law in 2008. This law provides an ideal opportunity to study the effect of labor protection on firms' risk. First, it has significantly increased the level of labor protection; second, its effect is different in industries with different labor intensity levels. We construct a difference-in-differences (DID) model based on industries with different labor intensity levels just before the adoption of the law, in which the more labor-intensive industries are the treatment group and the less labor-intensive industries are the control group. The first difference results from the change in the risk level before and after the adoption of the Labor Contract Law, whereas the second difference results from the difference in this change in the risk level between industries with higher labor intensity and industries with lower labor intensity.

Our regression results show that the Labor Contract Law has significantly lowered firms' risk. This result is valid after parallel trend analysis, controlling for the effects of contemporary policies, using different measures of the dependent and independent variables, and using a balanced panel sample. Mechanism analysis supports risk mitigation theory. Specifically, firms face increased leverage and greater distress risk under the shock of the Labor Contract Law. As a result, they hold more cash for potentially profitable projects in the future. Additionally, we investigate the heterogeneous effects of the Labor Contract Law and find that it has a larger effect on state-owned firms, firms with higher leverage, and firms with a lower current ratio. Our results suggest that implementing laws to enhance labor protection is an effective way to control firms' risk.

Our paper makes two contributions to the literature. First, we identify the causal relationship between labor protection and firms' risk level. The effect of the labor market financial market is a popular topic; however, relatively few studies investigate this subject in China. Therefore, our paper enriches this line of research. Second, we provide further evidence of the effect of the Labor Contract

Law on firms' risk. The effect of this law is a topic of intense discussion: some claim that it helps protect employees' rights and encourages employees to work harder, whereas others state that it increases labor costs and reduces firms' profitability. We find that the Labor Contract Law significantly affects firms' risk.

Do Credit Rating Adjustments Reflect Issuers' Real Financial Information? A Financial Restatement Perspective

LIU Xing　YANG Lingxuan

(School of Economics and Business Administration, Chongqing University)

As a direct financing tool for companies, corporate bonds are an important aspect of deepening financial system reform and building a multilevel capital market. Establishing a credit rating system helps to classify issuers' credit risk using rating symbols, evaluate their solvency, provide incremental information to the bond market, and reduce information asymmetry. However, whether credit rating agencies (CRAs) can transfer information to the bond market carefully and objectively is still controversial. On the one hand, the network of interests between CRAs and issuers leads to a decrease in the information content of credit ratings. On the other hand, CRAs are constrained by their reputations and will forgo their short-term gains in favor of communicating true information about the bond market. Therefore, CRAs choose to publish credit rating downgrades when they believe that the negative information about issuers credibly damages their reputation.

Financial restatements by companies indicating their misrepresentation of prior years' financial information intuitively and clearly illustrate the lack of credibility of the restated financial reports. This provides a unique setting in which to study whether credit rating adjustments reflect issuers' true financial information. We distinguish between the years of the financial misstatement and restatement announcements. If the CRA downgrades the credit rating in the financial misstatement year based on the issuer's private information, the result can prove that the credit rating adjustment reflects the issuer's true financial information. We use data from Chinese A-share listed companies with issuer-level long-term credit ratings and find that the rating agencies significantly downgrade issuers' credit ratings in financial misstatement years, rather than in restatement announcement years. This result indicates that credit rating downgrades reflect issuers' real financial information prospectively. Our results hold in the presence of alleviating endogenous concerns and applying other robustness tests. In additional tests, when the issuer's financial misstatement involves their earnings, their credit rating is downgraded more fiercely. In a channel test, we find that protecting the reputation of the credit agency is the main channel by which credit rating adjustments reflect issuers' real financial information. We further find that credit rating downgrades result in investors' negative reactions to stock prices.

We contribute to the literature in the following ways. First, we use a unique setting in which issuers' financial misstatements may be restated in subsequent years. Thus, we discuss the behavior of CRAs in financial misstatement years. The results support the effectiveness of credit ratings. Cheng and Subramanyam (2008) and Bonsall Ⅳ et al. (2018) focus on the impact of issuers' public information in their credit rating assessments. We still do not know how the CRAs react to private information because of the lack of private information data. Following previous studies, we find that the credit rating adjustments include the issuers' real financial information obtained by CRAs. This finding indicates that CRAs transfer negative private information to the bond market through credit rating downgrades, which also complements findings in the literature for the validity of credit ratings from an ex post facto perspective. Second, we divide financial misstatements into earnings and non-earnings misstatements and find that the issuers' credit ratings are downgraded to a greater extent in the earnings misstatement year. This finding indicates that CRAs pay more attention to financial information related to earnings, which provides insight into the role of financial information in credit rating assessments. Third, we find that in the institutional context of rating inflation in the Chinese bond market, CRAs adjust credit ratings according to issuers' real financial information in consideration of their own reputation. Our finding enriches the literature on the mechanism of the impact of enterprise financial information quality on credit ratings and identifies the behavioral motivation of CRAs to adjust their credit ratings for the Chinese bond market.

Our findings should be of interest to regulators in other emerging economies attempting to suppress rating inflations and improve their bond market efficiency. First, reputation is one of CRAs' most important qualities; thus, they will adopt more stringent rating standards when considering the credibility of their reputational costs. It is necessary for regulators to increase their penalty for improper CRA ratings through the improvement of the relevant institutional systems and increase the reputational costs for CRAs. Second, CRAs should build their competitive advantages by establishing a brand effect with high-quality ratings. Meanwhile, CRAs should expand other revenue channels to get rid of their dependence on revenue from their credit ratings. Third, issuers should strive to improve their corporate fundamentals and value the role that high-quality financial information plays in improving their credit ratings and reducing their corporate bond financing costs.

Can Regional Merchant Guilds Alleviate Corporate Financial Constraints? Evidence from Chinese A-share Private Listed Enterprises

NING Bo PAN Yue TANG Chao

(School of Management, Xiamen University; School of Economics, Xiamen University; China Orient Asset Management Co., Ltd.)

"Financing difficulties and high financing costs" are not only important factors hindering the development of private economy in China, but are also realistic, inevitable problems in the current stage of the transformation of the Chinese economy. In recent years, Chinese government departments have been committed to fostering the construction of a market system to solve private enterprises' financing problems. Much effort has been made to establish a multi-level capital market, develop fintech, and standardize and simplify investment and financing procedures to expand financing channels for private enterprises and help them overcome their financial constraints to transformation and upgrading. However, the design of a formal system requires several preliminary demonstrations and its specific implementation depends on many factors, such as a good business environment and markets, and relevant practitioners' professionalism. Achieving systematic improvement in these factors quickly is usually difficult because it generally takes a long time for the relevant systems to be formulated and then implemented.We explore whether there are any supplementary mechanisms other than the formal financial system that could be used to quickly respond to and effectively ease private enterprises' financing constraints.

Accordingly, we use a sample of private listed enterprises between 2008 and 2017 to explore whether private companies' membership of regional chambers of commerce approved by the Chinese government can help ease their financing constraints. The results suggest that membership of a regional chamber of commerce significantly alleviates enterprises' corporate financing constraints. The results remain robust after using instrumental variables and propensity score matching. A mechanism test shows that joining the regional merchant guild helps to expand member enterprises' relationship network and improve their market bargaining power. Specifically, regional merchant guilds can help members to obtain bank loans and improve their trade credit level in economic transactions. Furthermore, the effect of joining regional chambers of commerce on alleviating financing constraints is more obvious for small member enterprises with weaker market bargaining power and those facing financial difficulties. In addition, when a shock occurs to the local credit environment, the regional chamber of commerce can partly offset the negative impact of the shock on corporate financing constraints. Finally, chambers of commerce have a stronger positive effect on their members' financing constraints in regions with lower marketization, which indicates that chambers of commerce can serve as a supplementary mechanism to the free market system.

We contribute to the literature in several ways. First, we provide evidence from a corporate finance perspective to boost the relevant research literature on Chinese regional chambers of commerce. In China, it is very common for entrepreneurs to jointly establish regional chambers of commerce, but empirical studies on regional chambers of commerce and corporate finance are relatively rare. We use a large sample of Chinese private enterprises in an empirical analysis that confirms that regional chambers of commerce help private enterprises to obtain financial support. This finding supplements the literature and also provides a new perspective for the empirical development of corporate finance.

Second, our enterprise-level analysis enriches the literature related to the economic impact of traditional Chinese culture on modern business practices. Regional chambers of commerce are a contemporary practice in the traditional merchant guild culture. Du et al. (2015) and Kanagaretnam et al. (2019) show that the historical merchant guild culture can help reduce the agency cost of modern enterprises and improve their corporate social responsibility. We use the unique perspective of regional chambers of commerce in the modern commercial market to supplement the empirical evidence to generate more comprehensive insights into how cultural traditions affect the development of modern enterprises.

Third, we expand the literature related to Chinese private enterprises' financing constraints and provide new policy ideas for solving private enterprises' financing problems during the transition stages of China's economy. As a type of social organization approved by government departments, we find that regional chambers of commerce are very helpful in alleviating private enterprises' financing problems. This result not only enriches the relevant literature on alleviating private enterprises' financing constraints, but also provides a new perspective outside of the financial system to help government departments develop policies that address private enterprises' problems of "financing difficulties and high financing costs".

Can Reducing Basic Pension Insurance Contribution Rates Promote Enterprise Annuities?

TANG Jue TIAN Liu WANG Wei

(School of Public Economics and Administration, Shanghai University of Finance and Economics)

China has established a three-pillar pension system to support retirees' living standard,including public basic pension insurance, occupational annuities, and commercial pension insurance. Basic pension insurance is the dominant component in terms of the number of participants and the amount of pension funds; however, it faces increasing challenges due to rapid population aging. Thus, it is urgent to develop the other two pillars of the pension system, especially enterprise annuities.

Enterprise annuities are an effective strategy to combat the issue of population aging in OECD countries.In 2018, only 87400 chinese firms offered their employees enterprise annuities, and the 23.88 million enrolled workers accounted for 5.7% of all enrollees in the basic pension program for urban workers (2018 Bulletin on Human Resources and Social Security). Extensive discussions among policy makers and scholars extrapolate factors that affect firms' incentive to provide annuities, but no consensus has been reached. Despite much discussion, few studies empirically examine whether and to what extent the basic pension program affects firms' decisions about establishing enterprise annuities. This study aims to find the answers to these questions.

In theory, the basic pension for urban workers can have a positive or negative effect on enterprise annuity provision. On the one hand, the higher labor cost involved in providing enterprise annuities may have a negative effect on firm profitability, cash flow, and innovation, lowering firms' incentive to provide annuities. On the other hand, the labor costs resulting from the high contribution rates of the basic pension program may motivate firms to increase their productivity. Therefore, firms may provide annuities to attract highly productive workers. In summary, the theoretical prediction of the relationship between the basic pension program and enterprise annuity provision is ambiguous. The goal of this study is to examine whether the high basic pension program contribution rates are the cause of the low offering of enterprise annuities.

This paper uses geographic and time variations in employers' contributions to basic pension insurance to identify the impact of the enterprises' basic pension insurance contribution burden on the development of enterprise annuities. The basic pension program is administrated at the local level and its contribution rates vary substantially across regions and over time. We manually collect the policy contribution rates of the basic pension program for urban workers, which are exogenous and thus not subject to endogeneity issues. We use administrative firm tax return data for our empirical analysis. The data cover firms of various sizes and in different industries, rendering the sample more representative than other firm-level datasets.

This study finds that basic pension insurance has a negative effect on the development of enterprise annuities. If the basic pension insurance contribution rate increases by 1 percentage point, the probability of an enterprise establishing an annuity decreases by 0.29 percentage points and the annuity payment rate decreases by 0.006 percentage points. The mechanism analysis shows that the high contribution rates for basic pension insurance reduce the likelihood of enterprises establishing enterprise annuities to attract and retain excellent employees. Profit and cash flow reductions are also important mechanisms.

To the best of our knowledge, this study is the first to formally assess the effect of basic pension insurance contribution rates on firms' likelihood to offer annuities using a large sample. The study explains the possible underlying reasons for the underdevelopment of enterprise annuities. The results provide empirical evidence for the debate on the role of the basic pension contribution rates in firms' provision of annuities and support the argument that the basic pension hampers the development of enterprise annuities. The results imply that lowering employers' basic pension insurance contribution rates will promote the establishment of enterprise annuities.

The Impact of Tax Reduction on Debt Maturity for Small Low-Profit Firms

ZOU Jingxian SHEN Guangjun LIU Chao

(National Academy of Development Strategy, Renmin University of China; Lingnan College, Sun Yat-sen University; Industrial and Commercial Bank of China)

At present, China's economy is facing multiple pressures, from both domestic and abroad. Under this background, the tax reduction policy is considered to have the potential to hedge the negative impacts from domestic and abroad and to facilitate the transformation of China's growth model. Studies have paid little attention to changes in firms' debt maturity when assessing the micro-impacts of tax reduction policies at firm level, but debt maturity and the related problem of maturity mismatch are important for a firm's current and future development, which can be seen in private firms' frequent bond defaults.

The debt maturity of Chinese firms is quite short compared with the debt maturity of developed countries or the maturity of Chinese firms' assets. This paper discusses the impact of tax-reduction policies on the debt maturity of small low-profit firms. Theoretically, tax reduction imposes two opposite effects on firms' debt maturity. One effect is that firms' improved profitability will encourage banks to extend debt maturity to retain firm customers, and the other is that the increased free cash flow will exaggerate the principal-agent problem between banks and firms, thus leading to a shortened debt maturity.

Based on data from the National Tax Survey (2010-2015), we use the half-reduced enterprise income tax reform as a natural experiment. We find that after the reform of tax reduction, in general, firms' debt maturity is extended. This effect is larger for firms with either a greater increase in profit or a smaller rise in free cashflow, which reconciles with our hypothesis. To further test the principal-agent mechanism proposed in this paper, we provide evidences that firms in industries expanding rapidly, industries with overcapacity risks and industries related to the real estate sector typically experience a shortening of debt maturity after tax reduction because of a strong agency cost effect. This suggests that tax reduction policies do not necessarily extend firms' debt maturity. This paper has important policy implications for improving firms' financing structure, especially for small low-profit firms.

This paper contributes to the literature in three ways. First, when assessing the impact of tax policies on firms, the literature mainly focuses on factors such as firm's operating performances performance, employment, investment, innovation and R&D, while firms' debt maturity is rarely discussed. However, debt maturity is related to firms' operating risks at the micro level and the industrial structure and systemic risk at the macro level. Therefore, more in-depth studies are necessary. There are two main reasons that studies do not systematically establish the connection between tax reduction policy and firms' debt maturity. One is that they belong to different fields: tax reduction policy is a classic topic of fiscal economics, while firms' debt maturity is a topic in the field of corporate finance. The other is that tax reduction policy does not simply affect a firm's debt maturity by directly changing the firm's cost and gains. The analytical framework of this paper is based on the perspective of bank decision-making to investigate how banks' decisions change with the changes in firms' performances after the tax reduction.

Second, regarding the long-standing phenomenon of Chinese firms' debt maturity being too short and the related problem of maturity mismatch, previously, policy mainly focused on banks. Although banks are quite decisive in determining firms' debt maturity, the relationship between banks and firms is not necessarily invariable. Instead, it can be marginally altered by firm's performance. An implication derived from this paper is that we can work on firm's side to improve the financing structure of firms. Such an improvement can be achieved by means of, tax reduction, fee reduction, reserve requirement reduction and interest rate reduction, etc . By improving the profitability of firms and alleviating the problem of information asymmetry, firms may improve their performance and obtain more long-term loans.

Third, because tax reduction policy has two opposite effects on firms, tax cuts do not always improve firms' debt financing structure. For example, the debt maturity of enterprises with serious information asymmetry may be shortened after a tax reduction because the agency cost effect exceeds the customer competition effect. Such unexpected policy consequences have not received sufficient attention.

Mechanisms of Dialect Diversity and Enterprise Innovation in China

ZHANG Jie　WANG Wenkai

(Institute of China's Economic Reform & Development/School of Economics, Renmin University of China)

Studies of the relationship between informal institutions—especially culture—and corporate innovation are a hot topic in the cultural and industrial economics literature. However, scholars encounter the following problems. First, how can the cultural differences in different regions be measured? Many sociologists believe that language is the main object of culture because it has the dual functions of creating society and improving cognition, while culture is an internally unified organic whole. Therefore, differences in dialects can be used to measure cultural differences. Second, how should the endogenous problem be solved? We use dialect diversity to represent culture. Although the problem of reverse causality is not serious and can be quantified, there is no doubt that measurement errors exist. We begin with the perspective of dialect formation and choose the average terrain slope as the instrumental variable for dialect to ensure the credibility of our test results. Third, we identify the mechanism between dialect diversity and corporate innovation, which not only helps us understand how dialects (culture) affect enterprise innovation, but also allows us to make corresponding policy recommendations based on this mechanism. This maximizes the impact of culture on enterprise innovation.

Through our theoretical analysis, we consider dialect as a kind of identity. People who speak the same dialect often quickly remove their barriers to trust. In regions with more dialects, the probability of sharing an identity based on dialect is lower than in regions with fewer dialects, which has a negative impact on social trust. In enterprise management, innovation investments are characterized by high investment and high risk. Therefore, the lower the degree of trust, the higher the cost of communication and coordination in investors' decision making. In areas with more dialects, the increase in communication and coordination costs caused by the decline in social trust inhibits enterprises' innovative decision-making practices.

Second, from the perspective of enterprise innovation investment, innovation outsourcing is an important method for enterprises to improve their innovation capabilities and competitiveness. On the one hand, attempts at innovation outsourcing experience an information asymmetry between the outsourcing party and the contractor, with high related transaction costs. In this case, the cultural characteristics represented by dialect enable people who speak the same dialect to share the same information and cultural concepts, which helps reduce the information asymmetry between the two parties and their transaction costs. On the other hand, speaking the same dialect is also conducive to alleviating commercial disputes between the two parties, which also reduces transaction costs. Therefore, as the number of dialects increases, the transaction costs for enterprises' innovation outsourcing also increase. This causes a more prominent obstacle for enterprises' innovation outsourcing, which leads to a decline in their innovation investments.

Third, enterprises' independent innovation carries high investment costs and high risk, which requires a large amount of human and material capital. In this case, dialect diversity has a significant inhibitory effect on the cross-regional flow of production factors and technologies, which leads to market segmentation between different dialects. According to Foellmi and Zweimüller's (2006) demand-induced innovations theory, market segmentation is detrimental to enterprise-level innovation activities.

We use the corporate innovation survey database and instrumental variable method to represent culture with dialects and empirically test the relationship between dialect diversity and corporate innovation. Dialect diversity shows a significant inhibitory effect on corporate innovation investments. On average, if the population-weighted dialect diversity index increases by 1%, the per capita private innovation investment in enterprises drops by 1.18%. We also find that the influence of dialect diversity on corporate innovation investment is mainly in the trust effect based on cultural identity rather than the cultural exchange effect. Moreover, dialect diversity increases the transaction costs in enterprises' innovation outsourcing process, which in turn significantly inhibits their innovation investments. Finally, dialect diversity strengthens the inhibitory effect on corporate innovation investments through market segmentation.

We contribute three findings to the literature. First, based on the unique "culture and innovation" scenario, we reveal that informal institutions possibly hinder economic growth. Second, the uniqueness of the mechanism not only helps us to understand how dialect diversity affects corporate innovation, but also helps to alleviate its negative effects on economic growth. Third, the literature shows that dialect diversity is not conducive to urban economic development, while we find that it is not conducive to corporate innovation. Innovation is the core factor in maintaining economic growth; therefore, our results provide micro-level evidence and explanations for these macro results.

Non-Executive Stock-Based Incentives and Corporate Innovation: An Equity Theory Perspective

HAO Xiangchao LIANG Qi

(School of Economics, Nankai University)

As non-executive employees play an increasingly important role in modern enterprises' technological innovation, long-term incentive plans should cover them in addition to management teams. China Securities Regulatory Commission promulgated the Measures for the Administration of the Equity Incentives of Listed Companies (Trial Implementation) (hereafter "Equity Incentive Measures") in 2005 and revised it several times thereafter. The Equity Incentive Measures allow listed companies in China to grant performance-vested shares, options, and other long-term stock-based incentives to both executives and non-executive employees in their equity incentive plans. The Equity Incentive Measures also set out restriction rules regarding, among others, who should be granted stock-based incentives and how to price shares. Do these rules affect the effect of stock-based incentive plans, and if so, do they strengthen or weaken the effect? Is the effect different between top executives and non-executive employees? These questions require more attention. Unfortunately, most studies investigate the effect of equity incentives for top executives, while few explore the effect of stock-based incentives for non-executive employees and the related restriction rules.

This paper investigates the restriction rule regarding who should be granted stock-based incentives and the effect of this restriction on the efficiency of stock-based incentive plans. In China, non-executive employees were added on the stock-based incentive list for the first time by the Equity Incentive Measures, but they are confined to a critical minority, such as core business employees, key technical employees, and other important employees that listed companies identify discretionarily. Thus, employees are divided into incentivized and non-incentivized employees according to the rule and have completely different rights to share the returns of innovation success. This unintentionally increases the income gap between internal employees. Considering the specific practice in China, this paper develops two hypotheses regarding the effect of non-executive employee stock-based incentive plans on corporate innovation. The efficiency hypothesis posits that stock-based incentive plans motivate the rank and file to work hard by mitigating the agency problem, and hence improve the efficiency of corporate innovation. In contrast, the inequity hypothesis stresses that the conflict of interest caused by unequal pay between incentivized and non-incentivized employees weakens the positive effect of stock-based incentive plans.

Using annual data on the stock-based incentive plans and patents of Chinese listed companies from 2006 to 2017, this paper examines the above two hypotheses. We find that, overall, stock-based incentive plans significantly promote corporate innovation, but this overall effect is weakened by the passive participation of non-incentivized employees. This effect is generally smaller in SOEs and companies with a smaller income gap between incentivized and non-incentivized employees, and it disappears in companies with many employees covered by stock-based incentive plans. Therefore, properly improving the coverage of non-executive employees will help prevent unequal remuneration due to the incentive mismatch and improve the overall efficiency of stock-based incentive plans in China's stock market.

This paper contributes to the literature in two ways. First, based on China's specific practice and policies, this paper introduces equity theory to develop an inequity hypothesis of non-executive employee stock-based incentive plans to explain the potential effect of such plans on corporate innovation, adding a new explanation from the perspective of equity theory in addition to agency theory. Second, this paper demonstrates that the effect of stock-based incentive plans on corporate innovation is different for top executives and non-executive employees even if they are both granted shares under such plans. This is a significant advance in the literature that investigates the effect of equity incentive plans and is constructive for optimizing listed companies' stock-based incentive policies in China.

How to Stimulate Private Enterprises' Innovation: Evidence from Ultimate Controllers' Wealth Concentration

PAN Hongbo YANG Zhaoya LI Danyu

(School of Economics and Management, Wuhan University)

Since the reform and opening-up policy, China's economy has made remarkable achievements with innovation playing an important role. As China enters a phase of high-quality development, innovation is becoming increasingly important. However, innovation is characterized by a high failure rate and high risk, causing enterprise decision makers' risk tolerance to be the basic determinant of corporate innovation. The ownership structure of listed companies in China is highly concentrated, and the ultimate controller determines the company's major decisions. Although ultimate controllers' wealth concentration has an impact on enterprise innovation through risk tolerance, few studies focus on this issue. Taking Chinese private listed companies as an example, this paper examines whether ultimate controllers' wealth concentration affects corporate innovation.

In theory, high wealth concentration of ultimate controllers may have both positive and negative effects. The risk diversification hypothesis suggests that higher wealth concentration will increase the actual controllers' risk exposure level, reduce their risk preference, and lead to a lower tolerance for innovation failure, thus inhibiting corporate innovation. However, the information hypothesis suggests that higher wealth concentration makes the actual controller more capable and energetic to obtain and analyze the enterprise's internal and external information, to make better innovation decisions and activities, and to ultimately contribute to corporate innovation.

Based on manually collected data on actual controllers' wealth concentration, this paper empirically studies the influence of the wealth concentration of actual controllers in private listed companies on corporate innovation. The results show that the higher the ultimate controllers' wealth concentration, the lower the level of innovation. The mechanism test shows that ultimate controllers' wealth concentration reduces enterprises' risk-taking. These results support the risk diversification hypothesis, which states that the higher the ultimate controllers' wealth concentration, the lower their tolerance for innovation failure will be, hindering corporate innovation. Further research shows that government subsidies can act as a risk buffer and reduce the negative effect of ultimate controllers' wealth concentration on innovation by dispersing innovation risks. Institutional investors can play a monitoring and balancing role to reduce the negative impact of ultimate controllers' wealth concentration on innovation by restraining risk aversion. Finally, when ultimate controllers' wealth concentration is higher, the controllers are more likely to engage in technology takeovers to compensate for insufficient independent innovation.

Our paper makes several contributions to the literature. First, taking Chinese private listed companies with highly concentrated equity as an example, this paper studies the influence of actual controllers' wealth concentration on innovation and thus contributes to the literature on corporate innovation. Second, this paper supplements studies on the relationship between government subsidies and corporate innovation from the perspective of government subsidies acting as a risk buffer. Third, from the perspective of limiting ultimate controllers' risk aversion, this paper expands the literature on institutional investors' governance role. Fourth, from the substitution effect of technology mergers and acquisitions (M&A) on independent innovation, this paper expands research on technology M&A.

To stimulate private enterprises' innovation, this paper has the following policy implications. First, the individual income tax rate for the restricted transfer of shares in listed companies should be lowered to reduce the cost of actual controllers' wealth dispersion, encourage wealth dispersion, and thus stimulate the innovation of private enterprises. Second, the differentiated arrangement of voting rights should be expanded and strengthened to reduce the risk of loss of control rights caused by diversifying actual controllers' ownership rights, encourage actual controllers to diversify their wealth investment, and stimulate private enterprises' innovation. Third, the government should play a risk-sharing role in corporate innovation to improve ultimate controllers' innovation failure tolerance and stimulate private enterprises' innovation. Finally, we should develop institutional investors and increase their voting power surrounding corporate innovation so that they can better play a monitoring and balancing role against the self-interest of actual controllers with concentrated wealth, which will further stimulate private enterprises' innovation.

External Guarantee and Enterprise Innovation Investment

CHEN Zeyi LI Changqing LI Yukun

(School of Accounting,Guangdong University of Finance; School of Management, Xiamen University; School of International Business, Shanxi Normal University)

External guarantees are widespread in the Chinese capital market. At the end of 2019, the external guarantees of all A-share listed companies were worth RMB 446.8 billion. The 683 companies with external guarantees make up nearly 20% of all Chinese listed companies, and approximately half of these companies (338) have external guarantees that exceed 50% of their net assets. Through risk contagion, the continually increasing size of external guarantees has added to the risk level in the market. Some enterprises have already experienced severe problems due to excessive external guarantees. For example, Shengyun Environmental Protection Group was ultimately delisted and went bankrupt due to significant unpaid guarantee debts. External guarantees can also lead to "thunderclap" events in which one company after the other gets into difficulty, and this has attracted the attention of regulators and investors.

Innovation is the primary driving force for the high-quality development of the Chinese economy. Innovation is also important for individual enterprises, as it helps them break through the bottleneck of development and enhance their core competitiveness. However, innovation requires long-term and continual investment, which in turn requires an enterprise to have a healthy financing ability and an active willingness to innovate. External guarantees not only increase the financing constraints on enterprises but also intensify agency conflicts, which may affect enterprises' willingness to invest and their level of investment in R&D. However, few studies have explored the impact of external guarantees on enterprises' R&D investment.

Using a sample of Chinese A-share listed companies from 2008 to 2019, this study examines the impact of external guarantees on enterprise innovation investment, and the underlying mechanism of this impact, from the perspectives of innovation resources and innovation willingness. The results show that external guarantees significantly reduce innovation investment by enterprises, and the impact is more significant in non-state-owned enterprises and technology-intensive industries than in state-owned enterprises and non-technology-intensive industries. The empirical conclusions remain robust to the Heckman two-stage test, propensity score matching, alternative selection of instrumental variables and differences-in-differences analysis to control for endogeneity problems. Further analysis shows that external guarantees force enterprises to reduce innovation investment due to increased debt-financing costs and tighter financing constraints. External guarantees also weaken the willingness of major shareholders and executives to invest in innovation, which ultimately reduces enterprise innovation investment by increasing the agency cost of major shareholders and reducing equity incentives.

This study makes the following contributions to the literature. First, it expands the literature on the economic consequences of external guarantees. The few studies on the impact of external guarantees focus largely on corporate risk, debt financing costs, audit fees and stock price crash risk. In contrast, we examine the impact of external guarantees from the novel perspective of innovation investment.

Second, this study enriches the theoretical understanding of external guarantees. Unlike previous research, we discuss the impact of external guarantees on innovation investment within the framework of risk transfer theory and agency theory. Based on the risk-shifting hypothesis, we investigate how external guarantees weaken the ability of enterprises to obtain innovation resources. Additionally, we explore how external guarantees reduce the innovation willingness of major shareholders and executives, in keeping with agency theory. This provides a more comprehensive and in-depth understanding than previous studies of how external guarantees affect R&D investment.

Third, this study enriches research on the factors influencing innovation investment, as we are among the first to examine the impact of external guarantees on enterprise innovation. This complements previous research on how factors such as financial market development, legal protection, corporate governance, executive characteristics and executive incentives influence innovation investment.

Participation of the Communist Party of China in Corporate Governance and the Financialization of State-owned Enterprises

QIAO Sijia　LI Kouqing　TONG Chengsheng

(Department of Teaching and Research, Shanghai National Accounting Institute)

Funds that circulate within the financial sector without entering the real economy restrict the high-quality development of China's economy. The key to solving this problem lies in identifying the motivations behind enterprise financialization and devising corresponding solutions. This study investigates the influence of the participation of the Communist Party of China in corporate governance on the financialization of state-owned enterprises, a topic of great theoretical and practical significance.

We build a theoretical framework to analyze the effect of Communist Party participation in corporate governance on state-owned enterprise financialization from three dimensions of motivation: precautionary motivation, speculative motivation and earnings management motivation. We find that Communist Party participation reduces the uncertainty of economic policy, thus restraining precautionary motivation; corrects for managerial short-sightedness and improves managerial ability to tolerate and correct mistakes, thus restraining speculative motivation; and weakens the compensation incentive function of management teams while strengthening their supervisory effect, thus inhibiting earnings management motivation. Overall, the participation of the Communist Party in governance can reduce the level of financialization of state-owned enterprises.

Empirical tests are conducted based on samples of Chinese A-share state-owned listed companies from 2006 to 2018. The results show that the participation of the Communist Party reduces the degree of financialization of state-owned enterprises, and this result remains robust to an instrumental variable test, a propensity score matching-difference-in-differences test and a Heckman two-stage test. Mechanistic tests show that financial asset allocation by corporate shadow banking is the speculative motivation for corporate financialization, whereas non-shadow banking financial asset allocation is the precautionary motivation for corporate financialization. Communist Party participation in governance significantly inhibits both speculative motivation and earnings management motivation for financialization, but has no significant effect on precautionary motivation. A heterogeneity test shows that this effect is more significant after (than before) the implementation of "pre-discussion" arrangements, and is more significant in central state-owned enterprises than in local state-owned enterprises. We also find that the representation of Communist Party members on boards of directors can effectively reduce the financialization of state-owned enterprises, whereas the representation of members on boards of supervisors and managers has no significant impact. Further tests show that Communist Party participation has no significant impact on the return rate of financial assets but significantly improves the market value of risky financial assets, which indicates that capital market investors recognize the positive effect of the Communist Party on the governance of state-owned enterprises.

The implications of the study are as follows. First, full play should be given to the leading role of party organizations, as this will remedy the defects of traditional corporate governance structures. Second, tailored policies should be used, rather than a "one-size-fits-all" approach, to improve firms' financialization. Third, a "pre-discussion power list" should be compiled and used in pre-discussions, to maximize the benefit obtained from these pre-discussions. Fourth, the governance capacity of the Communist Party in local state-owned enterprises requires further improvement. Fifth, the efficiency of board-of-supervisors' participation in corporate governance must be improved. Sixth, Communist Party participation in corporate governance can enhance the value of risky financial assets held by state-owned enterprises, indicating that investors in the capital market recognize the value of the Party's participation in corporate governance. This serves as practical verification of the theory of corporate governance of state-owned enterprises with Chinese characteristics.

Government Subsidies, Government Equity Participation, and Their Effects on the External Financing of PPP-Participating Companies

WANG Xiaoxiao LI Shiyu YUAN Cheng

(School of Economics, Peking University; China Financial Policy Research Center/School of Finance, Renmin University of China)

Public-private partnerships (PPPs) help develop local infrastructure and public utilities and ease local governments' financial burden. Since 2014, a series of related policies published by the Chinese government have prompted many companies to participate in PPP projects. Analyzing the effects of PPP participation on companies' external financing is important, as external financing is still crucial to companies' development in China. This analysis also helps to improve PPP design, contain government debt risk, and attract private capital to public projects.

In a PPP, a government and a company jointly establish a special purpose vehicle (SPV) to finance public projects. Government subsidies and equity investment made by state-owned capital (called government equity participation) in SPVs are the two main ways in which the government engages in PPP projects. From a theoretical and empirical perspective, this paper explores and compares the impacts of these two forms of government engagement on PPP-participating companies' financing costs and leverage ratio. The results show that government equity participation increases companies' leverage ratio and reduces the interest rate of bank loans through government guarantees. However, government subsidies do not have such effects. These results help us understand the impact of

PPP project participation on enterprise financing.

The main contributions of this paper are as follows. First, prior models consider subsidies as the only way in which the government participates in PPP projects. This paper introduces government equity participation in the model to make the theory more realistic. Second, this paper is the first to examine the effects of government subsidy and government equity participation on the external financing of listed companies participating in PPPs. Finally, this paper complements research on the relationship between government financing and enterprise financing.

In the theoretical section, this paper adopts a general equilibrium model with capital externality. The government and companies jointly set up an SPV, which receives a subsidy from the government and loans from financial intermediaries to purchase capital. Financial intermediaries must pay a cost to observe the borrower's realized return, corresponding to the "costly state verification" assumption in Bernanke et al. (1999). The results show that a higher government equity share in the SPV leads to a higher government guarantee obtained by the SPV, which induces a higher leverage ratio for the SPV. At the same time, the government guarantee means that financial intermediaries are more willing to issue loans and accept a lower loan rate. However, the government subsidy does not affect the loan contract and thus does not change the leverage ratio and loan rate. The effects on an SPV's external financing will be transmitted to PPP-participating companies. In this way, government equity participation in the SPV will increase PPP-participating companies' leverage ratio and reduce their loan rates, but government subsidies will not change the two variables.

The empirical section verifies these theoretical results. Combining data from the China Public Private Partnerships Center with financial data from listed companies from 2010 to 2018 in the China Securities Markets and Accounting Research (CSMAR) database, we use PSM-DID analysis to get the results. We find that government equity participation significantly reduces the financing costs and increases the leverage ratio of PPP-participating companies, while government subsidies have no significant effects on both. In addition, government equity participation has a lower positive effect on the leverage ratio of state-owned enterprises than on that of non-state-owned enterprises. In regions with higher marketization, government equity participation has a lower positive effect on the leverage ratio and a lower negative effect on borrowing costs.

Our results have the following policy implications. First, when evaluating the effectiveness of government expenditure on PPP projects, we should distinguish between government subsidies and government equity participation. Second, as an SPV obtains a government guarantee from government equity participation, we should properly use government guarantees to prevent debt investment in the name of equity investment in PPP projects. A reasonable government guarantee helps expand investment in public services. However, overusing the government guarantee may lead to an excessively high leverage ratio and operational risk. In addition, it may increase government expenditure on PPP projects and thus increase fiscal pressure. Last, we should standardize the implementation of PPPs through special supervision and performance evaluation of PPP projects, and eliminate irregular behavior such as promising minimum returns to private partners.

04 Financial Markets

Switching Rating Agencies: Rating Shopping and Rating Catering

LANG Xiangxiang TIAN Yanan CHI Guotai

(School of Economics and Management, Dalian University of Technology; School of Management, Xiamen University)

Credit ratings play an important role in information transmission and valuation in the bond market. In recent years, credit rating problems have cropped up frequently. One such problem is that some debt issuers frequently switch rating agencies and get higher credit ratings after switching. In view of this rating agency switching phenomenon, exploring the following questions is worthwhile. What is the motivation and purpose of switching rating agencies? What is the economic effect of switching rating agencies?

This paper explores the effect of switching rating agencies on the credit ratings, default risk and issuance cost of corporate bonds in the exchange market from 2008 to 2017. We exclude financial institutions and corporate bonds rated by foreign rating agencies. We also exclude 1501 bonds rated by two or more rating agencies. The final sample includes 1657 issuers, 4017 corporate bonds and 17217 observations.

The results show that an issuer's subsequent rating is significantly better after a rating agency switch. Through a series of robustness tests, such as the construction of difference-in-differences models and the use of instrumental variables to alleviate endogeneity problems, the conclusions hold. This paper further explores the moderating influence of industry competition and the credit rating access boundary on the relationship between issuers' switching rating agencies and the credit ratings of corporate bonds. The results show that when issuers or rating agencies face fierce competition, the positive effect of switching rating agencies is stronger; that is, industry competition intensifies both the rating shopping behavior of bond issuers and the rating catering behavior of rating agencies. The results also show that the positive effect of switching rating agencies is stronger when the credit rating is at the AA rating boundary. Finally, this paper examines the consequences of issuers switching rating agencies and finds that it reduces the financing costs of corporate bonds, increases the default risk of corporate bonds and reduces the operating performance of the issuers.

Studies typically focus on the three major rating agencies in the United States. However, China's rating market is quite different from that of the U. S. First, the U. S. has internationally influential rating agencies with strong international reputations, such as Standard & Poor's and Moody's. In contrast, the reputations of Chinese rating agencies are relatively low. Second, the U.S. rating market is monopolistic, whereas China's rating market is highly competitive. Third, U.S. investors pay a great deal of attention to the rating reports issued by rating agencies and use the ratings as an important basis for investment decisions. However, the market reputation mechanism is not established in China, so investors put less weight on ratings . Therefore, this study provides empirical evidence for understanding the rating market of China.

This study contributes to the literature in several ways. First, most studies focus on the economic consequences of switching audit firms (Azizkhani et al., 2018), whereas this paper focuses on the motivation for and economic consequences of switching rating agencies. Second, this paper supplements the studies on rating shopping by issuers and rating catering by rating agencies. This paper provides a new research perspective by studying the behavior of bond issuers. The results show that rating shopping by bond issuers can significantly increase the credit ratings of corporate bonds, providing a reference for regulatory authorities to improve the regulatory system.

Short-selling Constraints and Managerial Selling: Margin Trading in a Natural Experiment

DONG Huining　LIU Qi　RUAN Hongxun

(Guanghua School of Management, Peking University)

As insiders, senior executives have information advantages and are able to manage their firms' external information environment; therefore, investors, regulators, and markets pay close attention to their trading activities. Understanding the causes and consequences of executives' trading activities, especially their selling behavior, is of vital importance in developing healthy financial markets.

This question is approached in the literature through a focus on the role of internal governance, such as increasing equity concentration, increasing institutional holdings, restricting earnings management, and improving information disclosure. Few scholars explore the perspective of external governance. Short-selling behavior is an important external governance mechanism; therefore, we study how the short-selling mechanism influences executives' trading behavior.

The margin trading policy implemented in the Chinese A-share market since 2010 allows investors to short sell their stocks. The introduction of the short-selling mechanism facilitates the timely incorporation of negative information into stock prices, reduces information asymmetry, and improves market efficiency. Based on monthly data from A-share firms between January 2007 and December 2015, we use a difference-in-differences method to leverage the staggered expansion of the list of stocks allowed to be shorted by the policy as exogenous shocks to the efficiency of the underlying stocks. We also study whether managerial selling behavior is changed by this short-selling mechanism. Our results show that the introduction of the short-selling mechanism reduces managerial selling behavior. In particular, the percentage of shares sold by managers compared with firms' outstanding shares is reduced by 0.004% in the treatment group relative to the control group, which comprises about 22.22% of the average shares sold by managers. We also find that the short-selling mechanism mainly deters managers' speculative selling behavior to profit from trading on information advantages, but has no effect on their regular selling. In a cross-sectional analysis, we show that for smaller firms, firms with higher earnings smoothness, and non-state-owned firms, the short-selling mechanism has a larger effect. Furthermore, we examine the channels through which the short-selling mechanism affects managerial selling behavior and find that margin trading policies improve price efficiency and reduce profits from managerial selling. The literature shows that managers conceal negative information before they sell their shares. However, we do not find any evidence that this behavior is reduced by margin trading policies.

We contribute to the literature in the following ways. First, while most scholars analyze the role of internal governance on managerial trading activities, we complement the literature by focusing on the external governance role of the market. We find that the short-selling mechanism can reduce managerial selling and improve corporate governance. We not only provide a broader perspective for analyzing the influential factors on managerial trading activities, but also present supportive evidence that show executives profit from trading on their information advantages. Second, we classify managerial selling into two types of trading purpose: regular and speculative selling. While regular selling is based on the executives' routine adjustment of asset portfolios or liquidity needs, speculative selling occurs when executives trade on their information advantages. We show that the short-selling mechanism reduces only speculative selling. Finally, we present evidence for channels through which the short-selling mechanism affects managerial selling. Our results provide insights for supervising managerial trading activities.

The Pricing Effect of Labor Leverage: Evidence from Chinese A-Share Market

YIN Libo WEI Dong

(School of Finance, Central University of Finance and Economics)

In recent years, surging labor costs in China, accompanied by the erosion of the demographic bonus, have received vast attention from researchers. Studies underline the effects of rising labor costs on firms' performance from the perspectives of technological innovation, factor substitution, labor productivity, wage stickiness, etc. The roles of labor supply, labor quality and human capital in economic development and production efficiency are also amply discussed. However, the relationship between labor costs and asset prices in the Chinese A-share market is rarely considered in the literature.

There are many studies of the relationship between labor and stock prices in the European and U.S. markets. However, findings from developed markets are not applicable to the Chinese market because of the remarkable distinctions between their market microstructures.

Considering China's rising labor costs and structural transformation of enterprises, we believe it is necessary to examine the relationship between China's labor market and asset prices from a micro-perspective, and more importantly, to analyze in depth whether there are differences in the pricing effectiveness of labor leverage and its mechanism in the Chinese and U.S. markets. If there are differences, the underlying causes of the differences require exploration. Exploring these issues can provide an important guide for the pricing mechanism of China's A-share market, the rational allocation of production factors, the transformation of corporate growth and the optimization and upgrading of corporate production structure.

From the wage stickiness perspective of Belo et al. (2014), we examine the relationship between micro labor markets and cross-sectional stock returns in China and explore the pricing power of labor leverage in the A-share market. Our empirical results show that firms with low labor leverage outperform firms with high labor leverage, and that the labor leverage discount remains stable after controlling other relevant variables. Furthermore, we explore the pricing performance of labor leverage in different economic states. The results show that the pricing power of labor leverage is heterogeneous; that is, the negative returns predictability of labor leverage is more profound in an economic downturn. Finally, we further explore the mechanisms in the pricing power of labor leverage relative to two sources of risk, productivity shocks and wage shocks. The results show that labor leverage has a significant positive impact on stock returns through productivity shocks on the one hand and a significant negative impact through wage shocks on the other. The latter effect is significantly stronger than the former, and their relative importance depends on the technology level of listed companies.

Our contributions can be summarized as follows. First, we uncover a pricing factor from the factor endowments perspective: labor leverage. This differs from mainstream asset pricing that focuses on financial information or operating performance. We examine the pricing effectiveness of labor leverage in light of its relative importance as a factor of production and its relative role in developing countries with low levels of technology and capital, while also considering the Chinese context and the significant differences in the labor shares of China and the United States. Second, compared with the positive pricing effect of labor leverage in the U.S. market (Donangelo et al., 2019), this paper finds that labor leverage has a significant negative pricing effect on cross-sectional returns in the Chinese A-share market. The mechanism by which labor leverage plays a dominant role also differs significantly from that in the U.S. market, mainly because of the different technology levels of listed companies in the two countries. The related results enrich explanation of the labor leverage mechanism, further improving the theory of labor factor pricing and providing a theoretical basis for China and other developing countries to rely on the technological level of micro enterprises to adjust the industrial structure of the economy and promote high-level economic development. Third, we examine the pricing effectiveness of labor leverage at various stages of the economic cycle. The relevant findings help clarify the differences in the stage characteristics and mechanisms of labor leverage shocks in different periods and provide an empirical basis for the formulation and adjustment of labor-related policies.

Economic Links and Stock Returns in Chinese A-Share Market

DUAN Binglei WANG Rongfei ZHANG Ran

(Guanghua School of Management, Peking University; China Investment Corporation; School of Business, Renmin University of China)

According to the behavioral finance theory of limited attention, individuals effectively pay attention only to limited information (Kahneman, 1973). Investors' ability to collect, process, and analyze stock market information has a heavy cost. Thus, firms' stock prices respond slowly to the disclosure of new information about related firms.Firms' previous stock returns can predict the future stock returns of similar firms. These information spillovers in the US stock market are validated in the literature using a range of measures of the economic links between firms. Compared with the US stock market, China's A-share stock market has lower market validity, more retail investors, and higher turnover rates. Therefore, China's stock market displays different characteristics to developed markets.It's important to understand the pricing mechanism for information from economically linked companies in China's stock market. However, studies of China's stock market mainly focus on the momentum and reversal effects of individual stocks and rarely consider the momentum spillover effect among various economically linked companies. Unanswered empirical questions include whether economic momentum, such as industry, geographic, supply chain, and technological momenta, exist in China's stock market, whether such momentum has predictive power and the period of such prediction.

We exploit economic momentum, including industry, geographic, supply chain, and technological momenta, to compare their predictive power and prediction periods. We use data for China's A-share listed companies from 2008 to 2017 to construct these four types of economic factors and use Cohen and Frazzini's (2008) regression model to empirically test the return prediction ability of these economic factors. We further select technological momentum, which presents unique characteristic of China's stock market, to explore the internal mechanism. First, we find that the prediction period for these economic factors in China's stock market is shorter. Only industry momentum is significant at the monthly level, while the other economic correlation factors cannot predict the monthly return. The technological, geographic, and customer momenta are significant at the weekly level, but when all economic factors are controlled simultaneously, technological momentum shows the most significant predictive power. Compared with the results of Lee et al. (2019), the technological momentum in China's stock market has a shorter prediction period. Next, we explore this unique characteristic of technological momentum further and find that it can predict 1-3 weeks of the focal firm's future stock returns. A long-short strategy based on this effect yields a weekly excess return of 0.16% (yearly, 8.67%). The current fundamentals (SUE) of technologically linked firms also predicts the focal firm's future fundamentals (SUE), which suggests that the technological spillover effect exists in Chinese firms. A mechanism test shows that the short forecast period for technological factor in China's stock market may be attributed to a large number of retail investors with a gambling mentality, who tend to "buy the winners" and "sell the losers", and thus accelerate the process of incorporating technological information into firms' stock prices. Third, by selecting the proxy variables of limited attention and market friction, we further reveal the internal mechanism for technological momentum and prove that it emerges from investors' mispricing behavior. Finally, we find that technological momentum is stronger in state-owned enterprises and after the promulgation of China's National Patent Development Strategy (2011-2020) in 2010.

Our results contribute to the literature in three ways. First, we contribute to the Chinese asset pricing literature by observing four types of economic momentum in China's stock market and comparing their predictive power and prediction period on weekly and monthly bases. Second, we explore the mechanisms underlying China's stock market momentum and find that retail investors may be the main driver, which contributes to the literature on the momentum mechanism. Finally, we enrich the empirical literature on limited attention. Previous studies of limited attention have mainly explored the diffusion of industry and individual stock information. We use patent information to directly test the predictive power of information complexity on stock prices, which helps explain the theory of limited attention.

The Belt and Road Initiative and Corporate Bond Yield Spreads

XU Si PAN Xintong LIN Wanfa

(School of Economics and Management, South China Normal University; Lingnan College, Sun Yat-sen University; School of Economics and Management, Wuhan University)

During his visits to Central and Southeast Asia in 2013, Chinese President Xi Jinping proposed the Silk Road Economic Belt and the 21st Century Maritime Silk Road, which are together now referred to as the Belt and Road Initiative. The goal of this initiative is to strengthen infrastructure connectivity, promote the orderly and free flow of economic factors, a highly efficient allocation of resources, and the deep integration of markets. The Belt and Road Initiative provides strong impetus for economic transformation and upgrading. Hence, academic and practical circles quickly began to explore the impact of the Belt and Road Initiative on the behavior of micro-enterprises. In this paper, we investigate whether the Belt and Road Initiative has an impact on the corporate bond market.

Theoretically, the Belt and Road Initiative may imply both benefits and risks for the corporate bond market. For example, the implementation of the Belt and Road Initiative reduces the corporate bond yield spreads of supported firms for the following reasons. To make progress on the Belt and Road construction, Chinese governments tend to provide financial subsidies or tax preferences for supported firms, which can directly reduce their default risk. With the in-depth development of the Belt and Road Initiative, the business environment of the supported firms will simultaneously continue to improve and the efficiency of resource allocation is expected to improve further. With the strong support of government policies, bond investors face lower default risk and choose to demand relatively low risk compensation from supported firms. Additionally, the Belt and Road Initiative can improve the information disclosure quality of supported firms as it develops. Benefiting greatly from the reduction of information asymmetry between supported firms and outsiders, the bond yield spreads of supported firms are expected to decrease.

Another perspective is that the implementation of the Belt and Road Initiative will increase the corporate bond yield spreads of supported firms. From the perspective of the external environment, the existence of credit risk, legal risk, sovereignty disputes, and other problems may make supported firms' bids to "go global" fail to achieve the expected results. From the perspective of internal operations, the Belt and Road projects focus on basic investments and involve large capital investments and a low rate of return. Therefore, there are several uncertainties for Belt and Road investments. Bond investors may think that the corporate bonds issued by supported firms have high default risk and thus demand high-risk compensation.

Based on the above analyses, this paper regards the Belt and Road Initiative as a quasi-natural experiment and uses a difference-in-differences model to investigate the impact of the Belt and Road Initiative on corporate bond yield spreads. The empirical results show that the Belt and Road Initiative can significantly reduce the bond yield spreads of supported firms. Analyzing the reaction of the bond market, we find that supported firms have higher CARs for bonds after the Belt and Road Initiative. The channel analysis suggests that the Belt and Road Initiative decreases bond yield spreads through both resource and information effects. Specifically, supported firms receive more government subsidies and stronger support for tax preferences. Supported firms are also associated with a decrease in information asymmetry after the Belt and Road Initiative. Exploiting cross-sectional variation, we find that the negative effect of the Belt and Road Initiative on bond yield spreads is more pronounced for firms located in key industries or in key provinces. A further analysis shows that the Belt and Road Initiative can also reduce the issue price of corporate bonds in the primary market. Regarding nonprice terms, we conclude that after the implementation of the Belt and Road Initiative, supported firms are less likely to be subject to collateral terms and tend to have less restrictive covenants.

Compared with the literature, the three main contributions of this paper are as follows. First, this paper examines the effectiveness of the Belt and Road Initiative from the perspective of corporate bond yield spreads. The findings enrich the relevant literature on the consequences of the Belt and Road Initiative on micro-enterprises' financing behaviors and provides a theoretical basis and practical reference for Belt and Road policies at the bond level. Second, this paper echoes the relevant literature on policy support to provide a reference path for the government to better guide the development of enterprises with a "visible hand". Third, this paper contributes to the factor influencing bond credit spreads by innovatively explaining the changes in corporate bond credit spreads from the perspective of the Belt and Road Initiative, which enriches the literature on macroeconomic policy and bond credit spreads.

Spillover Effect of Short Selling on Food Quality: Evidence from China's Food Safety Inspections

ZHANG Xuan SUN Xueli XUE Yuan LI Chuntao

(School of Statistics and Mathematics, Zhongnan University of Economics and Law; Jinhe Center for Economic Research, Xi'an Jiaotong University; School of Management, Huazhong University of Science and Technology; School of Economics, Henan University)

Food safety is a great concern not only for human health, but also for social harmony, economic development, and national strength. The Chinese government adopts a double-track approach to enhance food safety: legislation and the continuous improvement of safety supervision. However, with the rapid development of food production technologies and constantly changing business models, food as a category of trust-product has been subjected to ever-increasing information asymmetry, which brings huge challenges for food safety supervision.

The capital market's short-selling mechanism provides a feasible channel for food safety supervision. Short sellers are informed traders with a superior ability to collect and process information. The participation of short sellers in the capital market greatly increases the probability of the discovery of inferior food. Producers of low-quality food may be seriously punished by short sellers through destroyed market value, increased financing costs, customs boycotts, and dismissal of managers. These threats provide a capital market channel to prevent companies from producing inferior food.

The effect of short-selling behavior on food quality does not stop at the short-sold firms, but also has a spillover effect in the form of chain synergy, peer effects, and reduced information asymmetry, which may also increase the overall food quality around the short-sold firms.

We manually collect more than one million food sampling test results provided by the former China Food and Drug Administration from 2015-2018 and examine the impact of food firms' short-selling on the quality of food produced by short-sold target firms in addition to the quality of food produced by the target firms' headquarter regions. We use the annual average of the proportion of short-sold securities to measure a firm's short-selling pressure. If there are multiple food firms from the same region listed on the stock market that are subject to short-selling pressure, we use the weighted average proportion of the market value as a measure of the short-selling pressure for the region.

The former China Food and Drug Administration's food safety test results are classified by the sample year and by the regions where the food producers headquartered, but not by the inspecton regions. For each region-year or firm-year, we divide the number of qualified samples by the total number of tests as our proxy for food quality for the underlying region or firm for a given year.

After controlling for a number of region-specific cofactors, including the number of listed firms, legal environment, per capita GDP, quality of human resources, financial constraints in the region, industrialization stage (proxied by industry contributions to total GDP), and technology expenditure in our base model, we find that short selling has a significantly positive effect on regional food quality. Our firm-level regressions also show positive but marginal significant results for short selling on the target firms' food quality. Given the small sample and mostly very high qualification rate, the firm-level results are consistent with our expectations.

A heterogeneity analysis shows that this spillover effect is more prominent in regions with underdeveloped factor markets and relatively weak legal protection, in addition to underdeveloped regions. This result shows that short selling can be used as a supplementary mechanism to formal government supervision to improve food quality.

We address possible endogeneity issues through two approaches: matched comparison and instrumental variables. For the matched comparison, we use 132 region-year observations that are subject to short-selling pressure. We use the proportion of shares held by exchange traded funds (ETFs) for each short-sold food producer as the instrumental variable for short-selling pressure. First, ETFs are mostly tracking funds and their compositions are determined by the weight of certain indexes. Those managers seldom interfere with firm management and thus are exogenous to their firms' behaviors. Second, ETFs provide an important financial supply for short-selling behavior. Thus, the proportion of ETF shares is positively correlated with short-selling pressure. Following these two approaches, we still find a significantly positive effect of short-selling behavior on food quality.

The former possible policy implications of this study show that short selling in the capital markets can act as a governance role to enhance food quality for shorted firms, but also have an important spillover effect that may increase food quality in the firms' surrounding regions. We suggest that the government allows more food firms listed on the stock market can be short.

Market Response to Competition between Financial Intermediaries: Evidence from Credit Rating Agencies

LIN Wanfa　ZHONG Huiyong　ZHAO Zhongkuang　SONG Min

(School of Economics and Management, Wuhan University; School of Finance, Shanghai University of International Business and Economics)

The rate of defaults in China's bond market has rapidly increased. However, the ratings allocated to bonds by credit rating agencies (CRAs) have not keep pace with this increase and have thus failed to efficiently reflect changes in corporate default risk. Some CRAs have even awarded overly high ratings to deliberately mislead investors, which has intensified doubts about these CRAs' independence. Improving the independence, authenticity and international recognition of China's domestic CRAs has thus become an urgent problem for the country's bond market.

As of July 2021, 14 CRAs in China's bond market have obtained regulatory rating certification: four investor-paid CRAs and 10 issuer-paid CRAs. These CRAs are locked in fierce competition for ratings business. Since 2017, the People's Bank of China and the China Securities Regulatory Commission have promoted the gradual opening-up of the credit rating industry, allowing overseas CRAs to apply for domestic rating business. As this will further intensify competition in the domestic rating industry in the future, this is an important area of study.

In theory, the intensification of competition between financial intermediaries should improve their internal management efficiency and reputation, thus reducing moral hazard. This is supported by empirical studies on the banking industry that show competition reduces moral hazard and risk-taking behavior, and thus improves credit quality and efficiency. As CRAs are the most important intermediary in the bond market, it is worth exploring whether the intensification of competition between them will also have a positive impact on the reliability of the credit ratings they issue. On the one hand, from a reputational perspective, the intensification of competition between CRAs could increase their level of attention to their reputations and thus increase the quality of their internal control, thereby reducing the level of moral hazard behavior and in turn improving the quality of the ratings they issue. On the other hand, unlike in the banking industry, CRAs mainly accrue income from bond issuers under an "issuer pays" business model. Thus, CRAs are incentivized to cater to bond issuers and may therefore do so by upwardly adjusting their ratings of the issuers' bonds. Consequently, when competition between CRAs intensifies, ratings will increase, thereby reducing the quality of ratings and increasing the implied risk of the bond market.

To study the impact of inter-CRA competition on rating scores, we use corporate bond issuance data from the exchange bond market from 2012 to 2017, combined with an exogenous event: the intensification of CRA competition brought about by the establishment of a new CRA, Oriental Jincheng International Credit Assessment. Our empirical results lead to several conclusions. First, in a rating market dominated by the issuer-pays business model, increased competition leads to higher credit rating scores, and thus a declining impact of credit ratings on credit spreads and on the predictability of future enterprise defaults. This suggests that increased competition between CRAs leads to higher rating scores and lowers the quality of credit ratings. Second, the above-mentioned impact is greater on issuers that have a greater conflict of interest with CRAs than a lesser conflict of interest with CRAs. This shows that in a market where the reputational mechanism of CRAs is weak, CRAs operating under the issuer-pays model will relax their rating standards for issuers with whom they do more business, and thus give these enterprises higher rating scores than those with whom they do less business. Third, heterogeneity analysis shows that CRA competition does not lead to higher rating scores being issued by domestic CRAs who have foreign shareholders, highly reputable underwriters and more media attention; thus, these characteristics effectively reduce the negative impact of competition in the rating industry. Fourth, our results show that rating competition leads to a decline in stock market information efficiency, which is manifested as increases in stock mispricing, stock price synchronization and analyst forecast bias.

This study makes three contributions to the field. First, we use bond market data to study the consequences of CRA competition, which reveals that the intensification of competition between CRAs under the issuer-pays model leads to higher rating scores and a decline in rating quality. This finding—that competition between financial intermediaries can have a negative impact on their performance—enriches the literature on competition between financial intermediaries. Second, this study obtains solid evidence on the consequences of CRA competition, with this evidence being robust to endogeneity problems. Moreover, we discuss how to mitigate the negative impact of this competition. Third, we study the economic consequences of competition between CRAs on the stock market, and furnish evidence on the spillover effect of CRA competition on the financial market.

Insurance Consumer Complaints and Insurance Company Performance

ZHUO Zhi ZHANG Xiaohan

(School of Finance, Southwestern University of Finance and Economics)

With the transformation of China's economy from high-speed development to high-quality development, China's insurance industry has gradually stepped into the stage of high-quality development. In the long-term development of China's insurance industry, problems such as information asymmetry, moral hazard, and adverse selection always exist in the insurance market, and insurance disputes frequently occur due to the inconsistency between the maximum utility goal of consumers and the maximum benefit goal of companies. The objective existence of insurance consumers' rights and interests infringement has hindered the high-quality development of the insurance industry. Insurance consumer protection is one of the goals of insurance regulation and also a symbol of healthy development.

In the past, research on consumer rights was mainly studied in insurance consumer rights system and legal system, while lacking empirical research. This paper studies the effect of the insurance consumer complaint hotline on insurance Company performance. This study complements the literature on consumer protection and corporate finance in the field of insurance. Based on the panel data of 163 Insurance companies in China from 2009 to 2018, a quasi-natural experiment was designed using the insurance consumer complaint hotline as an exogenous policy variable. Specifically, we establish a difference-in-differences (DID) model to investigate the impact of the insurance consumer complaint hotline on insurance company performance and its influence mechanism. The individual grouping variable of this paper is divided based on the data of insurance letters and visits in 2011, in which the insurance companies with a larger number of letters and visits in 2011 are regarded as those with poorer protection of consumer rights and interests. The time grouping variable in this paper is divided based on the year 2012. The time grouping variable multiplied by the individual grouping variable is the DID variable, which is also the key independent variable. The main dependent variables in this paper are proxies of company performance, including sales, market share, and ROA.

The results show that the opening of the insurance consumer complaint hotline significantly reduces the performance of insurance companies with poor consumer rights and interests protection. Further, this study finds that the higher the commission incentive level, the more significant the negative impact of insurance consumer complaints on company performance. Unsuitable high commission system is easy to make insurance sales staff ignore consumer rights and interests, making it difficult to eliminate the sales misleading phenomenon. The high commission is the promotion factor of insurance consumer's rights infringement and increases the difficulty of insurance consumer's rights protection. Through heterogeneity analysis, this paper finds that the results between life insurance companies and property insurance companies are different. Although life insurance companies are also affected by consumer complaints, the consumer complaint hotline has a more significant negative impact on property insurance companies which with poor consumer rights and interests protection.

The results enrich the theory of consumer rights and insurance company governance and have important guiding significance for the practice of insurance consumer protection and the high-quality development of the insurance market.

A Theoretical and Empirical Analysis of Portfolio Hedging Strategy with Stock Index Futures under Ambiguity Aversion

ZHANG Jinqing　YIN Yiwen

(School of Economics, Fudan University)

Under high volatility, given the limited short selling opportunities in China's A-share market, futures and options products are essential to meet the strong investor demand for risk hedging. However, there are few studies on the type of risk hedging strategies or stock index futures that are suitable for China's A-share market. This paper studies one such optimal risk hedging strategy: trading open-end index funds (ETF) under ambiguity aversion and with transaction costs.

The goal of a hedging strategy is to improve investment performance by adjusting the risk exposure of a portfolio at low cost. Garleanu and Pederson (2013) analyze the liquidity cost of stock spot and futures trading and the impact of their differences on hedging strategies. Under the condition of investors' ambiguity aversion, Garleanu-Pederson identify novel characteristics that can improve investment performance and reduce transaction costs (Zhang et al., 2019). However, there are few studies of futures hedging strategies under ambiguity aversion.

The contributions of this paper are as follows. First, this paper introduces ambiguity aversion into the hedging strategy of stock index funds and examines the influence of ambiguity aversion on the optimal position of securities given restrictions on futures trading. Second, this paper distinguishes between the transaction costs of stock index futures and ETFs and considers the interaction of transaction costs and investors' ambiguity aversion within Garleanu-Pederson's model. It finds that ambiguity aversion reduces the transaction costs caused by wrong investment decisions and improves investment performance. Third, this paper separates the independent disturbance term of ETF yield from stock index futures, to further distinguish the effects of ambiguity aversion on the disturbance term and futures.

Ambiguity aversion and transaction costs are introduced into the Garleanu-Pederson framework to construct a theoretical model of the dynamic hedging of stock index funds. Then, the model is tested using a dataset of China's ETF portfolio and stock index futures. According to the model, if the estimations of ambiguity aversion and transaction cost parameters are reasonable, the performance of an investment portfolio based on a hedging strategy will be better than one based on a non-hedging strategy, the ratio of dynamic optimal trading volume to aim trading volume will be smaller, and the target trading volume will be more sensitive to the expected return predictor. This paper uses ETF and stock index futures data from China's A-share market from April 2010 to June 2021 to empirically test the above reasoning. There are three main results. First, a hedging strategy can significantly improve investment performance, and restrictions on stock index futures trading weaken this effect. Second, the decrease in transaction costs and the flexibility of target position adjustment are the main channels of investment performance improvement. Third, relative to previous studies, such as Garleanu and Pederson (2013) and Zhang et al. (2019), this paper's findings are more robust and highlight the characteristics of sensitivity.

The findings have implications for the development of China's derivatives market. First, continuously enriching the product series of stock index futures and stock index options should become the key issue of capital market infrastructure construction. Second, although using a risk hedging strategy on stock index futures to implement ETF produces better performance than using a non-hedging strategy, trading restrictions on stock index futures weaken this effect. Therefore, the reduction of transaction costs and arbitrage constraints should be promoted, so as to improve the ability of institutional investors, such as funds, to use derivatives to manage risk and create value.

05 International Economics & International Trade

Mainland Chinese Inward and Outward Foreign Direct Investment Stock: Evidence from Tax Havens and Round-Tripping Investment

XIAO Lisheng XU Zitong FAN Xiaoyun

(Institute of World Economics and Politics, Chinese Academy of Social Sciences;School of Finance, Nankai University)

Foreign direct investment (FDI) in mainland China has grown rapidly in recent years. According to data released by the State Administration of Foreign Exchange, mainland China's inward FDI (IFDI) and outward FDI (OFDI) stocks comprised more than 50% and 25% of mainland China's overseas liabilities and assets, respectively. However, the current statistics only cover the bilateral direct investment announced by statistical agencies and do not include direct investments transshipped through offshore financial centers or returned as round-tripping investments. Direct investments related to the offshore market will distort the current account statistics in international investment positions. Accurate accounting and measurement of mainland China's overseas IFDI and OFDI will help to study issues such as capital outflows and wealth inequality, in addition to investigating mainland China's current account imbalances and intertemporal optimization.

We infer two characteristics of rapid investment growth. First, more than 70% of mainland China's IFDI and OFDI positions come from or flow to tax havens, such as Hong Kong, the Cayman Islands, and the British Virgin Islands. Second, the ultimate sources of FDI funds from some offshore financial centers, in addition to developed economies such as Europe, the United States, Japan, and

South Korea, are round-tripping investments from mainland China. That is, funds flow out of mainland China as OFDI and finally return to mainland China as IFDI instead of actual international investments.

These two structural characteristics lead to two issues. On the one hand, the current statistical principles are based on a "residence" perspective rather than the "domicile" perspective of actual capital flows and show differences in their direct investment statistics. While the former facilitates the measurement of direct cross-border transactions between economies and has been used in international practice for many years, this measurement is unable to reflect the true flow of investments because the role of offshore financial centers in overseas investments has become increasingly prominent.

On the other hand, direct investments transshipped through offshore financial centers do not directly serve the local real economy. They are a means for companies to evade taxation, seek overseas financing, and even transfer assets overseas, which can easily cause national tax losses and capital flight. Moreover, the accumulation of offshore assets represents the rapid expansion of high wealth inequality.

However, while the domicile perspective in censuses helps correctly understand the actual stock of IFDI and OFDI in mainland China, valid data for reference are lacking because of statistical limitations. First, we find discrepancies between the IFDI and OFDI data collected by different agencies with no unified benchmark. Second, many economies, including mainland China, do not provide statistical data for the ultimate investment sources. Only a few OECD economies provide these data, such as the United States and the European Union. Third, large mainland Chinese Internet companies usually use a variable interest entity (VIE) structure for overseas listings, which facilitates the common phenomenon of round-tripping investments or capital appreciation in FDI. However, the available data cannot measure this phenomenon, which has not yet been analyzed in detail. Therefore, we review the literature on the methods for correcting the statistical bias from direct investment positions caused by offshore financial centers and compare different official statistical data sets for direct investment positions in detail. We then introduce the Orbis database as an important supplement based on the Coordinated Direct Investment Survey (CDIS) data set from the International Monetary Fund to measure mainland China's real IFDI and OFDI stock from the domicile perspective. Considering the motives for direct investment according to tax avoidance and overseas listing via VIE structures, respectively, we find that:(1) By adjusting FDI for tax avoidance purposes, IFDI from offshore financial centers was reduced, but more than 80% were round-tripping investments. In contrast, other major economies do not experience this obvious round-tripping investment phenomenon.(2) After considering the impact of overseas listed investments via the VIE structure, the proportion of round-tripping investments increases to nearly 37%, with a magnitude of about US $1 trillion, of which US $167.7 billion is contributed by overseas listed companies with a VIE structure. Among the top 20 counterparties of mainland China's IFDI, the proportion of offshore financial centers drops sharply from 70% to 27%. (3) The adjustment of mainland China's OFDI stock is based on mirror data. After adopting the domicile perspective, mainland China's OFDI stock is US $1.4 trillion, which is 10% higher than the CDIS value from the residence perspective.

In general, we find that investment flows to tax havens are reduced, while the flows to real economies increase, which reveals that foreign investments are transferred through tax havens. This is more obvious in mainland China than in other major economies. In particular, among the tax havens, the British Virgin Islands are the most important destination of mainland China's OFDI, accounting for about a quarter of ultimate OFDI stock. This is mainly because the British Virgin Islands are the most important place for natural person shareholders to retain capital in offshore companies or trusts.

Trade Cost and "Made in China"

GUO Kaiming CHEN Hao YAN Se

(Lingnan College, Sun Yat-sen University;Guanghua School of Management, Peking University)

Manufacturing is the foundation of developing countries and provides support to major economies. It plays a key role in a country becoming rich and powerful. High-standard and more competitive manufacturing is a basic requirement for high-quality development. China's economic development is undergoing a rapid transition that requires manufacturing to build a modern socialist China and to develop the real economy. The government sees high-quality manufacturing as one of the most important drivers of high-quality development. China's manufacturing industry is growing rapidly and opening up constantly during the reform era. To what extent does China's high-standard opening-up affect its manufacturing development and global welfare? How should China continue to promote structural transformation during its reform and opening-up? Studies fail to answer these questions either theoretically or quantitatively from a macroeconomic perspective. This paper studies the macroeconomic effects of the cost of trade on China's manufacturing development and global welfare through theoretical analysis and quantitative experiments, which may offer novel answers to these questions.

We build a two-country multi-sector structural change model with complete input-output links, endogenous consumption and investment structure, and endogenous international trade shares. The model incorporates long-term income effects, structural changes in investment, and sectoral trade imbalance, which are the key features of China's economy. Theoretically, the fall in export trade costs decreases the price of China's manufacturing goods in the global market, which in turn increases their relative demand across the world, as well as the share of manufacturing in China's economy. It may also lower the average price of consumption goods sold to foreign people, which increases their purchasing power and welfare.

We apply the model to China's economy to account for the process of opening-up and manufacturing development. We find that the fall in the trade cost of Chinese exports from 1995 to 2010 enhances the comparative advantage of China's manufacturing, which in turn increases China's manufacturing output by 29% and thereby increases the employment and output share of manufacturing by 4.7 and 5.1 percentage points, respectively. It also accounts for nearly 15% of the growth of foreign welfare. Almost 80% of these effects emerged after 2001, when China joined the World Trade Organization. Moreover, imposing tariffs on Chinese goods to raise the trade cost of Chinese exports will not only hinder the development of China's manufacturing but also result in significant foreign welfare loss. If the trade cost of Chinese exports rises by 1 unit, manufacturing output will decline by 5.37 percent, with its employment share falling by 3.32 percentage points, and foreign welfare will also decrease by 0.89 percent.

Mounting protectionism, the dim prospects of the world economy, the shrinking global market, and the backlash against economic globalization have added to the risks and uncertainties in China's development. China should become a quality manufacturer to foster the new development dynamic.

We derive two policy implications from the findings of this paper. First, China should vigorously pursue admission to new regional trade agreements, advocate for new multilateral trading systems, and promote its manufacturing and market. Developing high-quality manufacturing in China may also help to build a higher-standard open economy and offer many opportunities for the world. China should also reinforce high-standard domestic and international circulations to enhance the competitiveness of its manufacturing across the globe. Policies such as encouraging international trade in producer services or building a pilot digital trade zone may promote technological innovation and structural updating of China's manufacturing industry. Second, China should further reform its factor market to improve factor allocation efficiency. This may lower the domestic cost of trade to form a unified national market and domestic circulation, which will in turn enhance the resilience of China's supply chain. China should also promote timely investment in new types of manufacturing, secure the production and supply of energy, and effectively tackle the problem of rising costs of manufacturing production and trade.

Foreign Capital Entry and National Value Chain Upgrade

GUO Juanjuan XIAN Guoming XU Bangdong

(Institute of World Economy, Shanghai Academy of Social Sciences; School of Economics, Nankai University;School of Economics and Management; Weifang University)

Given the uncertain international situation, China should take full advantage of the strength of its domestic market by tapping the potential of domestic demand to establish a new development paradigm with domestic circulation as its mainstay, thereby resolving the impact of external shocks and demand contraction.Besides, China should also continue to expand its high-level opening-up to the outside world to attract more foreign investment and accelerate the implementation of major foreign-funded projects. This would not only promote the country's industrial transformation and upgrading,but also enhance its status and infuence in global industrial chains, supply chains, and innovation chains. Investment from multinational enterprises is key for developing national value chains and promoting the connection between domestic and international circulation, and thus will underpin the formation of a new development pattern in which domestic and international circulations promote each other. Accordingly, this study explores the impact of foreign investment on the upgrading of China's national value chains by systematically examining an interregional input-output table of 30 provinces using exploratory spatial data analysis and spatial weight matrices.

The empirical results show that FDI has a significant promoting effect on the upgrading of China's national value chains. Regions that receive FDI not only obtain a direct technology spillover but also benefit from "involuntary" spillovers from neighboring regions. The spillover effect of FDI is strongest within the province. Compared in regions with lower levels of technology and FDI, in regions with higher levels of technology and FDI, national value chains are more strongly promoted by FDI entry. Compared with inland areas, FDI entry in coastal areas is more conducive to the upgrading of national value chains. Furthermore, the higher the degree of marketization in an area, the more that FDI entry promotes domestic value chains in the area, and the spillover is most strengthened within the area. Finally, FDI can significantly optimize local industrial structures by upgrading national value chains, and its direct upgrading effect is more significant than its indirect upgrading effect.

This study makes several contributions. First, it investigates the impact of foreign capital entry on the upgrading of China's national value chain. The findings could serve as a reference to aid the promotion of China's national value chain and the balanced and coordinated development of various regions, and could also contribute to the establishment of a new development pattern of domestic and international circulation. Second, given the strong spatial correlations among the national value chains in different regions, the spatial econometric model adopted in this study is a useful methodological tool with which to measure the spatial correlation and spillover effect of FDI into adjacent areas. This model is also less susceptible to reverse causality than other models, which enhances the credibility of our empirical results. Third, considering that national value chains play a key role in improving regional industrial structures, and that attracting foreign investment is required for developing national value chains and constructing an integrated domestic market, this study further analyzes the effect of foreign investment on the upgrading of local industrial structures through the channel of domestic value chains.

The Impact of Global Investors' Country-level Risk Sentiment on Cross-border Equity Capital Flows

TAN Xiaofen LI Xingshen GOU Qin

(School of Finance, Central University of Finance and Economics; School of Economics, Capital University of Economics and Business)

The "14th Five-Year Plan" promotes the opening of the financial industry and deepening the interconnection of domestic and foreign capital markets. With the pace of opening up of the capital market accelerating, its breadth, depth, and convenience are constantly improving, and the scale of foreign capital inflow is increasing. Cross-border capital market transactions will become an increasingly important financial activity. Opening of the capital market can attract foreign capital inflows, expand financing channels, improve the efficiency of the capital market, and accelerate the construction of a new development pattern in which dual domestic and international cycles promote each other. However, we must also be alert to the financial risks arising from the violent fluctuation of cross-border capital flows. The "14th Five-Year Plan" proposes improving the management framework of cross-border capital flows and the risk prevention and response capabilities under the conditions of opening up. Therefore, an in-depth understanding of the driving factors of cross-border capital flows, accurate judgment, and timely monitoring of the changes and impacts of the driving factors are critical for improving the management efficiency of cross-border capital flows and realizing a high level of financial openness.

Since the 2008 financial crisis, there has been a significant increase in global uncertainty, which has triggered a rise in global investors' sentiment toward foreign equity investment, especially in emerging economies. As the scale of China's cross-border equity capital flows continues to expand, exploring the impact of global investors' country-level risk sentiment on cross-border equity capital flows provides important policy implications that will help China improve its capital flow management framework and respond to the impact of global uncertain events.

This paper deeply explores the impact of global investors' country-level risk sentiment on cross-border equity capital flows in emerging economies by constructing a general equilibrium intertemporal selection model to describe the theoretical mechanism through which investors' country-level risk sentiment negatively affects the net capital inflows of cross-border equity and the moderating effect of investors' risk aversion. Further, this paper conducts an empirical test based on the micro data of EPFR global equity funds and the risk sentiment index of global investors at the country level constructed by big data text analysis technology. The results show that: First, the rise of global investors' country-level risk sentiment increases the country's overall risk premium level, prompting equity funds to significantly reduce the net capital inflow to the country, especially if investors' risk aversion is high. Second, improving the maturity of a country's financial market and exchange rate flexibility and maintaining a reasonable level of capital account control can alleviate the impact of global investors' country-level risk sentiment on the net capital inflows of cross-border equity funds. Finally, when global risk sentiment is extremely low or the net capital inflows of equity funds in various countries are extremely high, the impact of global investors' country-level risk sentiment is more significant.

The marginal contributions of this paper are as follows. First, it provides a theoretical basis for the impact of global investors' country-level risk sentiment on the net capital inflows of cross-border equity. By constructing a general intertemporal equilibrium selection model, this paper depicts the theoretical mechanism through which investors' country-level risk sentiment affects the net capital inflows of cross-border equity. Second, it provides robust micro evidence for the impact of global investors' country-level risk sentiment on the net capital inflows of cross-border equity. By combining the global investors' country-level risk sentiment index constructed by a big data text analysis method and the global equity fund-level micro data provided by the EPFR database, this paper captures global investors' perceptions of the overall financial and economic risk sentiment of each country. This paper also examines how global investors' country-level risk sentiment affects the cross-border capital allocation of global equity funds. Third, this paper provides detailed policy suggestions for emerging economies including China to improve the management of cross-border capital flows. We explore the heterogeneous impact of global investors' country-level risk sentiment on the net capital inflows of cross-border equity from horizontal and vertical dimensions such as fund level, country level, and whether it is in an extreme risk period. Based on our findings,we propose targeted policy suggestions for capital flow management.

06 Green Finance

The Optimal Contract for Green PPP Project Portfolios: A Welfare Perspective for Economic and Environmental Effects

WEI Xiaoyun HAN Liyan

(School of Statistics, Capital University of Economics and Business; School of Economics and Management, Beihang University)

Green finance serves green investment, which serves the green economy. In practice, there is a huge demand for funds to develop green finance and promote environmental protection. In addition, it is unsustainable to rely solely on government financial support. Therefore, an important solution for this problem is public-private partnerships (PPP), in which the government and enterprises work together. However, enterprises are not enthusiastic participants of pollution prevention, green, and low-carbon PPP projects because they generally experience problems such as high investment thresholds, competition homogeneity, and high market risk.

Although the direction of the new incentive method is clear, relying only on the traditional PPP contract framework is insufficient to manage the complex problems that arise when managing project portfolios. Thus, the contract model for traditional single-commercial PPP projects cannot be directly adopted. The key issues involved in the green PPP project portfolio are as follows: What elements must be considered when concluding the contract? What coordination mechanism must be selected to ensure that the contract is signed? Is there an optimal concession period for green PPP projects? Is the green PPP project portfolio better than the traditional incentive mechanisms of direct government subsidies? Exploring these issues will provide a good theoretical basis and technical support for the promotion and implementation of the combination of green PPP and high-yield projects.

This paper uses the net present value method to propose a decision-making model for the optimal concession period of green PPP project portfolios based on the win-win goal of economic and environmental benefits. Our model differs from those of the literature in three dimensions. First, we introduce environmental benefits and extend the optimal concession period model for a single PPP project to the green PPP project portfolio. The goals of combining green PPP and high-yield projects include social welfare, environmental benefits, consumer surplus, and economic profits of enterprises and the government. Second, we compare the different game modes between the government and the enterprises, demonstrate the existence of an equilibrium, reveal the internal logic and key determinants of the optimal concession period, and provide a basic framework for the contract design of the green PPP project portfolio. Third, through a scenario analysis, we show the superiority of the green PPP project portfolio over the traditional incentive mechanism of direct government subsidies. The results provide theoretical support for promoting the combination of green PPP and high-yield projects.

We obtain three important results. First, the combination of green PPP and high-yield projects can improve enterprise profits and stimulate social capital to participate in environmental governance and deal with environmental risks. Second, whether the government-enterprise contract can be signed successfully depends on the game decision-making mode. If the decision is made independently, although the concession period that maximizes enterprise profits can also achieve the highest environmental benefits, the game results are shown as "equilibrium on the edge" and it is difficult for both parties to enter into a contract. Therefore, it is necessary to study the behavioral restraint mechanism to promote coordination and cooperation between the government and enterprises. PPP stakeholders can then decide from a global optimal perspective and achieve a win-win situation of mutual economic profit and environmental protection. Third, compared with direct government subsidies, the combination of green PPP and high-yield projects not only increases consumer surplus and improves social welfare, but also copes better with the fiscal burden. Therefore, policy guidance could be strengthened to manage the reasonable bundling of projects with strong correlation, upstream and downstream links, or adjacent subprojects. Some direct government subsidies will gradually be replaced by the combination of green PPP and high-yield projects. The diversified funds can then be used to provide continuous support for environmental protection, achieve the goals of emission peak and carbon neutrality, and better serve the green economy and sustainable development.

Does Green Finance Promote Exports from China?

JIN Xiangyi ZHANG Wenfei SHI Bingzhan

(School of Economics, Lanzhou University; School of Economics, Nankai University)

The green economy is a major avenue of current research and an important foundation for the long-term development of society, especially as the rapid development of China's economy in the past decades has caused problems such as pollution and ecological damage. Unfortunately, rapid economic development often causes deterioration of the natural environment, as such development is focused on achieving a certain quantity of economic growth without also being focused on achieving a certain quality of economic growth. Thus, the growth is unsustainable. To address this need to reconcile the goals of long-term economic growth with those of green construction, and thereby achieve the dual benefits of sustainable economic growth and environmentally aware governance, the former China Banking Regulatory Commission issued the "Green Credit Guidelines" policy (hereinafter, green credit policy) in 2012. This policy aims to use financial market resources to reduce environmental pollution caused by firms' production and operation, and to improve the system of credit resource allocation such that it favors environmentally friendly firms; thus, the policy has generated great changes throughout the financing environment. However, although exporting is an important aspect of China's economic growth, many Chinese exporters continue to face significant financing constraints, such that their export growth is limited by their ability to acquire of external credit. Chinese exporters consequently face problems in identifying new financing channels. These problems have been addressed by the implementation of the green credit policy, which has promoted the development of a green finance channel from which exporters can obtain external financing, further contributing to the growth of China's exports. The green economy concept is thus increasingly shaping the developmental direction of China's export patterns.

This study analyzes the potential effect of green finance on China's trade sector by studying the impact of green finance development on export growth, from the implementation of the "Green Credit Guidelines" policy onwards. Therefore, this study delineates a feasible path China can follow to achieve export growth while minimizing carbon emissions. This study also discusses technical solutions for global green construction, to which China could make significant contributions.

The green credit policy provides a new "signal display" mechanism for exporters to obtain financing, which eases the acquisition of external financing for vulnerable exporters in an environment featuring information friction. That is, the policy requires banks to issue green credit resources based on the direct signal of an exporter's pollution level rather than the exporter's "hard information", thereby enabling exporters with poor hard information on their assets but relatively environmentally friendly production to obtain financing. Thus, as many SME exporters have low production scales and emit low levels of pollution, they have an obvious signaling advantage for obtaining green credit. This policy alleviates the financing constraints that SME exporters face from being unable to obtain traditional forms of credit, and may ultimately increase the scale of exports.

This study uses the difference-in-differences estimation method to analyze the role of green finance development in China's export growth and thereby identify the underlying causal relationship. It is found that the development of green finance since the implementation of the green credit policy has significantly promoted China's export expansion, increased the binary margin of exports, and optimized the volume and price structure of exports. These effects have obvious heterogeneity. The channel test shows that the alleviation of financing constraints is the core mechanism by which green finance promotes export growth. A series of robustness tests show that the export-promotion effect of green finance is robust to alternative explanations. Overall, these findings imply that green finance is an important factor that supports China's export growth and can bring generate win-win situation marrying pollution control with trade growth.

Research on Green Bond Promoting Green Innovation of Enterprises

WANG Ying FENG Jiahao

(School of Finance, Shandong University of Finance and Economics)

China strives to build a system for market-oriented innovation in green technology to promote a comprehensive shift toward green economic and social development. However, there are multiple problems surrounding development for green and low-carbon technology (such as this technology having long development cycles, being complicated and carrying higher risks), and the global economic recovery in the post-COVID era is uncertain. This makes it difficult to satisfy the vast funds needed for green technological innovation, which places pressure on the achievement of carbon peak and carbon neutralization. The key to satisfying these vast funds is guiding the financial system to provide the required investment and financing support in a market-oriented way. For this reason, the People's Bank of China has fully improved policy incentives for reducing pollution and carbon emissions and policy constraints on such emissions through monetary, credit and macro-prudential policy. Compared with the green financial policy, can green financial products promote green technology innovation?

The reasons for the research on green bonds are as follows. First, although green credit plays a dominant role in China's green financial system, it is difficult to explore the effectiveness of green credit from the perspective of enterprises because of the limited availability of micro data. Second, compared with green insurance and green funds, green bonds have developed rapidly, and have produced good economic consequences by accelerating green low-carbon transformation, providing high-security financial assets and attracting foreign sustainable investment funds. Third, the characteristics of the mandatory disclosure of environmental information in green bond issuance also provide incentives and constraints for promoting green technology innovation through improving corporate governance. To sum up, against the background of limiting investment purposes and strengthening financial supervision, it is not clear whether enterprises can improve the enthusiasm for green technological innovation in the process of issuing green bonds and investing in green projects, thus increasing the number of green patent applications.

This paper selects the A-share non-financial companies listed on the Shanghai and Shenzhen Stock Exchanges issuing green bonds in 2016 and 2017 as the treatment group. Based on the difference-in-differences model, this paper tests the promotion effect of green finance on green technology innovation in enterprises. We find that green bonds can significantly improve the issuers' level of green innovation. This is mainly reflected in green invention patents and green utility model patents, and the promotion effect of issuing green bonds on both patent types is dynamic and sustainable. A heterogeneity test shows that the promotion effect of green bonds is not affected by the nature of enterprise property rights and the inherent technology level. Compared with heavy pollution enterprises, non-heavy pollution enterprises use green bonds to improve the level of green technology innovation more efficiently. Further analysis shows that the promotion effect of issuing green bonds on green technology innovation for enterprises stems from two channels: the resource effect and the supervision effect.

This paper makes several contributions to the literature. First, there is little literature on the relationship between green bonds and green technology innovation. This paper uses a difference-in-differences model to analyze the supporting effect of green bonds on green technology innovation, broadens the research perspective of green bonds and green technology innovation, and gives a tentative answer as to how green finance can serve the goal of carbon neutrality and promote the construction of an ecological civilization from a micro perspective. Second, this paper uses the mediating effect model to find that the issuance of green bonds has the resource effect and the supervision effect, and it clarifies the mechanism of the quality and quantity of green bonds to promote green technological innovation, which provides a reference for corporate governance to adapt to the construction of an ecological civilization in the new stage of economic development. Finally, it provides theoretical guidance for optimizing the green financial system and implementing hierarchical and focused green financial supervision and environmental governance to achieve a win-win situation of environmental protection and high-quality economic development.

07 Inclusive Finance, Household Finance & Social Development

Digital Financial Inclusion and Resilience to Unanticipated Shocks: Theory and Evidence

LI Zheng LI Xin

(Institute of Finance and Development, Nankai University)

A stable financial inclusion system can improve a household's resilience to risk and the financial health of consumers. Digital finance is developing rapidly in China, and thus, the importance of promoting a healthy and sustainable system of digital financial inclusion is recognized. However, the issue of consumer financial health has not been fully considered in the literature. Digital finance development can encounter problems such as platform cross-credit granting and individual over-lending. We therefore investigate how digital financial inclusion can reduce households' unanticipated risks from the perspective of financial health and how it can effectively develop in China.

We first develop a theoretical model to examine how digital financial inclusion affects unexpected risk shocks. We then conduct an empirical investigation in the Chinese context using the Global Findex Database for 2014 and 2017. We find that first, digital financial inclusion can effectively enhance households' resilience to risk shocks. All groups can enjoy the dividends of digital financial development, but the less-well-off gain the most benefit. Second, we find that moderate borrowing can increase households' risk-taking, while excessive borrowing will lead to higher risk-taking, thereby reducing the available contingency when facing risk. This indicates that residents' ability to cope with risk is based on rational borrowing. We obtain data from the China

Household Finance Survey and China Family Panel Studies and confirm our findings. Third, digital financial inclusion can improve households' ability to respond to risk through four channels: promoting transfer and remittance, increasing trust levels, increasing the frequency of deposits and withdrawals, and reducing transaction costs. Finally, digital financial inclusion can help households affected by the risks of steady consumption, mainly through the promotion of spending on non-durable goods.

This study provides several important policy implications. First, the development of digital financial inclusion can help households participate in the financial market and provide them with safe savings channels, and market regulators can also better manage sudden risks. China should therefore accelerate digital technology innovation and aim to fully implement digital financial inclusion. Second, borrowing behavior in the development of digital financial inclusion may become excessive, so any financial inclusion system should focus on the following. (1) Improving the financial literacy of consumers. Policymakers should conduct online financial education, ensure the protection of financial consumers' rights and interests and improve households' financial prevention capabilities. (2) The supervision mechanism of digital financial platforms should be improved by the government, which can promote innovative management and control technology. (3) The effective sharing of big data between financial technology platforms can prevent consumers' overborrowing and excessive debt.

The main contributions of this paper are as follows. First, based on our theoretical and empirical research, we reveal the impact of digital financial inclusion on the response to unexpected risk and its mechanism. Research has mainly focused on the relationship between digital financial inclusion and the demand for credit, consumption, entrepreneurial innovation, inequality, and inclusive growth. Few studies have fully considered the impact of digital financial inclusion on households' risk response. Our study therefore extends the literature in this direction. Second, we explore the consequences of multiple lending behaviors from a financial health perspective. Our empirical results show that excessive borrowing can weaken the risk-smoothing effect of digital financial inclusion. A high-quality financial inclusion system should involve consumers' financial health, and so our findings provide a new research perspective and useful policy references for the development of such a system. Third, we present micro-evidence that digital financial inclusion can help households suffering from negative shocks by stabilizing their consumption, thus providing new insights into how steady consumption can be attained through financial inclusion.

Leverage, Financial Fragility, and Heterogeneous Household Consumption Behavior

LI Bo　ZHU Taihui

(School of Economics, Beijing Technology and Business University; National Institution for Finance; International Monetary Institute of RUC)

In China's current development stage with its new development dynamic, household consumption plays a prominent role in economic development and is essential for unleashing the potential of the domestic market and promoting the development of the Chinese economy. The literature demonstrates that consumer credit and a wider range of moderate household indebtedness have intertemporal and wealth effects on consumption, which allow household consumption to stay on the optimal route under the persistent income hypothesis and then promote household consumption by exploiting the effect of leverage. However, the household sector has bewildering phenomenon that rising debt level and weak consumption growth coexist at present in recent years.Thus it is worth checking out that the probability of household financial distress caused by overdraft effect and debt repayment risk due to mounting debts will constrain consumption. Therefore, given the high risk of household sector indebtedness in China, it is important to further investigate the effect of rising leverage on household consumption from the perspective of potential household financial distress. This paper explores whether and how leverage affects household consumption behavior by introducing household financial fragility.

This paper constructs an intertemporal optimal consumption decision-making model that considers household financial fragility and identifies how the rising household debt level influences this fragility, resulting in heterogeneous household consumption behavior, and testify the relations among household leverage, financial fragility and household consumption heterogeneity with the China Household Financial Survey data 2015 and 2017. The results show that higher leverage increases household financial fragility, which results in deviation from the optimal intertemporal consumption by weakening the ability to smooth consumption and strengthening the budget constraint of consumption, and thus household consumption exhibits the features of "high marginal propensity to consume, low level of consumption expenditure".

This paper further respectively analyzes whether the effects of household leverage on consumption has a clear difference in debt structures and consumption structures, and between urban and rural areas. The results show that for households that invest in more than one residence, higher leverage significantly increases their financial fragility under uncertainty shocks and has a greater negative effect on consumption. Private loans from relatives provide a relatively flexible mechanism to meet obligations, and therefore weaken the negative impact of leverage on household consumption through the financial fragility channel. The financial fragility caused by the increase in leverage has a greater negative effect on consumption expenditure on durable goods. Moreover, given the differences in consumption between urban and rural households, The household financial fragility due to the rising leverage has greater crowding-out effect on rural households than on urban households.

The marginal contributions of this paper are as follows. First, this study emphasizes that financial fragility is the key factor in understanding the relationship between household leverage and consumption decisions. It shows that leverage affects household consumption through financial fragility by weakening the ability of smoothing intertemporal consumption and intensifying household budget constraints. It also demonstrates how household leverage influences consumption behavior, and thus explains the rationale behind the high marginal propensity to consume and the low levels of consumption expenditure in the household sector. Thus, this paper supplements the relevant literature on the effect of household debt accumulation on consumption expenditure. Second, this paper measures household financial fragility by the financial margin of unpredictable expenditure under uncertainty shocks; estimates the marginal propensity to consume function and logarithmic consumption expenditure function; and demonstrates how financial fragility affects consumption when household leverage rises. This provides empirical evidence of the dynamic effect of household debt accumulation on consumption behavior. Third, the theoretical analysis and empirical evidence help to explain the coexistence of the rapid increase in household leverage and the slow growth of household consumption expenditure and clarify that policymakers should comprehensively consider the impact of household leverage on consumption and potential financial risks when designing financial policies to promote consumption. The paper has important policy implications for promoting supply-side reform, serving the real economy, and guarding against systemic financial risk.

Borrowing Constraints and Household Consumption: From the Perspective of the Running Liquidity of China's Housing Provident Fund

KANG Shulong WANG Xiaoting YU Haiyue

(School of Finance, Dongbei University of Finance and Economics)

The Housing Provident Fund (HPF) is an important institutional arrangement for providing housing to citizens. The efficient operation of the HPF system is important for implementing the strategic position that "houses are for living in, not for speculation", improving residents' housing security, and enhancing people's sense of gain. However, narrow financing channels increase the pressure on the HPF's liquidity as the HPF's loan-to-deposit ratio rises. This restricts the HPF's ability to meet households' credit demand for purchasing housing. HPF management agencies reduce credit risk and liquidity pressure by reducing loan amounts, increasing the down payment ratio for existing housing, and strictly controlling housing appraisal values and loan terms. All of this leads to a higher threshold for HPF loans than for commercial loans. In this context, it is necessary to study the factors and mechanisms that restrict the operational efficiency of the HPF system, which is crucial for reforming the HPF system, ensuring safe housing for citizens, and promoting high-quality economic development.

To this end, this paper first discusses how the HPF influences households' borrowing behavior and consumption under liquidity pressure by constructing a theoretical model, and then uses data from the 2013 and 2017 China Household Finance Surveys (CHFS) to construct a pooled cross-sectional regression model and empirically test the theoretical hypotheses. To correct for the estimation bias caused by omitted variables, we also use control dummy variables for the observation year, loan issue year, and regions, and further run a propensity score matching (PSM) model and two-stage least squares regression to alleviate endogeneity issues to identify the impact of borrowing constraints on the choice of housing loan, and the effect of the housing loan on the down payment ratio and participants' consumption. Research shows that, first, borrowing constraints decrease the probability of HPF participants using HPF loans by 33.85%. Second, liquidity pressure explains why HPF management agencies raise the application threshold for HPF loans, which reduces the probability of borrowing-constrained households getting HPF loans. On average, the down payment ratio of HPF loans is about 5% higher than that of commercial loans, and provinces with high HPF loan-to-deposit ratios have higher down payment requirements. Finally, households without HPF loans have an increased housing purchase burden, and their consumption of non-durable goods is significantly reduced. Households with HPF loans consume 10.83% more non-durable goods than households with commercial loans.

Our contributions to the literature are as follows. First, we use the perspective of the HPF system design to discuss the reasons for the system's inefficiency. Second, we use household-level microdata to identify the impact of liquidity pressure on the borrowing behavior of borrowing-constrained households. Finally, we focus on the difference between the effects of liquidity pressure on the borrowing behavior and consumption of HPF participants with different characteristics, avoiding the bias caused by the systematic difference between HPF participants and non-participants. It would be helpful to better evaluate the implementation efficiency of the HPF system.

We suggest that HPF management agencies should enhance their liquidity by revitalizing their existing credit assets. Reforming the HPF financing pattern will help decrease the threshold for HPF loans and increase the likelihood of participants obtaining HPF loans, which will help to promote fairness, reduce participants' burden, and boost consumption. In addition, it can provide investment products with high credit ratings for the capital market and alleviate the asset shortage caused by insufficient high-quality assets in the financial market. Moreover, the reform can provide liquidity support to companies to reduce their fees and burden. Especially during the COVID-19 pandemic, the reform can assist with the practical implementation of policies aimed at reducing the fees and burden of companies against HPF operational payments that are unbalanced due to the decline in HPF income during the fee reduction period. Consistent with the idea of "houses are for living in, not for speculation", the reform can also help to ensure that the housing demand of low-and middle-income households is met, to fulfill the HPF's role of improving housing security and ensuring the stable development of the property sector.

House Price Expectations and Urban Households' Stock Market Participation: Theoretical Discussion and Micro Empirical Evidence

YI Xingjian SU Xin ZHOU Cong YANG Biyun

(School of Finance and Investment, Guangdong University of Finance;
School of Finance, Guangdong University of Foreign Studies;
School of Economics, Fudan University)

In recent years, Chinese households' limited participation in the stock market has become noticeable. However, the proportion of housing assets in the asset allocation of households is very high. Within the general adherence to the position of "houses are for living in and not for speculative investment", it is of great theoretical and practical significance to discuss Chinese households' limited participation in the stock market from the perspective of house price expectations.

Based on data from the China Household Finance Survey (CHFS), this paper analyzes the relationship between house price expectations and household stock market participation by constructing a theoretical model and conducting empirical tests. In terms of the theoretical model, this paper constructs a two-phase model and finds that house price expectations affect stock investment by changing stock return expectations and adjusting investment in housing assets. In terms of empirical analysis, this paper uses a probit and tobit model to analyze the impact of rising house price expectations on stock market participation and share and uses both direct and indirect methods to empirically test the existence of the two mechanisms. In the direct method, by constructing proxy variables for stock return expectations and housing asset investment, this paper expounds whether households' expectations of house price increases affect these variables. In the indirect method, the paper introduces the exogenous impact of the housing purchase restriction policy, which hinders the adjustment mechanism of housing asset investment, to indirectly identify the impact mechanism. The empirical results further verify that the expectation of higher house prices reduces the probability and degree of households' participation in the stock market through the mechanisms of changes in expected stock returns and adjustments in housing assets. At the same time, this paper empirically analyzes the impact of deviation in household behavior on the relationship between house price expectations and stock market participation. The results show that behavioral deviations such as mental accounts and limited attention hinder the adjustment of household portfolios and weaken the inhibitory effect of house price expectations on household stock investment. This paper further analyzes the heterogeneity of households according to their background risk, social network, and the head of household's education level. The results show that the expectation of higher house prices has a greater inhibitory effect on stock investment by households with higher levels of background risk, lower levels of social network, and lower levels of education.

Compared with previous studies, the innovation of this paper is mainly reflected in the following aspects. First, through the theoretical model and empirical tests, this paper comprehensively analyzes the effect and underlying mechanism of house price expectations on stock investment, providing a new explanation for the mystery of households' limited stock market participation. Second, the paper uses behavioral finance theory, taking mental accounts and limited attention as the starting point, to study the impact of irrational behavioral deviation on the relationship between house price expectations and stock investment, and expands the research perspective in the field of household asset allocation. Third, this paper chooses "whether the city publishes real estate policy regulation documents" as the instrumental variable for house price expectations, which better overcomes the possible endogeneity problem.

It is expected that rising house prices will reduce households' stock investment through the mechanisms of changes in expected stock returns and adjustments in housing assets. Therefore, considering the position that houses are for living in, not for speculative investment, it is necessary to not only stabilize land and house prices but also pay attention to guiding and stabilizing house price expectations to promote the steady and healthy development of the real estate market. In addition, it is necessary to promote households' demand for stocks and provide impetus for the healthy development of the housing market and capital market from the perspective of demand. Moreover, the existence of behavioral financial deviations such as mental accounts and limited attention will prevent households from adjusting their portfolios according to the expected changes in prices. When macroeconomic management and financial supervision departments design policies and when financial institutions design financial products and wealth management services, they need to consider households' behavioral deviations.

Investors' Pro-sociality and Risky Investment

TANG Di JIN Xingye

(PBC School of Finance, Tsinghua University; School of Economics, Central University of Finance and Economics)

Previous studies generally assume that investors allocate their financial assets with the exclusive aim of maximizing their narrowly defined self-interest according to risk and return analysis, with no thought for society. However, this "economic man" hypothesis fails to take account of social changes or responsibility, as it assumes that society as a whole is static and that individuals need only comply with existing social norms when participating in transactions. In reality, however, society evolves dynamically, and all members of society participate and engage in the gradual change of social norms.

Any examination of the framework of investor behavior must therefore consider the interactions between members of society, and how individuals perceive these interactions. This means that we must account for the fact that investors' decision-making regarding risky assets is influenced by their pro-sociality. To do so, we must explore beyond self-interest. Pro-sociality can be divided into three dimensions: social concerns, social trust, and social interaction. Our study uses social donation expenditure and gift expenditure as proxy variables to measure the level of pro-sociality. The more a household spends on social donation expenditure and gift expenditure, the higher the head of the household's level of pro-sociality. Then, we discuss the risk-taking willingness of investors and its relationship with pro-sociality.

Existing research regarding factors influencing household risky investment verifies that important individual factors include income level, demographic characteristics and health status, risk attitude, occupational risk, and property ratio. Our research aims to contribute to the literature on household investment behavior from the new perspective of pro-sociality. Exploiting data from the 2012 and 2014 China Family Panel Studies (CFPS), we empirically analyze the impact of pro-sociality on household risky investment. Using the responses to relevant items in the CFPS, we construct a series of explained variables for household risky asset allocation. In addition to pro-sociality as the primary explanatory variable, we control for demographic characteristics (e.g., sex, age, physical health status), household characteristics (e.g., income level, household demographic structure), and province and year fixed effects. The results show that the pro-sociality of household heads has a significant positive impact on household investment in risky financial assets. This effect remains significant after accounting for possible endogeneity problems.

Subsequently, we examine the robustness of our findings. First, we limit the sample to households with an increased level of pro-sociality in 2014. Second, we add extra variables that could reflect the level of risky investment by households. Third, we examine the impact of pro-sociality on the absolute and relative levels of risky investment. The regression results show that our conclusions are robust.

Finally, we examine whether the effect is heterogeneous across samples with different characteristics. According to the regression results, the pro-sociality of householders has a more significant impact on household risky investment in the non-agricultural household, Internet user, and risk-loving groups than in the agricultural household, non-Internet user, and risk-averse groups.

Our study contributes to the literature in two ways. (1) This study avoids using the traditional "economic man" assumption by investigating household risky investment from a novel perspective, namely that individuals' pro-sociality is naturally reflected in the process of responding to and promoting new social norms. (2) This study examines pro-sociality in three dimensions—social interaction, social trust, and social concerns—and uses social donations as a proxy variable to empirically analyze the impact of pro-sociality on household risky investment behavior, thus indirectly proving that the our construct of pro-sociality is meaningful.

The study has implications for government departments, as it shows that they should take account of the influence of pro-sociality on policy effectiveness when formulating policies concerning social responsible investment.

Government Unemployment Target Adjustment and Employment Quality: Evidence from Micro-Firms

CAO Chunfang DENG Songlin

(School of Business/Center for Accounting, Finance and Institutions, Sun Yat-Sen University)

Full employment is the foundation of economic and social stability and is also the primary target of China's macroeconomic policy.China has implemented an employment priority strategy and issued a series of policies to promote employment. We discuss how local governments achieved their employment targets and the quality of urban employment.

We manually collect unemployment data published in 2870 government work reports from 287 cities in China's 31 provincial administrative regions from 2007 to 2016. We discuss the impact of local governments' unemployment target adjustments on employment quality. This target is measured by the planned unemployment rate in the 2870 government work reports, and employment quality is measured by the number of redundant. We find that less stringent unemployment targets reduce the number of employees being made redundant and improve employment quality. The impact of the unemployment target adjustment is asymmetrical. Firms will be more sensitive to an upward adjustment, as this will significantly reduce the number of redundant employees, but we find that a downward adjustment is not significant, indicating that the adjustment has more of an effect when the initiative is government-oriented. We also find that the impact of an unemployment target adjustment is stronger in private companies, companies with fewer subsidies, and regions with a high degree of marketization. Finally, we find that a less stringent unemployment target will also increase firms' total factor productivity and value.

Our study makes several contributions to the literature. First, we directly assess the impact of the government's unemployment target management on the quality of employment, thus extending the literature concerning the impact of government behavior on employment. Most studies focus on government behaviors that promote employment, such as credit supply, subsidies, and tax incentives. However, these measures are more of a stimulus strategy in response to unemployment; that is, they passively prevent unemployment from increasing. We expand on this by focusing on government unemployment target adjustment.

Second, we contribute to the literature on government target management by examining how local governments manage unemployment targets.This research focuses on the adjustment of unemployment targets rather than traditional management through monetary policy targets and the consequences of local economic growth targets.

Third, the government's influence on the resource allocation of firms has recently become the focus of academic attention. The conclusions mainly reflect the situation for firms that are strongly influenced by government resource allocation. In terms of government orientation, we find that firms will actively adjust the levels of redundant employees after the government's unemployment target is adjusted, and this mainly occurs for firms with strong motivations for active adjustment.

We offer the policy suggestion that local governments should consider the quality of employment in their management of unemployment targets, in addition to considering the employment rate, and also should guide firms to create new and more suitable jobs to achieve the "higher quality and fuller employment" target proposed in the 19th National Congress of the Communist Party of China.

08 Corporate Governance & Corporate Finance

Accounting Comparability and Labor Income Share

JIANG Xuanyu LIN Li

(School of Accountancy, Central University of Finance and Economics/Research Center for Accounting and Economic Development of Guangdong-Hong Kong-Macao Greater Bay Area; Operational Data Center, China Construction Bank)

In August 2021, the 10th meeting of the Central Financial and Economic Commission of the CPC Central Committee was held. The meeting focused on the promotion of common prosperity and stressed that the size of the middle-income group should be expanded and common prosperity should be promoted through high-quality development. The primary distribution plays a dominant role in determining personal income and the basic pattern of the social distribution of final income. Labor reward is the major source of individual income resulting from the primary distribution, as distribution according to work is a mainstay in China. Therefore, increasing the labor income share is a key mechanism to ensure that all people share the fruits of economic development, expand the size of the middle-income group, and realize common prosperity. In this context, exploring the determinants of the labor income share provides important theoretical contributions and has practical implications.

The literature points out that the efficiency of resource allocation in capital markets has an important effect on the labor income share. As an international business language, accounting information plays an important role in alleviating information asymmetry. The quality of accounting information directly determines the efficiency of resource allocation in capital markets. Comparability, which enables users to identify similarities and differences between two sets of economic phenomena, is recognized as the primary quality characteristic that enhances the usefulness of accounting information. Thus, our question is whether accounting comparability can affect firms' labor income share.

Using all Chinese firms listed on the Shanghai or Shenzhen stock exchanges from 2006 to 2019, this paper investigates the impact of accounting comparability on the labor income share. We find that greater accounting comparability leads to a higher labor income share in listed firms, which indicates that improving the quality of accounting information can help employees to share their enterprise's achievement. We provide evidence that reducing the cost of capital and improving research and development (R&D) intensity are two important channels through which accounting comparability increases the labor income share; accounting comparability only has a significant positive effect on non-managers' labor income share and does not affect managers' labor income share; the positive relation between accounting comparability and the labor income share is stronger for firms with greater financing constraints or lower information transparency, and for firms whose peer firms have better accounting earnings quality; and accounting comparability can improve firms' ability to create value by increasing their labor income share.

This paper contributes to the literature in the following ways. First, this study extends the literature on the determinants of the labor income share. The literature shows that biased technical change, industrial restructuring, industrial upgrading, labor bargaining power, foreign direct investment, financing constraints, firm size polarization, and corporate bond financing can significantly influence the labor income share, but ignores the impact of the capital market on the labor income share. Considering that accounting information quality is one of the key determinants of market efficiency, this paper investigates the relation between accounting comparability and firms' labor income share. It has important implications for understanding how the capital market affects firms' labor income share.

Second, we provide new evidence of the economic consequences of accounting comparability. Focusing on financing costs, corporate innovation, the efficiency of acquisition decisions, earnings management, stock price crash risk, tax avoidance, and executive incentive, the literature explores the impact of accounting comparability on corporate decisions. However, it ignores the potential role of accounting comparability in firms' resource allocation decisions. Therefore, from the perspective of the labor income share, this paper enriches the literature on the economic consequences of accounting comparability.

Third, our study reveals two mechanisms through which accounting comparability enhances firms' labor income share. That is, accounting comparability can not only reduce the cost of equity and debt to mitigate firms' tendency to substitute capital for labor under financing constraints but also enhance firms' R&D investment intensity to increase their reliance on more skilled human capital, thus promoting their labor income share. It is useful to understand these mechanisms more comprehensively.

Non-Penalty Regulation and Tax Avoidance: Evidence on Financial Report Inquiry Letters

DENG Yilu　CHEN Yunsen　DAI Xin

(School of Economics and Management, North China Electric Power University; School of Accountancy/China Management Accounting Research and Development Center, Central University of Finance and Economics)

The non-penalty regulation represented by inquiry letters has become an important front-line regulation, given the current emphasis on the function of stock exchange. Inquiry letter regulation focuses on the shortcomings of information disclosure and requires companies to provide supplementary explanations in a reply letter. The increasing frequency of inquiry letters has attracted the attention of the media, capital market intermediaries, and investors. Taxation stimulates market vitality and promotes economic development, so corporate tax behavior is a concern of both regulators and investors. China's stock exchanges have recently paid more attention to regulating corporate tax avoidance. However, few studies examine the relationship between China's inquiry letter regulation and corporate tax avoidance. Exploring the economic consequences of inquiry letters from the perspective of tax avoidance enriches research on both the effectiveness of non-penalty regulation and the factors influencing tax avoidance.

The impact of inquiry letters on tax avoidance is as follows. On the one hand, inquiry letters improve the quantity and quality of corporate information disclosure by attracting attention and thereby increasing the costs of tax avoidance and inhibiting management's motivation and ability to implement tax avoidance behavior. On the other hand, inquiry letters may increase marginal tax avoidance income while having little impact on marginal tax avoidance costs. In addition, rising regulatory pressure may compel management to employ more tax avoidance activities to improve the firm's profit after taxes and achieve short-term goals. Based on the aforementioned arguments, whether and how inquiry letter regulation influences tax avoidance behavior is a question that requires empirical analysis.

Based on an examination of Chinese A-share listed companies from 2013 to 2017, this paper finds that financial report inquiry letters restrain companies' tax avoidance behavior; the greater the total number of inquiry letters,the more inquiries for the same financial report, and the more questions in the financial report inquiry letter, the greater the reduction of tax avoidance behavior. Moreover, inquiry letters that address tax-related or research and development-related topics further decrease tax avoidance behavior. Furthermore, the regulatory effect of inquiry letters is even better for companies with lower degree of financing constraints and a higher intensity of tax administration. Overall, the non-penalty regulation of the financial report inquiry letter exhibits a certain degree of regulatory effectiveness.

This paper makes two major contributions to the literature. First, it contributes to the literature on the economic consequences of non-penalty regulation. Contemporaneous studies examine the regulatory effect of inquiry letters in terms of capital markets, external audits, earnings management, and management earnings forecasts. This paper, however, examines the effectiveness of non-penalty regulation from the perspective of tax avoidance by applying empirical evidence from Chinese markets, which supplements relevant research on international non-penalty regulation. Second, this paper enriches research on the determinants of corporate tax avoidance. Previous regulatory studies examine how tax authorities and enforcement influence companies' tax avoidance behavior; however, few investigate the impact of securities regulation, especially front-line stock exchange regulation, on corporate tax avoidance.

This study also has practical significance by extending the relevant research on the real effects of front-line stock exchange regulation. The effectiveness of inquiry letter regulation is affected by a company's financing constraints and the external regulatory environment. To improve the regulatory impact of inquiry letters, implementing continuous and accurate regulation, completing with follow-up regulatory measures, are necessary.

Research on the Proper Size of Investment Funds: Evidence from Chinese Mutual Funds

ZHANG Linlin SHEN Hongbo FAN Jianqing

(School of Social Development and Public Policy/School of Economics, Fudan University; Operations Research and Financial Engineering, Princeton University)

Over the last decade, the Chinese mutual fund market has grown enormously. However, compared with the developed mutual fund market, Chinese mutual funds are still relatively small and have much more room for development. Thus, it is worth asking whether a fund's size can expand indefinitely or should be restricted. In addition, previous studies have several limitations. First, the optimal mutual fund size calculated in the literature is mostly the optimal size for investors, rather than fund managers. Second, only a few papers study the optimal size for fund managers, but they fail to consider that the continuous expansion of fund size may lead to large-scale redemption by investors due to the diminishing marginal returns to scale, which makes the optimal size for fund managers impossible to achieve in practice. Third, this paper shows that principal-agent conflict, diminishing marginal returns, and large-scale redemption exist objectively in the fund market, and play a role in determining fund size. However, in the literature so far, the impacts of these constraints have not been included in the determination of optimal fund size.

In view of the above problems and the limitations of research, this paper finds that fund size cannot be expanded indefinitely due to diminishing marginal returns to scale in the fund market. Based on the three identified constraints (principal-agent conflict, diminishing marginal returns to scale, and redemption of investors), this study proposes the concept of a proper fund size interval. It also improves the classical Berk and Green model (BG model) and proposes a theoretical model of the proper fund size interval and its evaluation index. Determining the proper fund size interval is practically relevant, because it takes into account the interests of both investors and fund managers and the market constraints on fund size. This paper also develops a method for determining whether the fund size matches its managers' ability. The evaluation index of proper fund size constructed in this paper can effectively identify and judge oversized funds, funds with the proper size, and undersized funds. Using Chinese stock and hybrid funds between 2011 and 2019 as a sample, this paper empirically examines the appropriateness of fund size. The main conclusions are as follows.

First, we find that the average size of Chinese mutual funds is generally too large from 2011 to 2015, is appropriate from 2016 to 2018, and is too small in 2019. There is a significant negative relationship between fund performance and fund size, which indicates the existence of diminishing marginal returns to scale in the fund market. In the long run, the average net excess return tends to approach zero, and the probability of large-scale redemption of the fund with a nonnegative net excess return is far less than that of the fund with a negative net excess return.

Second, as the market impact cost decreases annually, the upper bound and lower bound of the proper size interval are also decreasing, whereas the width of the proper size interval is increasing. The reason is that the upper and lower bounds of the proper size interval are influenced by managers' ability and impact cost, and the width of the proper size interval is only influenced by the impact cost.

Third, the performance of funds with the proper size is much better than that of oversized and undersized funds. The net excess return of oversized funds is negative.

Fourth, the proportion of undersized funds is the largest and increases with each passing year. Due to the rapid growth in the number of start-up funds, and the relatively slow growth in the number of funds with the proper size, the proportion of oversized funds is the second largest and is decreasing annually. However, the proportion of funds with the proper size is the smallest.

In summary, funds with the proper size have better fund performance and fund flow. Therefore, for fund companies to increase the market share of funds with the proper size, they should constantly harness the latent potential of fund managers and keep improving their ability. At the same time, fund managers should be given timely payoff incentives, to match their ability and the fund performance. Regulators should continue to rapidly improve the evaluation system of the fund industry. Rather than paying attention only to fund performance, they should also consider investors' investment interests and evaluate the appropriateness of the fund size and fund managers' ability.

The Learning Mechanism of Chinese Institutional Investors: Rational Bayes or Simple Reinforcement Learning?

SHAO Xinjian　WANG Huiqiang　WANG Xingchun　QIN Jiaqi

(School of International Trade and Economics, University of International Business and Economics; School of Finance, Nankai University)

The theoretical literature on financial economics usually assumes that rational investors follow the Bayesian learning method—that is, if an investor's personal experience cannot contain new information, it cannot affect the investor's belief-updating process. Professional institutional investors have inherent advantages over individual investors in terms of information acquisition and processing, investment decision-making mechanisms, and internal governance methods, and are therefore considered rational investors. However, a key question remains: do professional institutions follow rational Bayesian learning or reinforcement learning in their decision-making on investments?

Given the random allocation of investors' profit and loss generated by the lottery system used to issue initial public offering (IPO) investments in China, this paper uses IPO lottery allocation data provided by the Shenzhen Stock Exchange to empirically test the effect of experience on the decision-making behavior of institutional investors. First, it tests whether institutional investors' previous earnings experience affects their tendency to participate in subsequent IPOs. Then, it tests whether the previous loss experience of institutional investors affects their quotations for subsequent IPOs. Finally, it examines whether the personal characteristics of fund managers can influence the effect of previous loss experience on institutional behavior.

The main conclusions of this research are as follows. (1) Institutional investors do not completely follow a rational Bayesian learning method but do follow a naive reinforcement-learning method. Specifically, institutions that are allocated the winning bid at an early stage are significantly more likely to participate in subsequent IPO subscriptions than institutions that are not. In addition, the higher the rate of return of new shares issued in the previous period, the stronger the positive relationship between the allocation experience and subsequent participation in IPO subscriptions. (2) The income experience of institutional investors promotes the renewal of their beliefs and produces more optimistic valuation beliefs than pessimistic valuation beliefs. Specifically, the higher the return on new stocks in the previous period, the higher are the price increases given by the institutions that receive stock allocations through lotteries when they participate in the valuation of subsequent new shares, and these price increases are significantly higher than those given by the unsuccessful control group. (3) Experience may influence institutional behavior via the intensive learning process of institutional investment managers. Regarding the personal characteristics of fund managers, research on the mechanisms of adjustment of institutional behavior shows that rich long-term experience, high education level, and competition between multiple fund managers moderate the effect of profit and loss experience on institutional behavior.

The main contributions of this research are as follows. (1) This research focuses on the experience of professional institutional investors, who are typically regarded as rational investors, and finds that the behavior of institutions is significantly affected by a naive reinforcement-learning process. Thus, a good result reinforces the behavior that an organization takes to achieve the result and may cause its valuation beliefs to become relatively more optimistic. (2) Empirical research on experience and behavior usually faces the endogenous problem of investor experience (Choi et al., 2009; Chiang et al., 2011). This article instead draws on the random test opportunities provided by the lottery system in China's IPO distribution (as these better alleviate the endogenous problems of experience) and obtains more credible inferences about causality than other studies. (3) Mainstream studies in the field of IPOs usually focus on the issue and pricing efficiency of the inquiry system and auction system, and theoretical and empirical studies usually ignore the effect of institutional investors' learning mechanisms on pricing efficiency. In contrast, based on research on the background of China's IPO auction system, this paper finds that an institution's experience has a significant effect on its future IPO purchasing tendency and price level. This provides a new perspective for re-examining over-quoting and the "uncertainty of investor participation in the IPO auction system", which is a concern noted in the theoretical literature (Sherman, 2005; Jagannathan et al., 2015).

Does Communication between Media Journalists and Firm Executives Improve the Quality of News Reports? An Empirical Study Based on Company Visits

RU Yi GUO Haojing XUE Jian

(Business School, Renmin University of China; Business School, Beijing Technology and Business University; School of Economics and Management, Tsinghua University)

Many studies explore the role of media as an information intermediary and corporate monitor in the capital market. However, studies increasingly show that the media's lack of objectivity and independence can undermine their normal functions. In addition, studies mainly focus on the economic consequences and restrictive factors of news reporting and ignore its production process in which journalists write and compile news articles. The prerequisite for high-quality news articles is that journalists should obtain sufficient information from society and then analyze and interpret their findings accurately and promptly. Therefore, the types of information source channels and their effectiveness are worthy of in-depth discussion.

Direct communication with firm managers should be one of the most valuable information sources for financial journalists. However, it is not clear whether journalists can improve the quality of their reporting through this activity. On the one hand, journalists may obtain crucial information and publish more accurate news reports with higher information content, which is called the "information discovery hypothesis". On the other hand, journalists may alter the tone of their news reports to satisfy the needs of firm managers, leading to more optimistic tone and lower information content, which is called the "reporting bias hypothesis".

China's special institutional background provides an ideal setting for our study. The Shenzhen Stock Exchange requires listed companies to increase communication with investors, analysts, media, and other market participants through investor relations activities. Using a sample of journalists from prestigious media outlets who visited listed companies from 2007 to 2019 and implementing a difference-in-differences method, we examine whether direct communication between media journalists and firm managers affects the quality of news reporting. The site visit data are obtained from the Corporate Site Visit Database (CSVD) developed by Datago Technology Limited and the investor relations activity database of the China Stock Market and Accounting Research (CSMAR).

Our results show that the tone of visiting media is more optimistic, especially when companies release bad news. In addition, the visiting media only increase the information content of their news reports when companies release good news. There is no significant difference in information content between the visiting and nonvisiting media in the case of bad news. These results indicate that the way media journalists interpret information after communicating with management varies with the nature of the information obtained. Our analyses show that the involvement of analysts, institutional investors, or peer journalists and a richer information environment can effectively restrain the optimism bias of visiting media. Company visits are an important channel through which the media are more likely to establish or maintain business relationships. Our conclusions are still valid after using a treatment effect model to address self-selection bias, in addition to a series of other robustness tests.

Our study supplements the relevant literature on the factors reshaping the role of media in society. Studies mostly discuss the factors affecting the quality of media reports from the perspectives of journalists, readers, advertisers, and governments, but few studies explore the process and channels through which media obtain information. Corporate site visits are one of the most important ways to obtain information. However, this process and its economic consequences remain locked in a "black box". Our study empirically assesses the effectiveness of journalists' communications to obtain information from firm managers. The results show that in terms of the nature of news about site visits, the reactions of visiting journalists after communicating with firm managers are asymmetrical and their optimism bias emerges only when firms release bad news.

Our study also enriches the literature on communication between capital market participants and firm managers. Market participants can obtain valuable information from corporate site visits and make better decisions. To the best of our knowledge, few studies illuminate the benefits or costs for visiting journalists. Our results show that when firms release bad news, the quality of visiting journalists' news reporting is impaired. Today, we find that the standards for reporting quality and the responsibilities of journalists during investor relations activities are not clear or specific. The conclusions of our study should attract the attention of regulators and investors.

Does Concerted Action by Minority Shareholders Improve the Corporate Governance?

ZHENG Zhigang LI Miao YONG Hongyan HUANG Jicheng

(School of Finance, Renmin University of China; School of Accounting, Capital University of Economics and Business)

Two or more natural persons, legal persons or other organizations take concerted action when they express the same intention when exercising their voting rights through agreements, cooperation and related-party relations. Concerted action is thus the centralized allocation of voting rights. According to listed companies' annual reports, at least 773 listed companies experienced some form of concerted action by minority shareholders from 2008 to 2018. This implies that concerted action has become a means by which minority shareholders can participate in corporate governance and safeguard their own equity interests in the era of equity decentralization.

This study empirically investigates how minority shareholders actively participate in corporate governance by exhibiting concerted action under existing laws and articles of association. The study first examines the ultimate economic consequences of concerted action by minority shareholders. The results show that concerted action helps minority shareholders concentrate their voting rights, check and balance the activities of major shareholders and managers, and ultimately improve corporate performance. The mechanistic analysis shows that concerted action improves performance in two distinct ways. First, concerted action strengthens the influence of minority shareholders in general meetings of shareholders and on boards of directors. This is reflected in the improved effectiveness of minority shareholders' proposals and influence on the appointment of directors when these shareholders act in a concerted fashion, compared to when they do not. Second, concerted action strengthens minority shareholders' role as a check and balance on controlling shareholders and managers. This is reflected in concerted action by minority shareholders leading to a reduction in "tunnel excavation" behavior by controlling shareholders and an increase in CEO turnover, relative to when there is no concerted action by minority shareholders.

Based on a study of the economic consequences and mechanisms of concerted action, this study examines the heterogeneity of its effects in improving corporate performance. It is found that the positive effect of concerted action on performance is affected by the shareholding ratio of persons acting in concert, the motivation for the concerted action, the company voting system and the type of persons acting in concert. Specifically, the ability of concerted action by minority shareholders to improve corporate performance is strengthened if the following three conditions exist: the total shareholding ratio of persons acting in concert is moderate, participating in governance rather than competing for control is what motivates the persons acting in concert, and companies adopt a cumulative voting system.

This study provides empirical evidence on the effect of concerted action on corporate governance, including the mechanism and heterogeneity of concerted action. In contrast to previous literature focusing on minority shareholders' online voting, this study examines how minority shareholders protect their own rights by concerted action, thereby extending our understanding of the protection of investors' rights and interests. Additionally, whereas previous studies mostly focus on the concerted action of entrepreneurial teams, this study is conducted from the perspective of minority shareholders. The results show that concerted action acts as a check and balance on the actions of controlling shareholders and managers, and thereby improve company performance. Therefore, this study provides theoretical and practical insights that contribute to a comprehensive understanding of the governance role of persons acting in concert.

This study has specific policy implications for the protection of the interests of minority shareholders in corporate governance practice. First, minority shareholders can use concerted action as a tool to check and balance the actions of controlling shareholders and thus safeguard their own interests. Second, regulators should encourage investors to make innovative use of existing corporate governance mechanisms, such as voting rights, to actively participate in the governance of listed companies. Third, listed companies should adopt systems that are conducive to the exercise of rights by minority shareholders, such as cumulative voting, to give full play to the positive effect of such shareholders' concerted action. Finally, investors should identify the motivations of shareholders' concerted action, as this may prevent such action being taken too frequently and thus obscuring control rights competition and governance inefficiency.

Online Sales and Expected Returns

ZHANG Ran PING Fan WANG Rongfei

(Business School, Renmin University of China; China Investment Corporation)

E-commerce has become an important component and driving force of China's economic development. As a representative of the Internet economy, online sales show great potential. Against the background of the booming digital economy, this paper studies the value of online sales to predict future returns, using the sales data of the e-commerce platforms of listed companies.

Why do online sales predict expected returns? First, online sales data provide incremental information to financial reports. With the rapid development of Internet technology, online sales have become an increasingly important business model. As the proportion of companies' online sales continues to grow, online sales are increasingly relevant to the companies' overall revenue. Online sales information is also instantly available. Therefore, it provides more timely and granular information on company operating performance than traditional financial statement data.

Second, investors are not fully aware of the content of online sales information. According to the theory of limited investor attention, investors have limited time and energy, and they may not fully understand all of the available information in a timely manner, which creates a temporary pricing bias. The A-share market has a large proportion of individual investors and an intense, speculative atmosphere in which investors mainly pursue short-term interests and lack the non-financial information that reflects a firm's fundamentals. Because online sales information is costly, this information may not be fully acquired and understood by investors in the A-share market.

Using the online sales data of 275 companies from January 2015 to April 2020, this paper shows that online sales data predicts future returns. Hedge portfolios based on online sales growth earn a 1.27% monthly excess return. The three-factor and five-factor adjusted returns are 1.40% and 1.35%, respectively. The Fama and MacBeth (1973) regression results show that online sales growth is positively correlated with future stock returns when we control for other related factors.

To further illustrate the value of online sales, we investigate the predictability of online sales over a longer period. The results show that online sales predict stock returns for the next two months. The cross-sectional analyses show that the predictability of online sales is more pronounced for firms with limited investors' attention, a higher proportion of online sales and higher arbitrage cost. Furthermore, we find that the investment value of online sales stems from their ability to predict future firm fundamentals. Further analysis shows that combining online sales and operating revenue may earn higher expected returns. In the robustness test, the predictability of online sales is still significant when we consider the potential impact of management forecasts.

Our study builds on and contributes to two strands of the literature. First, from the perspective of online sales, this paper shows the informational content of non-financial data, and it is supplemental to traditional financial statement information. Research has documented the investment value of non-financial information, but no study has examined the ability of online sales to predict stock returns. This paper expands the literature by investigating online sales data, which is an important form of non-financial information. Second, our study enriches the investing strategy research by showing that online sales information has investment value and that investors may obtain abnormal returns by constructing hedge portfolios based on online sales. From the theory perspective, the market anomaly based on online sales information challenges the efficient market theory.

We take advantage of the unique big data on online sales in China. Our results have important practical value for improving the efficiency of the Chinese stock market and protecting minority investors.